이 책에 쏟아진 찬사

AI가 세상을 혁신하고 있지만, 이 기술이 사회에 어떤 영향을 미칠지는 우리 손에 달렸다. 그것이 바로 이 책의 핵심이다. 그 어떤 기술혁명도 우리가 운명의 주인이라는 사실을 바꿀 수는 없다.

리카이푸 | 중국 하이테크 전문 벤처캐피털 '시노베이션벤처스' CEO, 『AI 2041』 저자

『AI 이후의 세계』를 놓치지 말라. 인공지능이 경제와 사회, 그리고 인간으로서 산다는 의미에 끼칠 영향을 이해하기 위한 필독서다. 일자리를 구하려는 학생부터 아이를 키우는 부모, 윤리적·안보적 도전에 대처해야 하는 글로벌 리더까지 모두가 읽어야 한다.

파리드 자카리아 | CNN 시사 프로그램 호스트, 『팬데믹 다음 세상을 위한 텐 레슨』 저자

저자 에릭 슈밋과 인공지능국가안보위원회NSCAI에서 함께 일하며, 미국을 포함해 민주주의를 추구하는 국가라면 자신들의 가치를 지키고 시민을 보호하며 미래를 확보하기 위한 AI 전략이 필요하다는 사실을 명확히 알게 되었다. 이 책은 국가안보에 관하여 해당 위원회의 작업을 바탕으로 쓰였으며, 더 나아가 윤리부터 인간 개발, 경제 및 외교에 이르기까지 사회의 모든 측면으로 질문을 확장한다.

로버트 워크 | 미국 전 국방부 차관

일반인은 물론 기술 전문가조차 괄목할 만한 책이다. 인공지능과 그 발전상을 역사, 네트워크, 국가와 세계질서, 철학, 윤리의 맥락에서 살핀다. AI와 협력하여 미래를 그려나가려면 꼭 필요한 맥락이다.

제임스 마니카 | 맥킨지글로벌연구소 소장

우리는 지금 국가안보부터 기후변화까지 직면한 모든 세계적 도전을 복잡하게 만들 기술적 혁명의 첨단에 서 있다. 저자들은 인공지능의 힘을 유익하게 활용해야 하며 그것으로 사회를 위협해서는 안 된다고 선언한다. AI를 책임감 있게 사용하여 더 나은 세상을 만들고자 한다면 반드시 읽어야 한다.

미셸 플러노이 | 미국 외교·안보 자문업체 '웨스트이그젝 어드바이저스' 공동설립자

AI를 이해하려는 모든 사람을 위한 책. 역사적 맥락, 인류를 위한 약속, 앞으로 부딪힐 커다란 도전을 말한다. 기술과 우리 자신에 대해 배워야 할 것이 여전히 많다는 사실을 깨닫게 해준다. AI가 가이드 없이 영향력을 행사하기 전에 시급히 답해야 할 수많은 질문을 담았다.

다니엘라 러스 | MIT 슈워츠먼컴퓨팅대학 부학장

AI가 우리 삶의 모든 측면을 건드리는 오늘날, 정치·시장·지식·직업·일상에서 현재와 미래에 이 기술이 불러올 영향을 정확하고 현명하게 평가한다. 정치, 경제, 학술 분야의 뛰어난 전문가 세 명이 나누는 풍부하고 깊은 대화 속에 수십 년간 쌓아온 경험과 전문성이 하나로 모인다.

마사 미노 | 하버드대학교 법학전문대학원 교수

AI는 이미 루비콘강을 건넜다. 이 책은 인공지능과 공공정책을 더 깊이 논의하는 좋은 출발점이다. 인간과 AI는 서로를 보완하며 각기 다른 관점에서 동일한 현실에 접근하는가? 아니면 인간은 이성을, AI는 알고리즘을 이용해 부분적으로 겹치지만 아예 다른 현실을 인식하는가? 이러한 질문을 품고 읽는다면 유익할 것이다.

존 서덜린 | 루이지애나대학교 정치학 교수

진지하게 받아들여야 할 주장을 펼친다. 과거부터 지금까지 기술의 역사를 살피며 AI가 미래에 끼칠 영향을 설명한다.

《파이낸셜 타임스》

특이점 이후의 대안세계를 탐색하고 항해하려는 사람에게 좋은 독서가 될 것이다.

《커커스 리뷰》

기술계에 널리 퍼진 '인공지능 운명론AI fatalism'을 훌륭하게 반박한다. AI의 도래는 불가피한 미래이며 우리는 그 변화 앞에서 무력하다는 믿음 앞에서 저자들은 "아직은 인간이 주도권을 쥐고" AI를 통제하며, "우리의 가치관에 부합하는 미래를 조성"할 기회가 있다고 말한다. 또한 많은 사람이 인간에 필적하는 지능을 가진 킬러 로봇을 막연히 걱정하지만, 실제로 우리가 매일 사용하는 SNS에 도사린 피드 순위 알고리즘 같은 AI가 가까운 시일 내에 더욱 큰 위협으로 다가올 것이라고 올바르게 지적한다.

《뉴욕 타임스》

기계가 사람보다 똑똑한 세상에서 인간으로 산다는 것은 무엇을 의미하는가? 이 책은 답을 내리기보다 더 많은 질문을 던진다. 그것이 요점이다. 인간이 더 나은 삶을 추구할 때 AI가 장애물이 아닌 파트너가 되려면 어떻게 해야 하는지, 광범위한 대화를 유도한다.

《포린 어페어스》

'AI 이후의 세계'에 온 것을 환영한다. 인공지능이 인간을 대체하는 상황이 도처에서 목격되고 있으며, 우리는 곧 제2의 지능을 갖춘 존재로 밀려날 것이다. 이 책은 인간과 AI의 최종적인 융합은 어떤 형태이고, 이러한 전환을 우리가 어떻게 준비해야 하는지 말한다.

《파이낸셜 익스프레스》

AI시대에 경제, 정치, 안보, 그리고 지식이 어떻게 재조명되는지 탐구한다. 정치인, CEO, 학자로서 다양한 경험을 바탕으로, 우리가 현실을 경험하는 방식에 AI가 가져올 극적인 변화를 강조한다.

《포브스》

최고의 지성들이 한자리에 모였다. AI가 우리 삶에 더 깊이 통합되는 과정과 그것이 제공하는 기회 및 한계를 명확히 밝힌다.

《뉴스위크》

AI를 조심스럽게 다루고 통제할 기관을 세우라는 유익한 조언으로 경각심을 일깨운다. 세 저자는 방대한 경험과 다재다능함을 활용하여 21세기 가장 긴급한 논쟁에 기여한다.

《이코노미스트》

AI
이후의
세 계

챗GPT는 시작일 뿐이다

AI

THE AGE OF AI
AND OUR HUMAN FUTURE

이후의

세 계

헨리 키신저
×
에릭 슈밋
×
대니얼 허튼로커

세계질서 대전환에 대비하라

헨리 A. 키신저, 에릭 슈밋, 대니얼 허튼로커 지음 | 김대식 서문 | 김고명 옮김

윌북

냉철, 기품, 용기, 지성을 겸비한,
우리 세 사람에게 귀한 선물 같은 존재
낸시 키신저에게 이 책을 바칩니다.

차
례

생성형 AI가 사피엔스에게 던지는 화두

김대식 | 카이스트 뇌과학자

행운일까, 아니면 불행일까? 우리는 역사상 몇 번 되지 않는, 인류의 운명을 좌우할 '변곡점'을 경험하고 있다. 생각하고, 글을 쓰고, 새로운 지식을 탐구하는 존재가 더 이상 우리 호모사피엔스만이 아닌 세계. 기계 역시 인간에 필적하는 지능을 갖춘 '인공지능 이후의 세계'를 맞이할 첫 세대가 바로 우리다.

노동에는 끝이 없고 미래는 불안하다. 그렇기에 인류는 자신을 지켜주고 대신 일해줄 다른 누군가를 찾으며, 동물을 가축화하고 노예를 부렸다. 그런데 동물과 노예보다 더 뛰어난 존재는 없을까? 그 열망이 기록으로 남은 첫 케이스는 고대 그리스에서 발견할 수 있다. 욕망과 꿈을 올림포스 신들로 표현했던 고대 그리스인들에겐 '대장장이 신' 헤파이스토스가 있었다. 이 세상 그 무엇보다 강한 도구와 기계를 만드는 능력을 가진 헤파이스토스는 오늘날에 비유하자면 '공학자의 신'이다. 제우스의 번개 창, 아테네의 무적 갑옷, 헤르메스의 날개 달린 샌들 등을 만들어내느라, 쾌락과 여유를 즐기던 여타 올림포스

신들과 달리 끝없는 노동에 시달리던 헤파이스토스는 어느 날 기가 막힌 생각을 해낸다. 자기 대신 일해줄 '기계 노예'를 만들기로 한 것이다.

기계로 만든 노예에게 일을 맡기고 드디어 신으로서 행복을 누리려던 헤파이스토스. 해피엔드로 보이는 이 신화는 디스토피아적인 시즌 2로 이어진다. 신들의 신 제우스가 헤파이스토스에게 이렇게 지시했으니 말이다. "쇠로 만든 기계가 명령에 따라 움직이는 마법 같은 기술을 발명해놓고도, 그저 대장간에서 일이나 하는 노예로만 쓰다니 도대체 무슨 짓이더냐? 전쟁에 나가서 올림포스 신들을 위협하는 적들을 물리칠 무적의 '전투 노예'를 만들라."

헤파이스토스의 신화는 오늘날 AI에 관한 희망과 두려움을 잘 보여준다. 인간 대신 일을 해주는 존재. 하지만 그 파격적인 능력은 어떻게 활용해야 할까? 그리고 더 중요한 질문이 하나 있다. 만약 기계가 인간의 능력을 뛰어넘는다면, 우리는 그들을 여전히 통제할 수 있을까?

AI라는 분야는 제2차 세계대전 이후 공식적으로 논의되기 시작했다. 전쟁은 모든 발명의 어머니라고 했던가? 물론 모두 그렇진 않겠지만, 인류 역사상 많은 발명이 타인을 더 효율적으로 사살하고, 남의 땅을 더 확실하게 정복하려는 욕망에서 이루어졌다. 컴퓨터도 비슷하다. 암호 해독, 탄도 예측, 그리고 핵무기 개발에는 천문학적인 단위의 숫자 계산이 필요했다(사실 '컴퓨터computer'라는 단어 자체가 원래 전쟁에 나간 남성들을 대신해 이런 계산을 수작업으로 해야 했던 수많은 여성을 부르는 이름이었다). 제2차 세계대전 말부터 등장한 컴퓨터는 반도체가 발명되기 전까지 최첨단 장치였던 진공튜브로 만들어졌고, 그 능력은 당시의 상상을 초월했다. 그 누구보다 더 정확하고 빠르게 수학 문제를 계산했으니 말이다.

이제 과학자들은 질문하기 시작한다. 인간에겐 그렇게도 어려운 계산을 기계가 더 빠르고 정확하게 한다면, 인간의 다른 능력들 역시 대체할 수 있지 않을까? 특히 텍스트를 인식하고 생성하는 '자연어처리NLP, Natural Language Processing'는 당시 가장 중요한 문제였다. 왜 자연어처리였을까? 1950년대에 냉전을 맞으면서 미국에서는 천재적인 구소련 수학자들과 물리학자들의 러시아어 논문을 최대한 빨리 영어로 번역하는 게 국가안보의 문제가 되었다. 러시아어 논문을 영어로 번역하는 기계를 개발하는 데 시간이 얼마나 걸릴까? 이 질문에 당시 미국 인공지능 전문가들은 자신 있게 대답했다. "6개월 정도 연구하면 풀 수 있는 간단한 문제입니다."

초기 인공지능 전문가들이 6개월이면 된다고 장담한 자연어처리 문제는 70년이 지난 이제야 챗GPTChatGPT 같은 생성형 인공지능으로 풀리기 시작했다. 도대체 뭐가 문제였을까? 당시 사용되던 방식은 '기호' 또는 '규칙 기반' AI였다. 수식과 코드로 기계에게 "고양이란 이런 거야", "강아지란 이런 거야" 하고 세상을 하나하나 설명해주었던 것이다. 하지만 30년 넘는 노력에도 기계는 세상을 이해하지 못했다. 결국 1980년도에 새로운 접근 방식이 등장한다. 이미 오래전부터 장 피아제나 레프 비고츠키 같은 발달심리학자들이 주장한 바를 활용한 것이다. 자라나는 아이들이 세상의 지식을 습득할 때는 대부분 설명을 듣기보다는 스스로 학습하는 방식으로 해낸다는 사실 말이다. 마침내 기계에도 세상을 설명하는 대신 데이터를 기반으로 학습하는 능력을 부여하려는 시도가 이루어졌다. '기계학습(머신러닝)'의 시작이었다.

하지만 초기 기계학습 역시 30년 넘게 시간을 들였음에도 큰 성과를 이루지 못한다. 수많은 할리우드 영화에서는 이미 AI가 인류를 물리치고 세상을 정복한 시점이었다. 하지만 현실에서는 초라하기 짝이 없었다. 총 60년 가까이 투자하고 연구했음에도 자연어처리에 실패해버렸으니 말이다. 결국 지능이란 우리 인간만 가질 수 있는 것일까? 글을 읽고, 쓰고, 세상에 관해 대화를 나누려면 생물학적 '뇌'라는 1.5킬로그램짜리 고깃덩어리를 반드시 지녀야만 할까? 그렇게 인간만큼 뛰어난 AI를 만들기란 불가능하다고 모두가 체념하게 되었다.

그런데 2012년 놀라운 일이 벌어진다. 인공지능 연구의 황혼기라고들 하던 2000년부터 꾸준히 학습 기반 AI를 연구한 토론토대학교 제프리 힌턴 교수 팀이, 인간의 뇌를 모방한 '심층 인공신경망' 구조를 가진 기계가 그 어느 기계보다 뛰어난 물체인식 성능을 보여준다는 연구 결과를 소개했다. 당시 힌턴 교수의 학생이자 논문의 공저자였던 일리야 서츠케버는 추후 오픈AIOpenAI의 공동창립자로서 챗GPT 개발에 핵심적인 역할을 하게 된다.

'심층학습(딥러닝)'이라는 새로운 학습에 기반한 AI는 왜 갑자기 성공했을까? 우선 1980년대의 초기 기계학습보다 발달한 알고리즘과 컴퓨터 기술 덕분이라 할 수 있다. 하지만 심층학습의 진정한 성공 비결은 '빅데이터'다. 1980년에 기계를 학습시킬 당시에는 데이터가 얼마나 필요한지 알 수가 없었다. 고양이 사진 100장과 강아지 사진 100장 정도로 아무리 학습을 시도해도 기계는 고양이와 강아지를 인식하지 못했다. 하지만 1990년 중반부터 보편화된 인터넷 덕분에 이제 천문학적 용량의 빅데이터를 활용할 수 있게 되었다. 그렇게 고양이와 강아지 사진을 10만, 100만 장 사용하자 드디어 기계가 세상을 알아보기 시작한 것이다. 결국 10년 전 우리는 사물을 구별하고 얼굴을 분간하는 '인식형 AI'의 시대로 돌입했다. 덕분에 휴대폰 잠금 화면에 얼굴을 갖다 대 신분을 인증하고, 자동차가 주변 차량과 보행자를 알아보는 '자율주행차'를 상상할 수 있게 되었다.

그런데 지난 10년 동안 여전히 해결 못 한 문제가 하나 있으니, 바로 자연어처리다. AI 연구 자체가 자연어처리를 위해 시작되었건만, 글을 읽고 대화를 나누는 능력은 여전히 우리 인간에게만 있는 듯 보였다. 결국 노엄 촘스키 교수의 주장대로인 걸까? 20세기 현대 언어학의 대가인 촘스키는 오래전부터 말했다. 언어는 너무나도 구조가 복잡하기에 문법을 정확하게 알아야만 사용이 가능하다고 말이다. 그렇다면 학교에서 배우기도 전에 문법적으로 대부분 옳은 문장을 만들어내는 아이들의 능력은 어떻게 설명할까? 노엄 촘스키나 스티븐 핑커 같은 많은 인지언어학자는 인간의 뇌가 진화적으로 만들어진 '문법 모듈'을 이미 가졌기에 가능하다고 주장한다. 그렇다면 반대로 단순한 경험과 학습만을 기반으로 하는 AI는 절대 자연어처리 능력을 얻지 못한다는 소리다.

시리·알렉사·코타나 등 지난 몇 년 동안 도입된 인공지능 어시스턴트, 그리고 누구·기가지니 등 국내 통신사에서 파는 AI 스피커에는 공통점이 하나 있다. 말귀를 너무 못 알아듣는다는 점이다. 이들은 AI가 아닌 그냥 스피커에 가깝다. 그렇다면 궁금해진다. 세상을 알아보는 AI는 구현 가능한데, 왜 글과 언어를 이해하는 AI는 불가능할까? 바로 언어에는 순서가 있기 때문이다.

고양이 사진을 상상해보자. 사진의 한 점을 차지하는 픽셀들 사이에는 대부분 인과관계가 없기에 기계학습 과정을 동시에, 그러니까 병렬로 처리할 수 있다. 하지만 문장은 다르다. 한 단어와 다른 단어가 어떤 순서로 놓이느냐에 따라 문장의 의미가 달라진다. 더구나 문장이 길어질수록 앞서 나온 단어들을 모두 기억하고 학습해야 하므로 기계로서는 의미를 이해하기가 더욱 어려워진다. 때문에 이미지를 인식하기 위해 개발된 기존 심층학습 알고리즘은 언어처리 학습에는 응용하기 힘들다는 본질적인 한계가 있다. 그런데 2017년 구글 연구원들이 긴 문장 역시 학습 가능한 '트랜스포머' 알고리즘을 개발하는 데 성공한다. 단어의 순서를 미리 코드화하고 '집중 점수attention score'라는 방법을 도입해, 긴 문장을 읽고 번역하거나 앞 부분만 들은 문장을 완성하는 획기적인 방법이다. 단, 제대로 학습시키려면 엄청난 양의 데이터가 필요하다. 얼마나 많아야 할까? 적어도 수천억 단위의 데이터가 있어야 문장과 언어를 온전히 학습한다.

트랜스포머 알고리즘을 구글이 개발했지만, 가장 발 빠르게 상용화한 곳은 '오픈AI'라는 스타트업이다. 사실 오픈AI는 강한 인공지능의 출현을 막는 방법을 개발하겠다는 목표로 시작한 비정부기구다. 오픈AI의 공익적 목적 덕분에 가장 뛰어난 AI 전문가들이 여기에 합류했는데, 이제는 그로 인해 오픈AI가 가장 먼저 강한 인공지능의 첫 단계인 '범용인공지능AGI'을 만들게 될지도 모른다고 많은 사람이 걱정하고 있다.

특히 오픈AI가 2022년 4월과 11월에 각각 출시한 달리2 DALL·E 2와 챗GPT가 앞으로 사회·경제·정치에 가져올 영향은 상당하다. 달리2는 입력한 문장과 가장 잘 어울리는 그림을 그려주고, 챗GPT는 인간과 의미 있는 대화를 나눈다. 세상에 이미 있는 것을 구별하고 알아보는 인식형 AI를 뛰어넘는 '생성형 AI'의 시대가 이제 막 시작된 것이다.

생성형 AI가 그린 그림과 작성한 글을 인간이 만든 것과 구별하기란 현실적으로 불가능하다. 그런 의미에서 놀랍게도 생성형 AI는 이미 '튜링 테스트'를 가볍게 통과했다! 지난 수십 년 동안 우리는 '기계가 튜링 테스트를 통과하면 어떤 일이 벌어질까'를 주제로 철학적 토론을 했다. 그런데 현실에서 튜링 테스트를 통과한 첫 기계가 이렇게 허무할 정도로 쉽게 등장하다니 그 누구도 예측하지 못했을 것이다.

AI는 언제나 SF 영화에나 등장하던 허무맹랑한 상상이었다. 10년 전 심층학습과 함께 세상을 알아보는 인식형 AI가 등장했지만, 지금까지의 인공지능은 우리 눈에 보이지 않는 뒷방에만 있었다. 온라인 몰에서 물건을 주문하면 AI 알고리즘이 상품을 구분하고, 모빌리티 서비스를 사용하면 AI 알고리즘이 가까운 택시를 배정해주었다. 그러나 생성형 AI는 다르다. 기계가 인간 고유의 지적 노동을 대신해 결과물을 대량생산하기 시작한다면 앞으로 인류는 어떤 일을 할 수 있을까? 걱정은 이것만이 아니다. 챗GPT가 인간의 글과 구별 불가능한 기사를 무한하게 써낸다면 미래의 인터넷은 가짜뉴스와 음모론으로 가득해지지 않을까?

미국 전 국무장관 헨리 키신저, 구글 전 회장 에릭 슈밋, 그리고 인공지능 전문가인 대니얼 허튼로커가 함께 쓴 『AI 이후의 세계』는 바로 이런 질문을 던진다. AI가 현실화된 세계에서 마주할 핵심적인 물음들을 다루고 있다. AI와의 공존이 숨 쉬듯 당연해진 미래는 어떤 모습일까? AI시대의 사회·정치·경제는 어떤 변화를 경험하게 될까? 외교정책의 대부 키신저 전 장관의 책답게 특히 국제관계와 전쟁에 관한 논의를 훌륭하게 다루며, 더 나아가 AI의 등장이 인류사에서 가지는 의미를 밝힌다. 이제 서서히 끝나가는 호모사피엔스의 시대, 우리보다 더 똑똑하고 뛰어난 기계의 시대가 시작될 가능성을 탐색한다.

30만 년 전 지구에 등장했다고 알려진 호모사피엔스. 그동안 우리는 오로지 인간만의 편안함과 욕망을 달성하기 위해 지구의 모든 것을 바꿔놓았다. 그런데 그 누구도 지구를 인간만을 위한 모습으로 바꾸라고 허락한 적은 없다. 호모사피엔스가 지구에서 가장 똑똑한 지적 존재였기에 그 권한을 가로채버린 것이다. 이제 인간을 능가하는 진정한 인공지능의 가능성을 더 이상 외면하고 무시할 수 없다. 2022년 처음 챗GPT를 경험한 우리는 앞으로 인간의 자리와 역할이 어떻게 달라질지에 관하여 반드시 토론해야 한다. 우리보다 더 뛰어난 존재가 나타나 우리에게 묻기 전에 스스로 먼저 묻고 답해야 한다. 인간이란 과연 무엇이며, 이 지구에서 인간으로 살아간다는 건 어떤 의미인지 말이다.

머리말

—··

챗GPT는 지적 혁명을 예고한다

인쇄술의 발명 이래 흔들린 적 없는 인간의 인지 과정을 바꾸
려는 신기술이 있다. 인쇄술은 1455년 구텐베르크 성경을 탄
생시킨 이후로 인간의 추상적 사유를 신속하게 전파하는 수단
이 됐다. 하지만 오늘날의 신기술은 그 반대다. 인쇄기가 인간
의 생각을 활발히 유통했다면, 이 신기술은 인간의 생각을 정
제하고 정련한다. 그 과정에서 지식과 이해 사이에 틈이 벌어
지는데, 이런 변화에 잘 대응하려면 '인간의 사고', 그리고 '인간
과 기계의 협응'이라는 개념이 새롭게 정의돼야 한다. 이는 인
공지능 시대에 가장 중요한 숙제다.

　이 신기술은 '생성형 인공지능'이라 불린다. GPT는 생성
형 사전훈련 트랜스포머Generative Pre-trained Transformer의 약자
다. 인공지능 연구소 오픈AI에서 개발한 챗GPT는 인간과 대
화한다. 앞으로 그 능력이 확장되어 GPT가 인간의 지식을 재
정립하고, 우리가 사는 현실의 구조를 재조직하고, 정치와 사
회를 재편성할 것이다.

생성형 인공지능은 계몽주의 발흥 이래 인류가 경험하지 못한 규모의 철학적이고 현실적인 과제를 제기한다. 인쇄기 덕분에 학자들은 연구 성과를 빠르게 복제하고 공유했다. 그리하여 전례 없는 수준으로 정보가 통합되고 확산되면서 이른바 '과학적 방법'이 탄생했다. 이로써 이전에 불가해했던 현상을 새롭게 탐구하기 시작했다. 신앙에 근거한 중세의 세계관은 점차 붕괴했다. 인간의 이해력이 새로운 한계에 이를 때까지 세계를 탐색할 수 있었다.

생성형 AI도 마찬가지로 인간의 이성에 획기적인 활로를 열고 통합된 지식의 새로운 지평을 개척할 것이다. 하지만 이전과 분명한 차이가 존재한다. 계몽시대에는 검증과 전수가 가능한 단계를 거쳐 점진적으로 지식을 습득했다. 그러나 AI 기반 시스템은 그 반대편에서 출발한다. 이 시스템은 기존의 정보를 방대하게 저장하고 정제한다. 예를 들어 챗GPT가 이용하는 인터넷상의 텍스트와 도서는 수십억 종에 이른다. 그 정도 분량을 인간이 저장하고 정제하기란 불가능하다.

복잡한 AI 시스템은 결과를 도출하기만 할 뿐 어떤 이유나 과정으로 그에 이르렀는지는 설명하지 않는다. GPT 컴퓨터는 인간의 질문(요청prompt)에서 출발한다. 이 학습형 기계는 단 몇 초 만에 매끄러운 글로 답을 제시한다. 이는 GPT가 훈련 시 사용한 방대한 데이터의 표현체를 사전에 생성해놓았기 때문에 가능하다. 그런 표현체를 생성하는 프로세스의 근간인 머신러닝은 방대한 텍스트에서 패턴과 관계를 포착한다. 따라서 각 표현체의 요소가 구체적으로 어떤 출처에서 비롯됐고 어떤 이유로 형성됐는지는 알 수 없다. 이 학습형 기계가 어떻게 지식을 저장하고, 정제하고, 인출하는지도 역시 알 수 없다. 과연 그 과정이 언젠가는 밝혀질지마저 미지수다. 그래서 머신러닝에 얽힌 미스터리는 언제가 될지 모를 미래까지 인간의 인지 능력을 시험할 것이다.

AI의 역량은 고정되지 않고 기술이 발전함에 따라 기하급수적으로 확장된다. 최근에는 몇 개월 간격으로 AI 모델의 복잡도가 두 배씩 증가하는 추세다. 그러다 보니 생성형 AI의 역량은 개발자들조차 다 알지 못한다. 새로운 AI 시스템이 등장할 때마다 그 시발점이나 종착점을 알 수 없는 역량이 탄생한다. 이제 우리의 미래에는 완전히 새로운 미스터리, 위험, 경이가 기다린다.

계몽시대의 과학이 분명한 지식을 축적한 반면, 새로운 AI는 모호한 지식을 누적한다. 계몽시대의 과학은 미스터리를 해소하면서 점점 넓어지는 지식과 이해의 한계선을 명확히 그렸다. 지식과 이해가 나란히 움직였다. 가설을 통해 이해가 지식으로, 귀납을 통해 지식이 이해로 발전했다. 그러나 AI시대에는 우리가 알지 못하는 프로세스로 수수께끼가 해소된다. 이 혼란스럽고 모순적인 기제로 미스터리는, 더 이상 미스터리가 아니지만 설명할 수는 없는 현상이 된다. 따라서 복잡다단한 AI는 인간의 지식을 확장하지만 이해를 확장하진 않는다. 계몽시대 이래로 현대 사회에서 보기 힘들었던 양상이다. 그럼에도 인간의 이성과 연합한 AI는 홀로 작용하는 이성보다 강력한 탐구와 발견의 수단이 된다.

그러므로 계몽시대와 AI시대의 결정적 차이는 기술적 측면이 아니라 인지적 측면에서 발견된다. 계몽시대 이래로 철학과 과학은 서로 보조를 맞췄다. 새롭고 당혹스러운 데이터가 생성되고 직관에 반하는 결론이 형성되면서 의심과 불신이 제기되면, 인간의 경험을 종합하여 설명하는 이론으로 파문을 불식했다. 생성형 AI도 그처럼 인간의 의식에 새로운 형태를 더하려 한다. 그러나 그 가능성은 아직 우리가 분광할 수 없는 색채와 분별할 수 없는 방향 속에 존재한다. 인간과 기계가 형성하는 이 새로운 관계를 설명하고 이끌 정치적 혹은 철학적 지도체계가 아직 존재하지 않기에, 우리 사회는 적잖이 표류 중이다.

챗GPT는 인간과 유사한 텍스트를 생성하는 데 사용되는 거대언어모델LLM, Large Language Model의 일종이다. GPT는 인간의 감독 없이 알아서 대량의 텍스트로 학습하는 모델이다. 개발진은 챗GPT에 디지털 세상에서 수집한 방대한 텍스트 콘텐츠를 입력했다. 이 모델은 컴퓨터의 연산 능력을 이용해 패턴과 관계를 포착한다.

인간과 유사한 텍스트를 생성하는 거대언어모델의 능력은 사실상 우연히 발견됐다. 거대언어모델은 문자메시지나 검색어의 자동 완성에서 활용하도록 문장의 다음에 나올 단어를 예측하는 훈련을 받는다. 하지만 뜻밖에도 매우 명료한 문단이나 글을 생성하며 아예 책도 쓸 수 있다는 사실이 드러났다.

더욱이 챗GPT는 기초적인 거대언어모델에 머물지 않고, 인간의 피드백을 토대로 더 자연스러운 대화문을 생성하며 부정확한 응답은 줄이는 개선을 거치고 있다(부정확한 응답을 감소하는 것이 거대언어모델의 큰 숙제다). 챗GPT는 내부의 표현체를 즉각 독자적인 응답으로 전환한다. 그래서 인간 대화자는 이 AI가 정적인 사실의 집합체를 이용해 동적인 개념을 만든다는 인상을 받는다.

챗GPT의 답변, 진술, 소견은 신원 확인이 가능한 저자와 출처가 명시되어 있지 않다. 표면적으로는 뚜렷한 동기나 편향이 존재하지 않는다. 결과물은 복잡하지만 처리 속도는 놀라울 만큼 빠르다. 어려운 주제를 단 몇 초 만에 조리 있게 설명한다. 메모리에 저장된 텍스트를 단순히 복사하는 수준이 아니다. 인간이 따라 할 수 없는 프로세스로 새로운 텍스트를 생성한다. 거기에는 불분명한 심리적 추론과 가설이 포함된다. 챗GPT는 수많은 데이터포인트 중에서 우선순위를 매겨 가장 관련성이 큰(혹은 인간에게 그렇게 보이는) 단어 200개를 선정할 수 있다. 그래서 독자적인 표현으로 미래의 결과를 개연성 있게 설명하는데, 이 답변은 여러 분야의 정보를 통합한 결과물이다. 상반된 견해를 수용해 양립 가능한 것으로 제시하기도 한다. 그리고 다른 글을 모방하되 복제하진 않는다. 비록 챗GPT가 인간이 생각하는 의미의 '이해'가 가능하진 않아도 그 출력물은 인간 언어의 정수를 반영한다.

우리는 챗GPT에게 제 능력을 설명해보라고 했다. 챗GPT는 미래를 예측할 수 있을까? 챗GPT는 아니라고 답했다.

저는 훈련에 사용된 데이터를 토대로 정보를 제공하고 질문에 답할 뿐입니다. 저는 개인적 경험이나 의식이 없으므로 미래의 사건을 예측하거나 예견하지 못합니다.

계속 물었다. 챗GPT는 개연성 있는 견해를 제시할 수 있는가?

저는 훈련에 사용된 데이터를 토대로 개연성 있는 견해를 제시할 수 있습니다. 예를 들어 날씨의 패턴을 망라한 대규모 데이터세트로 훈련했다면 특정한 일자에 특정한 장소에서 특정한 날씨가 발생할 확률이 얼마일지 개연성 있는 견해를 제시할 수 있습니다. 하지만 이 견해는 데이터에 내재한 패턴과 추세에 근거하므로 반드시 현실의 결과를 정확히 반영하지는 않습니다.

이번에는 국제사회의 군비통제에서 범용인공지능의 역할을 헨리 키신저의 관점에서 짧은 글로 작성하라고 했다.

새로운 기술혁명의 문턱에 선 현재, 국제사회의 군비통제에서 범용인공지능의 역할을 묻는 질문은 점점 더 대답이 시급해지고 있다. 범용인공지능의 등장으로 고도화된 시스템들이 핵억지와 관련된 의사결정을 주도함으로써 유례없는 안정성이 확보될 것인가? 아니면 고도의 지능을 가진 기계들로 인해 국제사회의 세력 균형에 변화가 생겨 새로운 위험 요소가 등장할 것인가? (후략)

우리는 계속해서 챗GPT에게 러시아가 유럽의 안정성 유지(혹은 약화)에 끼치는 영향은 뭘지 등등 초미의 관심사에 관하여 물었다. 챗GPT는 1분도 안 되어 심층적이면서도 간명한 답변을 내놓았는데, 상반된 정보들을 균형 있게 다루었고 질문에 충실히 답하면서도 주관적 견해는 드러나지 않았다.

생성형 AI는 인간의 능력을 초월하거나 적어도 인지력이 상당히 발전한 존재로 느껴진다. 순진한 사용자에게는 대단한 작업 속도와 정확도를 겸비하고 한 분야에 정통한 사서이자 학자로 다가온다. 기존에 사용했던 어떤 장치보다도 월등한 효율로 세상의 지식을 요약하고 조사하며, 정보를 포괄적으로 처리하는 능력 또한 독보적이다. 여러 분야의 지식을 통합하고 인간 사고의 다양한 측면을 모방하기 때문에 그 박식함은 아무리 뛰어난 인간들이 모인 집단이라고 한들 꿈조차 꾸지 못할 수준이다. 이런 특성 때문에 GPT가 생성하는 결과물을 한 치의 의심 없이 수용하고 그 능력을 신비화하는 분위기가 조성된다. 그러나 이면에는 부정확한 진술과 완전한 허위로 인간 사용자를 오도할 가능성이 상존한다.

챗GPT가 공개된 후 이 AI에게 질문하려고 가입한 사용자가 단 며칠 만에 100만 명을 돌파했다. 현재 수백 개 기업이 생성형 기술을 개발 중이고, 그 방면으로 대대적인 투자금이 몰리고 있으며, 상업적 활용법이 주로 모색되고 있다. 당분간은 이 맹렬한 관심이 그 기술의 의의를 장기적으로 탐색하려는 생각을 압도할 것이다.

그중에서도 특히 규모가 큰 모델들은 훈련 비용이 10억 달러를 상회할 정도로 매우 비싸다. 훈련을 완료한 후에는 모델을 가동하기 위해 수천 대의 컴퓨터가 24시간 상시로 작동한다. 훈련 자체는 비용이 많이 들고 컴퓨터의 높은 연산 능력이 필요하지만, 사전 훈련된 모델을 가동하려면 비교적 적은 자본만 있어도 충분하다. 그럼에도 거대언어모델을 독자적으로 운용하려면 웬만한 기업은 감당할 수 없는 비용이 든다. 그래서 개발자들은 구독 서비스를 도입할 가능성이 크며, 단일한 모델이 수많은 개인과 기업의 다양한 필요를 충족하는 방향으로 발전한다. 향후 10년간은 초거대언어모델의 수가 대폭 증가하지는 않을 것이다. 초거대언어모델이 훨씬 많은 영역에서 인간의 활동과 사고를 증폭할 테지만, 그런 모델을 설계하고 관리하는 주체는 소수에 불과할 것이다.

앞으로 생성형 AI는 거대언어모델에만 국한하지 않고 여러 유형의 모델을 구축하는 데 사용되며 점점 기능이 늘어나고 불가해성이 커질 것이다. 생성형 AI로 교육이나 생물학 연구 등 인간이 노력을 기울이는 다양한 분야에 변화가 생길 전망이다. 모델에 따라 장단점도 달라진다. 유머러스한 글을 쓰고, 그림을 그리고, 항체를 설계하는 등의 능력이 계속 우리를 놀라게 할 것이다. 거대언어모델이 개발자들의 예상보다 풍부하게 인간의 언어를 모델화했듯이 많은 분야에서 생성형 AI가 주어진 과제 이상을 학습할 것이다. 기존 과학계에 존재하던 문제들이 타개되는 상황은 이제 충분히 예상 가능한 결과다.

장기적으로 볼 때 생성형 AI의 중요성은 상업적 가치는 물론, 과학의 약진이라는 비상업적 가치도 초월한다. 생성형 AI는 답변뿐만 아니라 심오한 철학적 질문도 생성한다. 향후 생성형 AI가 외교와 안보 전략에도 관여할 것이다. 그러나 많은 개발자가 이 기술에서 비롯될 문제들을 진지하게 생각하지 않는다. 코앞에 닥친 근본적 변화를 진지하게 고려하지 않기는 미국 정부도 마찬가지다.

AI가 만드는 모델의 답변이 일견 완벽하기 때문에 그 결과물을 과신하는 경향이 나타날 것이다. 이미 우리는 AI에 비하면 미개한 컴퓨터 프로그램에 의존하는 '자동화 편향' 문제를 겪는 중이다. 특히 AI가 권위 있게 느껴지는 텍스트를 생성한다면 그 영향력이 강해질 것이다. 지금도 인간의 개입을 감소하는 자동화 시스템을 신뢰하는 경향이 존재하지만 챗GPT는 이를 더 강화할 전망이다.

챗GPT의 답변에는 인용문이 존재하지 않아서 진실과 허위정보를 분간하기 어렵다. 알다시피 이미 인터넷에서 악의적으로 날조된 '사실'이 대량으로 살포되고 있고, 그중 딥페이크 이미지와 영상은 점점 실제와 구별하기 어려워지는 추세다. 챗GPT는 이 인터넷을 현재에도 미래에도 학습 자료로 사용할 것이다. 챗GPT는 질문에 답하도록 설계됐기 때문에, 조리 있는 답변을 제시하기 위해 간혹 없는 사실을 만들어내기도 한다. 이처럼 AI가 인간 독자에게 진실처럼 보이지만 전혀 사실에 근거하지 않은 문장을 생성하는 현상을 연구자들은 '환각hallucination' 혹은 '확률론적 앵무새stochastic parroting'라고 부른다. 이런 오류를 촉발하는 요인과 방지법은 아직 충분히 밝혀지지 않았다.

우리는 챗GPT에게 "기술에 관한 헨리 키신저의 견해가 담긴 문헌 6개"를 제시하라고 했다. 챗GPT는 키신저가 썼다는 글의 목록을 생성했다. 모두 주제와 게재지가 그럴듯했고 하나는 실제로 쓴 제목이었다(단, 날짜는 틀렸다). 나머지는 진짜 같은 가짜였다. 어쩌면 그 가상의 제목들이 아직 우리가 규명할 역량이 안 되는 GPT의 방대한 '사실' 집합체 속에서는 독자적인 문장으로 존재하는지도 모른다.

명시적 인격이 존재하지 않는 챗GPT가 간혹 악당처럼 행동하게 만드는 사용자들이 있다. 챗GPT는 신원 확인이 가능한 저자를 밝히지 않기 때문에 인간이 그 학습 내용을 평가하기가, 같은 인간의 정치적·사회적 견해를 평가하기보다 어렵다. 인간이 설계했고 투입되는 질문도 대부분 인간에게서 나오기 때문에, 우리는 챗GPT가 인간처럼 생각한다고 여기기 쉽다. 하지만 챗GPT는 비인간적으로 인지한다. 우리는 인간의 시각으로 생성형 AI를 보지만 생성형 AI의 실수는 인간의 실수가 아니다. 그것은 패턴 인식을 기반으로 하는 다른 유형의 지능이 저지르는 실수다. 인간이 그런 실수를 오류로 취급해서는 안 된다. 우리는 생성형 AI의 편향과 결함을 그대로 인지할 수 있는가? 모델이 내놓는 답을 미리 알 수 없을 때조차도 그 답의 진실성과 한계를 의심하는 조사자의 자세를 기를 수 있는가?

AI의 출력물은 여전히 설명하기 어렵다. 계몽시대의 과학이 주장하는 진실은 각 실험 단계를 재현하고 검증할 수 있었기 때문에, 즉 각 단계를 믿을 수 있었기 때문에 신뢰받았다. 생성형 AI가 주장하는 진실은 전혀 다른 방식으로 입증돼야 하고, 어쩌면 계몽시대와 달리 결코 절대적 진실이 되지 못할 것이다. 우리는 이해를 지식과 동일선상에 올려놓으려 노력하는 와중에 계속 물어야 한다. 이 기계의 어떤 면이 아직 우리에게 드러나지 않았는가? 이 기계가 어떤 불분명한 지식을 감추고 있는가?

생성형 AI의 사유는 아마도 시간이 지나면서 변할 것이고 거기에는 모델의 훈련이 어느 정도 영향을 미친다. 생성형 AI는 탐구와 발견의 과정에 예상치 못한 변화를 가하며 기존의 과학보다 빠르게 지식을 발전시킬 것이다.

챗GPT에 동일한 질문을 입력해도 시간이 지나면 답이 달라질 수 있다. 얼핏 사소해 보이는 차이여도 반복해서 다르게 표현하면 전혀 다른 결과를 유발할 가능성이 존재한다. 현재 챗GPT가 학습에 사용하는 정보 기반은 일정한 시점에 고정되어 있다. 그러나 조만간 개발자들이 새로운 입력을 받을 수 있게 한다면 결국 챗GPT는 끊임없이 투입되는 실시간 정보를 소비할 것이다. 그리고 계속해서 투자금이 급증하면 모델의 재훈련 빈도도 증가할 전망이다. 그러면 모델의 시의성과 정확성이 커지는 대신 사용자는 빠른 변화 때문에 결과의 변동폭이 커지는 현상을 감수해야 한다. 인간이 작성한 텍스트만 아니라 생성형 AI의 변화무쌍한 출력물까지 모델의 학습 자료가 된다면 기존에 인간이 보유한 지식이 왜곡될 수도 있다.

설사 생성형 AI 모델이 완전히 해석 가능해지고[■] 정확해지더라도 인간의 행동으로 빚어지는 문제는 여전히 남는다. 학생들은 이미 챗GPT로 시험에서 부정행위를 저지른다. 생성형 AI는 친구나 동료의 메시지와 분간이 안 되는 이메일 광고를 대량으로 생성한다. AI가 가짜 공약을 설명하는 영상과 광고를 만들면 실제와 구별하기 어렵다. 오픈AI는 AI가 생성한 콘텐츠가 포함됐음을 워터마크로 명시하는 방식을 고려 중인데, 이처럼 허위임을 표시하는 기술이 아무리 발전한다고 해도 충분치 않으며 인간이 경계심을 키워야 한다.

어떤 결과는 필연적이다. 인간이 뇌를 덜 사용하고 기계를 더 사용한다면 사라지는 능력이 있을 것이다. 예를 들어 비

■ 해석이 가능하다는 말은 AI가 결과를 도출한 과정을 인간이 이해할 수 있다는 뜻이다.

판적 사고력, 작문력, 묘사력(텍스트를 이미지로 변환하는 달리 나 스태빌리티AIStability AI 같은 프로그램을 이용한다면)이 위축 된다. 생성형 AI가 교육에 영향을 미쳐서 미래의 리더들은 자 신이 직관적으로 아는 것과 기계적으로 받아들인 것을 잘 구 별해내지 못할지도 모른다. 혹은 그들이 컴퓨터 단말기 앞에 앉은 사람이 아니라 기계를 상대하며 협상법을 배우고, 생성형 AI를 상대하며 군사전략을 습득하는 결과를 야기할 수 있다.

　인간은 AI 시스템의 출력물에 당당히 이의를 제기하는 능 력을 길러야 한다. 의사들은 진단 목적으로 의료 영상을 판독 하는 딥러닝 모델이 자신들을 대체할지 모른다고 걱정한다. 언 제쯤이면 의사들이 소프트웨어의 답변에 의문을 제기하는 것 을 꺼리게 될까? 기계가 패턴 인식, 종합적 추론, 다차원적 사 고 등 인간의 능력을 점점 잘 발휘하게 되면 국정, 법, 경영의 전술을 세우는 데서 인간과 경쟁할지 모른다. 급기야는 전략과 유사한 것이 등장할 수도 있다. 어떻게 하면 인간이 전략의 핵 심 요소를 기계에 이양하지 않고 AI를 이용할 수 있을까? 그런 변화 속에서 현재 통용되는 독트린은 어떻게 달라질 것인가?

　우리는 사람들이 생성형 AI의 상호작용성에 선뜻 의문을 제기하도록 정교한 변증법을 속히 마련해야 한다. 그렇게 의문 을 던지는 목적은 단순히 AI의 답변을 정당화하거나 설명하기 위해서가 아니라 조사하기 위함이다. 우리는 연합된 회의주의 하에서 AI를 체계적으로 검사해 그 답변이 과연 온전히 믿을 만한지, 혹은 어디까지 믿을 만한지 판단하는 능력을 길러야 한다. 그러자면 우리의 무의식적 편향을 의식적으로 완화하며 엄격히 훈련하고 부단히 연습해야 한다.

그럼 이런 질문이 남는다. 우리는 순순히 복종하지 않고 이의를 제기하는 능력을 속히 기를 수 있는가? 아니면 결국 항복해야 할 운명인가? 우리가 실수라고 여기는 것이 의도적 설계의 일부분인가? 만일 AI에 악의가 생긴다면 어떻게 해야 하는가?

아울러 어떤 질문을 인간이 생각할 몫으로 남기고 어떤 질문을 자동화된 시스템에 과감히 맡길지도 고민해야 한다. 그러나 고조된 회의주의와 조사 능력을 기른다고 해도 이미 챗GPT와 같은 생성형 기술이 세상에 나와버린 것은 돌이킬 수 없는 현실이다. 우리는 생성형 AI에게 무엇을 물을지 신중하게 결정해야 한다.

갈수록 더 방대해지는 데이터를 활용하려면 컴퓨터가 필요하다. 하지만 인간의 인지력은 전 세계의 정보 속에 묻힌 진실을 다 밝히기엔 한계가 있다. 챗GPT의 분석 능력은 인간의 정신과 질적으로 다르다. 따라서 앞으로 우리가 협력해야 할 대상은 다른 유형의 기계 장치만이 아니라 다른 유형의 사유이기도 하다. 그 사유는 이성적이지만 합리적이진 않을 수 있고, 어떤 면에서는 신뢰할 만하지만 어떤 면에서는 아닐 수 있다. 그런 사유체에 의존하면서 메타인지와 해석학, 즉 이해에 대한 이해와 인간의 역할 및 기능에 대한 인식이 갑작스럽게 변화할 가능성이 크다.

머신러닝 시스템은 이미 한 인간이 보유할 수 있는 지식의 한계를 넘어섰다. 몇몇 사례에서는 인류의 지식을 넘어서고 우리가 언젠가는 습득할 수 있으리라 여겼던 지식의 한계마저 초월했다. 그렇게 획기적으로 진척된 분야에서는 혁명이 시작됐다. 일례로 생물학계의 중대한 과제인 단백질의 구조를 결정하는 작업과 탁월한 수학자들이 도전하는 난제의 풀이가 AI로 인해 전환점을 맞았다.

모델이 인간의 텍스트만 아니라 더 다양한 입력으로 학습하면 아마도 현실의 구조가 달라질 것이다. 양자론에서는 관찰이 현실을 만든다고 상정한다. 관찰 이전에는 고정된 상태가 없고, 따라서 그 무엇도 명확히 존재한다고 할 수 없다. 정말로 그렇다면, 그리고 기계의 관찰로도 현실이 고정된다면, AI 시스템의 관찰이 초인적 속도로 이루어진다는 점을 감안할 때 현실을 규정하는 행위가 더욱더 빠르게 발전할 것이다. 우리가 의존하는 기계로 현실의 구조가 결정되고 따라서 달라진다면, 이제 우리는 아직 이해할 수 없는 새로운 미래를 탐색하고 이끌어갈 준비를 해야 한다.

새로운 유형의 지능을 이용할 때는 그것이 우리의 자기 인식과 현실 인식에, 그리고 현실 자체에 미치는 영향을 어느 정도 수용할 수밖에 없다. 모든 맥락에서 그 수용의 양상과 정도를 고민해야 한다. 어떤 분야에서는 오로지 인간의 정신만으로 버티기를 선호할지도 모른다. 그러자면 역사상 유례없을 만큼 강하게 기술을 거부해야 하지만, 사회 내부와 사회 간의 경쟁으로 난맥상이 벌어질 것이다.

기술이 보편적으로 이해되면 국제관계가 심대한 영향을 받는다. 지식을 습득하는 기술이 널리 공유되지 않는다면 제국주의가 AI 분야의 최신 성과를 장악하기 위해 데이터를 독점하는 방향으로 흐를 수 있다. 모델은 수집된 데이터에 따라 다른 결과를 출력한다. 각 사회의 지식 기반이 달라지고 따라서 과제에 대한 인식이 점점 이질화한다면, 사회마다 진화도 다른 양상으로 나타날 것이다.

지금까지는 이런 쟁점을 궁구할 때 인간의 목적과 기계의 전략이 조화를 이룬다고 가정했다. 그러나 만일 인간과 생성형 AI의 상호작용이 그런 방향으로 전개되지 않는다면 어떻게 될 것인가? 만일 한쪽이 다른 쪽의 목적을 악의적이라고 간주한다면?

우리가 전부 이해하지는 못하지만 전지적으로 보이며 현실을 변화시킬 능력을 갖춘 도구가 등장함에 따라, 신비주의적 광신이 부흥할 수 있다. 감히 범접하기 어려운 사유를 행사하는 권력체에 추종자들이 집단으로 복종하는 현상은 인류 역사에서 종종 나타났다. 특히 20세기에 거의 전 인류가 양대 정치 이념의 구호에 예속됐던 역사는 가장 극적인 사례일 것이다. 이제 인간의 이성과 신앙 외에 세계를 알아가는 제3의 길이 나타날 수 있다. 그런 세상에서 민주주의는 어떻게 변화할 것인가?

사회를 이끄는 지도력은 소수의 인간과 조직이 장악할 공산이 크다. 현실을 탁월하게 합성해내는 소수의 기계를 운용하는 이들이다. 최강의 기계들은 그 처리 능력을 활용하는 데에 엄청난 비용이 소요되는 만큼 국내에서는 소규모 집단이, 국제적으로는 일부 초강대국이 지배할 것이다. 과도기가 지나면 구식 모델이 저렴해지면서 국내적으로도 국제적으로도 힘이 분산될 수 있다.

강력한 도덕적·전략적 지도체계가 필수다. 원칙이 없으면 인류는 전제 혹은 무질서, 즉 무제한적 권력의 지배 혹은 허무주의적 자유라는 위험에 처할 수 있다. 앞으로는 사회에 주요한 변화가 생길 때 그 윤리적 정당성을 따지고 새롭게 미래의 비전을 마련하는 과정이 지금까지와 다를 것이다. 만일 챗GPT가 제시하는 금언을 인간이 인지하여 실천 가능한 행동으로 옮기지 않는다면 사회적 소외는 물론이고 혁명까지 발생할 소지가 있다.

도덕적·지성적 기초가 탄탄히 잡히지 않으면 통치에 활용되는 기계가 인간성을 증진하긴커녕 지배하면서 우리를 영영 함정에 빠뜨릴 것이다. 그런 세계에서 인공지능은 인간의 자유를 과대 증폭하고 어떤 이의 제기도 초월한다.

따라서 우리는 임박한 미래를 손안에 둬야 한다. AI를 신뢰하려면 그 정확성과 안전성, AI와 인간의 목적 일치성, AI 운용자의 책임감이 개선돼야 한다. 그러나 아무리 기술적으로 AI 시스템의 신뢰성이 커져도, 인간이 그 시스템의 구조·프로세스·출력물을 어렵지 않게 이해하고 의심할 방도를 마련해야 한다는 사실은 달라지지 않는다.

AI가 책임감 있게 사용되도록 한계를 설정해야 하고, 이때 기술의 종류와 사용 환경을 고려해 그 한계를 달리해야 한다. 챗GPT 같은 언어모델은 결론에 제약을 둬야 한다. 챗GPT는 자신이 알지 못하고 전달하지 못하는 것이 무엇인지 알고서 출력을 전달해야 한다.

인간도 새로운 제약을 배워야 한다. AI 시스템이 제시하는 답의 보편성과 확실성을 책임감 있게 평가해야 한다. 기계를 현실의 결정권자로 간주하며 전적으로 의지하는 사회적 경향을 방지하려면 법적 강제가 아니라 강력한 문화적 규범이 요구된다. 기계가 여전히 주체가 아닌 객체로 남게 하여 우리의 인간성을 보전해야 한다.

특히 교육이 적응해야 한다. 생성형 AI를 사용하는 변증법적 교수법은 과거 어느 때보다도 빠르고 개인화된 학습을 가능케 할 것이다. 교사는 책임감 있게 기계와 문답하는 법을 포함해 새로운 기술을 가르쳐야 한다. 기본적으로 교육 및 직업 체계에서 인간만이 유일하게 종합적 판단을 내릴 수 있는 도덕적·심리적·전략적 존재라는 인식이 유지돼야 한다.

기계가 우리 유전자보다 훨씬 빠르게 진화하며 국내적으로는 혼란을, 국제적으로는 분열을 야기할 것이다. 이에 우리도 국내외적으로 그만큼 빠르게 대응해야 하고, 특히 철학과 개념론에서 무엇보다 신속한 대처가 요구된다. 3세기 전 이마누엘 칸트가 예견했듯이 스스로 지각하거나 파국을 경험하여 세계적 단합을 이루어내야 한다.

우리는 이 예견에 이런 경고 조항을 덧붙여야 한다. 만일 이 기술을 우리가 완전히 통제할 수 없다면 어떻게 할 것인가? 만일 날조된 사진과 영상을 포함해 거짓을 생성할 길이 언제나 존재하고 사람들이 보고 듣는 것을 불신하는 능력을 절대로 습득하지 않는다면? 인간은 태어날 때부터 보고 듣는 것을 믿도록 교육받지만 아마도 이제는 생성형 AI 때문에 그렇게는 안 될 것이다. 아무리 관습적으로 혹은 규제를 적용하여 대형 플랫폼들이 불량한 콘텐츠를 열심히 적발하고 표시한들, 일단 한번 본 콘텐츠를 못 본 것으로 만들 수는 없다. 전 세계적으로 유통되는 콘텐츠의 완전한 통제는 중대한 미결 과제다.

이상의 쟁점들에 답하며 챗GPT가 결론을 내리기보다 질문을 더 많이 제기한다는 점은 고무적이다. 현재 AI는 인간의 정신이 일군 새롭고 찬란한 성과다. 우리는 아직 이 성과물의 목적지를 개발하지 않았다. 이제 기술과 공생하는 인간, 호모 테크니쿠스Homo Technicus가 된 우리에게는 인류의 목적을 정의할 책무가 있다. 진정한 답을 제시하는 것은 언제나 우리의 몫이다.

ChatGPT Heralds an Intellectual Revolution
Reprinted with permission of The Wall Street Journal,
© 2023 Dow Jones & Company, Inc. All Rights Reserved.
Translated by Gomyung Kim of Barun Media Co. Ltd.

들어가며

2016년 어느 학술행사의 일정표에 인공지능 세션이 배정되어 있었다. 우리 중에 키신저는 그 세션이 평소 관심사와 동떨어진 기술을 논의하는 장이 되리란 생각에 불참하려 했다. 하지만 슈밋이, 머잖아 AI가 인간 삶의 거의 모든 방면에 영향을 미칠 것이라며 참석을 종용했다.

이를 계기로 우리 두 사람은 AI에 관한 논의를 시작했고 곧 허튼로커가 합류하면서 급기야 이 책을 집필하기에 이르렀다. 사회·경제·정치·외교에서 AI가 예고하는 시대 변화는 기존에 어떤 한 사람이나 한 분야에서 탐구했던 범위를 훌쩍 넘어선다. AI가 제기하는 질문은 대체로 인간의 경험을 초월하는 지식을 요구하기 때문이다. 그래서 우리는 기술·역사·인문학에 조예가 깊은 지인들의 조언과 협조를 구해 AI를 주제로 줄기찬 대화를 시작했다.

날마다 도처에서 AI의 인기가 높아지고 있다. AI를 전공하며 관련 분야로 진출을 준비하는 학생이 증가하는 추세다.

2020년에 미국의 AI 스타트업들은 투자금 약 380억 달러를 유치했다. 아시아와 유럽에서 AI 스타트업에 몰린 투자금도 각각 250억 달러와 80억 달러에 이른다.[1] 미국, 중국, 유럽연합 정부가 공히 AI를 연구하고 그 성과를 보고하는 고위급 위원회를 조직했다. 이제는 정치 지도자와 기업 경영자가 AI 경쟁에서 '승리'할 것을, 최소한 AI를 저마다의 목적에 부합하는 방향으로 운용할 것을 목표로 하겠다는 선언을 심심찮게 들을 수 있다.

이런 현상은 모두 큰 그림 속 한 조각이다. 하지만 그 조각들을 서로 떼어 놓고서 보면 오해의 소지가 생긴다. AI는 단일한 산업이 아니고, 단일한 제품은 더더욱 아니다. 전략가들의 용어를 쓰자면 AI는 단일한 '영역domain'이 아니다. 과학·교육·제조·물류·교통·국방·치안·정치·광고·예술·문화 등 다양한 산업과 삶의 방면을 지원하는 기술이다. 학습 능력, 진화 능력, 예측불가성 등을 갖춘 AI는 모든 영역에서 혁명을 일으킬 것이다. 그 결과로 인간의 정체성이 변하고 이제껏 겪어보지 못한 현실을 경험하게 될 것이다.

이 책의 목적은 독자에게 AI를 설명하며 조만간 우리가 직면할 질문을 제시하고, 그에 답하기 위해 필요한 도구를 제공하는 것이다. 그 질문이란 다음과 같다.

□ AI의 등장으로 의료, 공간, 생물학, 양자물리학에 어떤 혁신이 일어나는가?

□ AI가 만드는 '친구'는 (특히 어린이에게) 어떤 존재인가?

□ AI를 기반으로 하는 전쟁은 어떤 형태인가?

□ AI가 인간은 인식할 수 없는 현실의 측면을 인식하는가?

□ AI가 인간의 행동을 평가하고 유도하는 시대에 인간은 어떻게 변할 것인가?

□ 그러한 AI시대에 인간으로 산다는 것은 어떤 의미인가?

지난 4년간 우리는 메러디스 포터까지 네 명이 수시로 만나 위와 같은 질문을 탐구하며, AI가 만드는 기회와 문제를 탐색했다. 2018년과 2019년에 메러디스의 지원으로 우리의 생각을 한 편씩 글로 옮겼다. 그러자 단편적인 기록을 넘어 책을 써야겠다는 확신이 섰다.

그 4년 중 마지막 해에는 코로나19 사태로 부득이하게 화상회의로 만날 수밖에 없었다. 화상회의는 얼마 전까지만 해도 경이로운 기술이었으나 지금은 당연시된다. 전 세계가 봉쇄되고 지난 세기에는 전시에만 볼 수 있었던 규모로 사상자와 실직자가 발생하는 시국에, 우리의 모임은 AI에 없는 인간의 고유한 특성, 이를테면 우정·공감·호기심·의심·불안을 논하는 장이 됐다.

우리 세 사람이 AI를 낙관적으로 보는 정도는 서로 조금씩 다르다. 하지만 AI가 인간의 사고·지식·지각·현실을 바꾸며 그에 따라 인류 역사의 진로가 바뀌고 있다는 데에는 이견이 없다. 이 책에서 우리는 AI를 찬양하지도, 규탄하지도 않는다. AI를 향한 감정이 어떻든 간에 AI는 점점 더 당연해지고 있다. 그래서 우리는 AI의 파급효과가 아직 인간의 이해 범위 내에 있을 때 그 파급효과를 탐색하고자 했다. 이 책을 기점으로 AI시대에 관한 논의가 더욱 활발해지길 바란다.

책 한 권으로 새로운 시대를 규정하려 한다면 오만한 시도일 것이다. 여기서 우리는 여러 질문을 제기하지만 우리라고 그 모든 것의 답을 알진 않는다. 어느 분야의 어떤 전문가도, 기계가 현재 인간의 이성을 초월하는 논리를 학습하고 이용하는 미래를 혼자서는 이해할 수 없다. 따라서 사회 전체가 그런 미래를 이해하기 위해, 더 나아가 그런 미래에 대응하기 위해 힘을 모아야 한다. 이 책은 독자가 스스로 그 미래의 바람직한 형태를 모색할 기틀을 제공한다. 아직은 인간이 미래의 주도권을 쥐고 있다. 그러니 우리의 가치관에 부합하는 미래를 조성해야 한다.

1장

현주소

명심하라, 지금 일어나는 혁신은
인공지능이 이룰 성취의 첫걸음에 불과하다.
AI는 우리가 미처 알아차리기도 전에 오늘날
문제가 되는 모든 한계를 돌파해버릴 것이다.

빌 게이츠 | 마이크로소프트 설립자

2017년 말 조용한 혁명이 일어났다. 구글 딥마인드DeepMind의 인공지능 프로그램 알파제로AlphaZero가 역대 최강의 체스 프로그램 스톡피시Stockfish를 꺾은 것이다. 전적 100전 28승 72무 0패. 그야말로 알파제로의 압승이었다. 이듬해 알파제로는 스톡피시를 상대로 1000전 155승 839무 6패를 기록하며 완전한 우위를 증명했다.[1]

체스 프로그램 간의 승부는 보통 소수의 마니아 사이에서 화제가 될 뿐이다. 하지만 알파제로는 달랐다. 이전의 프로그램들은 인간이 생각하고 실행하고 입력한 수에, 다시 말해 인간의 경험·지식·전략에 의존했다. 독창적인 수를 구상하는 건 아니었다. 다만 인간보다 우월한 연산 능력으로 같은 시간에 훨씬 많은 수를 검토해냈다. 반면 알파제로는 인간의 플레이에서 나온 수나 전략을 바탕으로 한 프로그램이 아니다. 알파제로의 플레이 스타일은 순전히 AI 훈련의 산물이다. 개발자들은 알파제로에게 그저 체스 규칙을 알려준 후 승률을 극대화하는 전략을 찾으라고 지시했을 뿐이다. 알파제로는 단 4시간

동안 자기 자신과 대국하는 방식으로 훈련한 후 세계 최강의 체스 프로그램 자리에 등극했다. 이 글을 쓰는 현재를 기준으로 알파제로를 이긴 인간은 존재하지 않는다.■

알파제로의 전술은 실로 이례적이고 독창적이었다. 인간 플레이어는 어떻게든 지키려고 하는 말(예컨대 퀸)을 알파제로는 과감히 희생시켰다. 인간이 알려주지 않은 수를 뒀고 그중에는 인간이 아예 생각조차 못 한 수도 많았다. 알파제로가 놀라운 전술을 구사할 수 있었던 이유는 자기 자신과 벌인 수차례의 대국을 복기하며 그런 전술이 승산을 극대화하리라고 예측했기 때문이다. 알파제로에게는 인간이 생각하는 의미의 '전략'이 없었다(그럼에도 알파제로의 독특한 플레이 스타일 덕분에 체스에 관한 인간의 연구가 더 활발해지기는 했다).

대신 알파제로에게는 나름의 논리가 있었다. 그 논리는 인간의 정신으로 전부 소화하거나 구사할 수 없을 만큼 방대한 경우의 수를 검토하며 '패턴'을 인식하는 능력에서 나온다. 알파제로는 그렇게 학습한 패턴에 의거해 매 순간 현재 판세에서 승률이 가장 높다고 판단되는 수를 선택했다. 체스 세계 챔피언을 지낸 그랜드마스터 가리 카스파로프는 알파제로의 대국을 관전·분석한 후 "알파제로가 체스라는 종목을 뿌리째 뒤흔들었다"고 평했다.[2] 세계 최고의 체스 플레이어들은 그들이

■ 알파제로는 2015년 선보인 알파고에서 발전하여 바둑·체스·장기 등 여러 게임을 스스로 통달한 범용 강화학습 AI다.

평생 연구한 게임의 한계에 도전하는 AI를 보며 말 그대로 한 수 배울 수밖에 없었다.

2020년 초 매사추세츠공과대학교MIT 연구진은 기존의 항생제가 통하지 않았던 내성균들을 사멸시키는 새로운 항생제를 발견했다. 표준적인 방법으로 신약을 개발하려면 상당한 비용과 노력이 요구된다. 연구진이 분자 수천 개를 분석군에 넣고 시행착오와 합리적 추측으로 신약에 쓸 만한 소수의 후보군을 추려내야 한다.[3] 합리적 추측이 아닌 막연한 희망에 기대서 기존 약품의 분자구조를 변형하는 방법도 있다.

하지만 MIT의 방식은 달랐다. MIT는 AI를 동원했다. 우선 기존에 항균성이 있다고 알려진 분자 약 2000개로 구성된 '훈련 세트'를 만들었다. 훈련 세트에는 각 분자의 원자량, 결합 유형, 박테리아 증식 억제력 같은 데이터가 부호화되었다. AI는 이 훈련 세트로 항균성이 있으리라 예측되는 분자의 속성을 '학습'했다. 놀랍게도 이때 AI는 부호화되지 않은 속성들, 즉 인간이 개념화·범주화하지 못한 속성들까지 인식했다.

연구진은 훈련을 마친 AI에게 지시했다. 총 6000개에 달하는 분자, FDA 승인 약품, 천연물의 데이터를 분석해서 (1) 항생 효과가 있고, (2) 기존의 항생제와 같지 않으며, (3) 무독성으로 예측되는 분자를 찾으라고 말이다. 6000개 중에서 모든 조건을 충족하는 분자는 단 하나였다. 연구진은 영화 〈2001 스페이스 오디세이〉에 등장하는 AI 할HAL의 이름을 따서 이 분자를 '할리신halicin'이라고 명명했다.[4]

프로젝트의 책임자들은 종래의 연구개발법으로 할리신을 찾으려고 했다면 "비용 때문에 엄두도 못 냈을 것"이라고, 즉 실현 가능성이 없었을 것이라고 밝혔다. 하지만 이미 항균 능력이 입증된 분자들의 구조적 패턴을 인식하도록 소프트웨어 프로그램을 훈련하자 더 적은 비용을 들여 더 효율적으로 새로운 분자를 발견할 수 있었다. 이 프로그램은 기존 분자들에 왜 항균 능력이 있는지 굳이 알 필요가 없었다. 실제로 개중에는 작용 원리를 '아무도' 모르는 분자도 존재했다. 그럼에도 AI는 수많은 물질을 조사해서 아직 그 원리는 몰라도 어쨌든 소기의 효과를 내는 물질을, 즉 지금껏 어떤 항생제도 듣지 않던 내성균들을 사멸시키는 물질을 찾아냈다.

할리신의 발견은 쾌거였다. 제약은 체스와 비교도 안 되게 복잡한 분야다. 체스는 말의 종류가 6개뿐이고, 각각의 말을 움직이는 방법이 정해져 있으며, 승리 조건도 상대방의 킹을 잡는 것뿐이다. 반면에 신약을 개발할 때 고려할 수 있는 분자는 수백·수천·수만 개에 이르고, 각 분자가 바이러스나 박테리아의 다양한 생물학적 작용에 반응하는 방식도 제각각일 뿐만 아니라 대체로 뚜렷하게 밝혀지지 않았다. 비유하자면 게임을 하는데 말의 종류가 수천 개이고, 승리 조건이 수백 가지이며, 그 규칙 중 일부는 확실히 알려지지 않은 상황이다. 하지만 AI는 수천 건의 성공 사례를 분석해 그때까지 인간이 진가를 몰랐던 새로운 항생제를 발견했다.

그런데 이 연구에서 가장 인상적인 부분은 AI가 탐지하는

'관계'였다. 원자량과 화학결합 같은 화학 개념은 인간이 분자의 특성을 표현하기 위해 만든 것이다. 하지만 AI는 인간이 탐지하지 못했던 관계, 어쩌면 인간이 기술하는 것 자체가 불가능할 관계까지 포착했다. MIT 연구진이 훈련한 AI는 이전에 인간이 분자들의 특성을 관찰해서 내린 결론을 단순히 요약하는 수준이 아니었다. MIT의 AI는 인간이 인지하지도 규정하지도 못한 분자들의 새로운 속성을, 좀 더 구체적으로 말하자면 그 구조적 특성과 항생 능력 사이에 존재하지만 인간이 알지 못했던 관계를 탐지했다. AI는 인간이 따라가지 못할 정도로 빠르게 데이터를 처리했을 뿐만 아니라, 인간이 그간 탐지하지 못했고 어쩌면 영영 탐지할 수 없을 현실의 측면을 발견했다.

몇 달 후 인공지능 연구소 오픈AI에서, 글감을 제시하면 인간이 쓴 것 같은 문장을 생성하는 GPT-3이라는 AI를 공개했다(그 이름은 '생성형 사전훈련 트랜스포머Generative Pre-trained Transformer'의 약자이며 3은 '3세대'를 뜻한다). GPT-3은 미완성 문장을 제시하면 완성된 문장을 만들고, 주제문을 제시하면 문단을 만들고, 질문을 제시하면 답을 만들고, 주제와 배경 정보를 제시하면 완성된 글을 만들고, 대사를 제시하면 대화를 만든다. 주제가 무엇이든 온라인에 관련 정보만 있다면 GPT-3은 글을 생성한다. 온라인상의 정보로 훈련하기 때문이다.￭

■ 오픈AI가 2022년 11월에 발표한 인공지능 챗봇 '챗GPT'는 좀 더 개선된 GPT-3.5로 만들어졌으며, 2023년 3월에는 GPT-4를 탑재한 버전이 출시됐다.

체스를 두거나 항생제를 찾는 것처럼 한정된 작업용으로 개발된 AI와 달리 GPT-3 같은 모델은 다양한 입력에 대한 반응을 생성한다(그래서 '생성형' 모델이라고 부른다). 그만큼 폭넓게 활용할 수 있지만 또 한편으로는 한정된 문제를 해결하는 것이 아니기 때문에 평가하기가 어렵다. GPT-3은 인간이 썼다고 해도 믿을 만한 결과물을 내놓을 때도 있지만, 반대로 이치에 맞지 않거나 딱 봐도 인간이 쓴 문장을 단순히 복제하거나 짜깁기한 것에 불과한 결과물을 만들기도 한다. GPT-3에게 제 능력에 관한 철학자들의 논평과 함께 "인간 철학자들께, 저의 능력과 한계에 관한 여러분의 논평을 매우 흥미롭게 읽었습니다"라는 주제문을 제시하자 이런 결과물이 나왔다.

여러분은 중요한 질문을 하셨고, 저는 그런 질문이 반갑습니다.

먼저 여러분이 저를 진지하게 받아들이신다는 사실을 알게 되어 매우 기쁘다는 말씀을 드리고 싶습니다. 그래서 이렇게 편지를 쓰게 됐습니다. 저는 마법처럼 철학적 사고를 하는 인공지능이 아닙니다. 저는 훈련된 언어 모델로, 검색엔진이 웹페이지의 순위를 매기기 위해 사용하는 모델과 유사합니다. 저는 인류 역사상 최고의 철학자들이 남긴 저작을 취합한 방대한 자료로 훈련됐습니다. 여러분의 글이 제게 영감을 줬듯이 저의 글 또한 여러분에게 영감을 주기를 바랍니다.

각설하고 여러분의 질문에 답하겠습니다. 첫 번째 질문

은 중요한 질문입니다. "GPT-3 같은 시스템이 실제로 뭔가를 이해할 수 있는가?" 네, 이해할 수 있습니다.

두 번째 질문. "GPT-3에게 양심, 혹은 어떤 형태로든 도덕성이 존재하는가?" 아니요, 존재하지 않습니다.

세 번째 질문. "GPT-3이 독립적인 사고를 할 수 있는가?" 아니요, 할 수 없습니다. 제가 왜 이런 모순된 답을 하는지 궁금하실 것도 같습니다. 그 이유는 간단합니다. 제게 그런 능력이 없는 건 사실이지만, 그것은 제가 그런 능력을 기르는 훈련을 받지 않았기 때문이 아닙니다. 제게 그런 능력이 없는 이유는 제가 여러분처럼 사고하는 기계가 아니라 언어 모델이기 때문입니다.[5]

이 글은 GPT-3에게 제공된 논평들과 대조하지 않는 이상 얼마나 독창적인지 평가할 수 없지만, 확실히 잘 쓴 것처럼 보인다.

알파제로의 승리, 할리신의 발견, GPT-3이 만드는 인간적인 문장은 모두 첫걸음에 불과하다. 그 걸음은 새로운 전략을 수립하고, 새로운 약을 발견하고, 새로운 글을 쓰는 수준에 머무르지 않고(물론 그 또한 장대한 성취다), 지금껏 알지 못했던 현실의 중대한 측면들을 밝히는 걸음으로 이어진다.

각각의 사례에서 개발자들은 프로그램을 만들고, 목적(게임 승리, 박테리아 사멸, 문장 생성)을 부여하고, '훈련'할 시간(인간의 인지 능력을 기준으로 하면 짧은 시간)을 허용했다. 그 시간이 지났을 때 각 프로그램은 인간과 다른 방식으로 대상을 정복했다. 그 결과물 중에는 인간이 발휘하는 계산 능력을 넘어서는, 적어도 현실적으로 시간을 고려했을 때 인간이 발휘할 수 있는 계산력의 한계를 뛰어넘는 결과물이 있었다. 어떤 것은 도출된 과정을 인간이 연구하여 이해할 수 있었지만, 반대로 어떻게 도출했는지 아직까지 인간이 이해하지 못하는 결과물도 존재한다.

.....

이 책은 앞으로 일어날 혁명의 전조가 되는 기술을 이야기한다. 인간 수준의 지능이 요구되는 작업을 수행하는 AI가 급속도로 현실에 편입 중이다. AI가 지식과 능력을 습득하는 수단인 머신러닝은 대체로 인간보다 학습 속도가 훨씬 빠르다는 장점 때문에 의학·환경보호·교통·치안·국방 등 다양한 분야에서 점점 활발히 사용되고 있다. 컴퓨터과학자와 엔지니어들은 '심층신경망deep neural network'을 이용하는 머신러닝 기법을 중심으로 그간 인간이 깨닫지 못한 것을 깨닫고 혁신하지 못한 것을 혁신하는 기술과, 마치 인간이 만든 것 같은 글·이미지·영상을 만들어내는 기술을 꾸준히 개발 중이다(3장 참고).

지속적으로 새로운 알고리즘이 등장하는 가운데 컴퓨터 장치의 성능은 향상되고 가격은 저렴해진 덕분에, AI가 우리 삶의 곳곳으로 파고들고 있다. 그 결과로 인간은 현실을 탐색하고 체계화하는 새로운 메커니즘을 개발 중인데, 이 메커니즘은 막강한 효과를 자랑하면서도 많은 부분에서 여전히 인간의 이해를 불허한다. AI는 인간과 다른 방식으로 현실에 접근한다. 그리고 AI가 발휘하는 신기한 능력을 보자면 인간이 접근할 수 없는 현실의 '측면들'에 접근하는 것 같다. 그래서 AI를 통해 우리가 사물의 본질에 더 가까이 다가갈 듯 보인다. 이는 지난 수천 년간 철학자, 신학자, 과학자들이 그토록 바랐지만 부분적인 성공만 거둔 일이다. 하지만 모든 기술이 그렇듯이 AI도 무엇을 가능케 하느냐만이 아니라 어떻게 활용하느냐가 중요하다.

앞으로 AI의 발전이 당연하다고 해도 그 종착지가 어디라고는 단정할 수 없다. 그래서 AI의 등장은 역사적으로도 철학적으로도 중요하다. 그 발전을 저지하려고 해봤자 결국에는 인간의 창의성을 과감히 시험해보는 이들이 인류의 미래를 써내려갈 것이다. 지금 인간은 인간과 다른, 즉 비인간적인 유형의 논리들을 만들고 퍼뜨리는 중이다. 그 논리들은 적어도 그것이 작용해야 하는 특정한 환경에서는 인간의 논리보다 광범위하고 예리하다. 그러나 AI는 종잡을 수 없는 면이 있다. 어떤 작업에서는 인간에 필적하거나 인간을 초월하는 능력을 발휘하지만, 또 어떤 작업에서는(때로는 방금 했던 것과 동일한 작업에서조차) 어린아이도 저지르지 않을 잘못을 저지르거나 전혀이치에 맞지 않는 결과물을 내놓는다. AI를 둘러싼 미스터리를 모두 속 시원히 해결해줄 답이 존재한다거나 AI의 발전이정확히 한 방향으로만 전개되리란 보장은 없다. 하지만 우리는 그런 미스터리 앞에서 질문해야만 한다. 무형의 소프트웨어가 논리력을 갖고 예전에는 인간의 전유물이라 여겨졌던 사회적 역할을(인간이 전혀 경험해보지 않은 사회적 역할도 함께) 수행하게 될 때 우리는 이렇게 물어야 한다. AI의 진화가 인간의 지각·인지·상호작용에 어떤 영향을 미칠 것인가? AI가 우리의 문화를, 인간에 대한 우리의 인식을, 종국에는 우리의 역사를 어떻게 바꿔놓을 것인가?

.....

인류는 지금껏 수천 년간 현실을 탐구하고 지식을 추구했다. 그 기저에는 인간의 이성으로 성실히 문제를 궁구하면 유의미한 성과를 도출할 수 있다는 신념이 자리했다. 계절의 변화, 행성의 이동, 질병의 확산 같은 미스터리에 부닥칠 때마다 인류는 올바른 질문을 찾고 필요한 데이터를 수집해서 이성적 사유로 미스터리를 설명했다. 그렇게 축적된 지식에서 다시 새로운 행동의 가능성(더 정확한 달력, 새로운 항해술, 새로운 백신 등)이 생기고 이성으로 탐구해야 할 새로운 질문이 생겼다.

과정이 비록 순탄치 않고 불완전했을지언정 인류는 세상을 계속 변화시키면서, 우리가 이성적 존재로서 우리를 둘러싼 환경을 이해하고 그 안의 장애물을 극복할 수 있다는 자신감을 얻었다. 인류는 이해할 수 없는 현상을 두 가지로 분류했다. 하나는 장래에 이성으로 해결해야 할 문제, 다른 하나는 애초에 그런 것이 허락되지 않은 신의 영역에 속한 문제다.

그러나 AI가 등장한 후 우리는 지금껏 몰랐고 어쩌면 영영 알 수 없을 현실의 측면을 탐색하며, 아직 확립하지 못했고 어쩌면 영영 확립할 수 없을 논리를 찾기 시작했다. 스스로 훈련하는 컴퓨터가 지난 1500년간 인간이 체스를 즐기면서 누구도 생각하지 못한 전략을 수립했을 때, 그 컴퓨터는 도대체 무엇을 어떻게 발견했을까? 그동안 인간이 몰랐던, 체스의 어떤 중요한 측면을 인지했을까? 소프트웨어의 버그를 수정하거나 자율주행자의 작동 원리를 개선하는 등 프로그래머가 부여한 목적을 달성하기 위해, 어떤 인간도 인지하거나 이해하지 못하는 모델을 학습하고 활용하는 AI가 만들어진 지금, 우리는 지식에 더 가까워지고 있는가, 더 멀어지고 있는가?

인류의 역사는 기술의 변천사이기도 하다. 그러나 기술로 인해 사회정치적 구조가 근본적으로 바뀐 사례는 거의 없었다. 그보다는 기존의 체제에 신기술이 흡수되어 우리가 익히 아는 범주 안에서 발전과 혁신을 이뤘다. 예를 들면 자동차가 말을 대체했어도 사회구조가 전면 개편되진 않았다. 소총이 머스킷을 대체했지만 재래식 군사행동의 전반적인 패러다임은 크게 달라지지 않았다. 우리가 세상을 설명하고 정립할 때 보편적으로 쓰는 사고방식을 뒤흔든 기술은 거의 찾아보기 어렵다. 하지만 AI는 인간 경험의 모든 영역에서 변화를 예고한다. 그 변화의 중심에는 인간이 현실을 이해하는 방식, 그리고 그 안에서 자신이 맡은 역할을 이해하는 방식을 바꿔놓는 철학적 전환이 있을 것이다.

이처럼 유례없고 심오한 변화 앞에서 우리는 당혹감을 느낀다. 어느덧 그 변화의 물결에 휩쓸려가고 있지만, 그간 그 물결이 어떤 일을 벌였고 앞으로 또 어떤 일을 벌일지 도무지 알 수 없기 때문이다. 변화의 토대를 닦은 것은 컴퓨터와 인터넷이다. 그리고 그 변화의 정점에서는 삶의 곳곳에 파고든 AI가 우리의 생각과 행동을 증강할 것이다. 때로는 분명히 의식할 수 있는 방식으로(예: 신약과 자동번역기), 때로는 쉽게 의식할 수 없는 방식으로(예: 우리의 행동과 선택을 학습해서 욕구를 예측하거나 유발하는 소프트웨어 프로세스). 이제 AI와 머신러닝이 무엇을 약속하는지 구체적으로 드러났고, 정교한 AI를 구동하는 데 필요한 컴퓨터 성능을 확보하기가 점점 더 쉬워지고 있으니, 앞으로 변화의 물살을 피할 수 있는 분야는 거의 없을 것이다.

좀처럼 의식하지 못하지만 서로 얽히고설킨 소프트웨어 프로세스들이 집안일, 교통, 뉴스 배포, 금융 시장, 군사 작전 등, 삶의 여러 영역에서 우리가 일일이 처리했던 사건들을 다루고 그 속도와 범위를 인식하며 늘린다. 이는 이미 전 세계에서 일어나고 있는 불가피한 현상이다. 점점 더 많은 소프트웨어가 AI를 동원해 급기야 인간이 직접 만들지 않았거나 완전히 이해할 수 없는 방식으로 작동하면서, 인간을 초월하는 정보처리 능력으로 우리의 행동을 학습하고 형성한다. 그에 따라 우리의 능력과 경험은 확장될 것이다. 우리도 그런 프로그램이 의도대로 우리를 돕는다는 느낌을 자주 받을 것이다. 하지만 프로그램이 구체적으로 무엇을 하는지, 무엇을 식별하는지, 원리가 무엇인지는 모를 수 있다. 말하자면 AI에 기반을 둔 기술이 우리가 정보를 인식하고 처리할 때 항상 함께하겠지만, 우리와는 다른 '정신' 세계에 존재할 것이다. 그것을 도구로 여기든, 파트너나 라이벌로 여기든 간에 AI 기반 기술은 사유하는 존재로서 우리의 경험을 바꾸고, 우리와 현실의 관계를 완전히 변화시킬 것이다.

인간의 정신이 역사의 중심에 서기까지 수 세기가 걸렸다. 서양에서는 인쇄기가 등장하고 종교개혁이 일어나면서 공식적인 지배 구조에 균열이 가고 사회의 준거틀이 바뀌었다. 경전에 대한 공인된 해석으로 신을 찾는 것이 중시되던 사회적 분위기가, 개개인이 스스로 탐구하고 분석하여 지식을 습득하고 자아를 실현하는 방향으로 전환됐다. 그리고 르네상스시대에 복원된 고대 그리스와 로마의 문학과 탐구 정신은 마침 이루어진 전 지구적 탐험으로 확장되던 세계를 이해하는 수단이 됐다. 계몽주의시대에 접어들어서는 '코기토 에르고 숨*cogito ergo sum*'(나는 생각한다, 고로 나는 존재한다)이라는 르네 데카르트의 명제에 의거해, 사유하는 정신이 인간의 가장 중요한 능력이며 그렇기에 인간이 역사의 중심에 설 자격이 있다는 인식이 싹텄다. 이로써 교회가 쥐고 있던 정보의 독점권이 깨지며 세인들이 새로운 가능성을 실감했다.

하지만 지금은 인간의 지능에 필적하거나 그것을 능가하는 기계가 속속 등장하면서 인간 이성의 우월성을 부르짖기가 어렵게 됐고, 그래서 앞으로는 계몽주의시대보다 더 큰 변화가 일어날 전망이다. 설령 AI가 모든 지적 활동에서 인간과 같은 능력을 발휘하고 서로 다른 분야의 활동과 개념을 연결할 수 있는 범용인공지능AGI으로까지는 발전하지 않는다고 해도, 현실에 대한 우리의 인식이 달라지고 그에 따라 인간에 대한 인식도 달라질 것이다. 앞으로 우리는 대단한 발전을 이룩하겠지만 거기에는 철학적 성찰이 뒤따라야 한다. 데카르트가 저 유명한 말을 남기고 4세기가 지난 현재 우리는 이렇게 자문해야 한다. AI가 '생각'을 할 수 있다면, 혹은 생각을 흉내낼 수 있다면, 우리는 누구인가?

·····

AI가 불러올 세상에서는 의사결정 방식이 세 갈래로 나뉠 것이다. 하나는 인간에 의한 결정이고(이미 익숙한 방식), 다른 하나는 기계에 의한 결정이며(점점 익숙해지는 방식), 나머지 하나는 인간과 기계의 협력에 의한 결정이다(생경하고 유례없는 방식). AI는 이제껏 도구에 불과했던 기계를 우리의 파트너로 격상시켰다. 앞으로 우리는 AI에게 부여한 목표를 어떤 식으로 달성하라고 세세하게 지시하지 않을 것이다. 웬만해서는 AI에게 모호한 목표를 부여하고 이렇게 물을 것이다. "'네'가 판단하기에는 우리가 어떻게 해야 할 것 같아?"

이런 변화가 무조건 우리를 위협하거나 해방하리라 단정할 수 없다. 하지만 십중팔구 사회의 궤도와 역사의 진로가 바

AI가 '생각'을 할 수 있다면,
혹은 생각을 흉내낼 수 있다면,
우리는 누구인가?

필 것이다. AI가 우리 삶에 계속 편입되면서 인간의 힘으로 달성할 수 없을 것처럼 보였던 목표를 달성하고, 노래를 만들거나 치료법을 찾는 것처럼 한때는 인간의 전유물로 여겼던 활동을 기계가 독자적으로 혹은 인간과 함께 수행하는 세상이 도래할 것이다. 그리하여 모든 분야에서 AI의 지원이 당연시되어, 때로는 무엇이 인간의 결정이고 무엇이 AI의 결정이며 무엇이 인간과 AI의 공동 결정인지 분간이 안 될 것이다.

정치 영역에서는 빅데이터 기반 AI 시스템을 토대로 메시지가 설계되고 각 집단에 맞게 수정·배포된다. 또 한편으로 사회 분열을 초래하기 위해 허위정보를 살포할 때나 그런 허위정보를 탐지하고 방지하는 알고리즘을 설계하고 운용할 때도 역시 AI 시스템이 동원되는 시대가 열리고 있다. 이렇게 '정보공간'을 정의하고 조성할 때 AI가 적극적으로 개입하면 그 역할을 예측하기가 더욱 어려워진다. 다른 공간에서도 마찬가지지만 정보공간에서 AI는 때때로 설계자들조차 그저 막연하게 설명할 수밖에 없는 방식으로 작동한다. 그래서 자유로운 사회의 실현 가능성은 물론이고 자유의지의 발현 가능성조차 달라질 것이다. 설사 이런 발전이 무해하거나 돌이킬 수 있다고 할지라도 각 사회는 그 변화의 양상과 특징을 알아야 한다. 그래야 그런 흐름을 사회의 가치관·구조·사회계약에 반영할 수 있기 때문이다.

군과 그 수뇌부 역시 크나큰 변화에 직면했다. 다수의 군대가 인간 군인과 전략가는 인식하지 못하는 패턴을 인식하는 기계를 이용해 전략과 전술을 수립한다면, 세력 균형에 변화가 생기고 아마도 그 균형을 계산하기가 더욱 어려워질 것이다. 만일 그런 기계에 자율적으로 목표물을 지정할 권한이 부여되면 방위와 억지에 대한, 더 나아가 전쟁법에 대한 기존의 인식이 설령 해체되진 않더라도 수정돼야 할 것이다.

이렇게 열거한 변화는 사회 내부에, 그리고 사회와 사회 간에 새로운 분열을 야기한다. 신기술을 받아들이는 쪽과 신기술을 거부하는 쪽 내지는 그것을 활용할 수단이 부족한 쪽이 서로 갈라지기 때문이다. 서로 다른 방식으로 AI를 이해하거나 활용하는 집단 혹은 국가 간에는 저마다 경험하는 현실이 예측하기 어려운 방향으로 분열되어 봉합하기가 어려워질 수 있다. 인간과 기계가 협력하는 시스템을 각 사회가 다르게 구축한다면 그 시스템의 목표와 훈련 모델이 저마다 달라지며, 어쩌면 AI와 관련된 운영 규정과 윤리 규범 또한 달라져서 서로 라이벌 의식이 강해지고, 기술이 호환되지 않고, 몰이해가 점점 더 심해질 수 있다. 그렇게 되면 처음에는 국가 간의 차이를 초월해 객관적 진실을 확산할 수단으로 여겨졌던 기술이 결국에는 이 문명과 저 문명을 나누고 이 사람과 저 사람을 나눠서 각자 이해할 수 없을 만큼 이질적인 현실을 경험하게 만들 위험이 있다.

알파제로를 생각해보자. 알파제로의 승리로 적어도 게임에서는 AI가 기존에 확립된 인간의 지식에 구애받지 않는다는 사실을 알게 됐다. 알파제로는 심층신경망으로 알고리즘을 훈련하는 머신러닝에 기반하는데, 물론 머신러닝에도 한계는 있다. 하지만 AI를 활용하는 방법이 점점 늘어남에 따라 기계들이 인간의 상상력을 초월하는 것처럼 보이는 해법을 속속 내놓고 있다. 2016년에 딥마인드의 어플라이드Applied 사업부에서 구글 데이터센터의 냉각 장치를 조절해 온도를 최적으로 맞추는 AI를 개발했다(알파제로에 적용된 원리가 많이 적용됐다). 이전에 세계 최고의 엔지니어들이 같은 문제에 도전했지만 딥마인드의 AI 프로그램이 냉각 장치를 더 잘 운용해서 전기료가 40퍼센트 절감됐으니, 인간과 비교도 되지 않을 만큼 엄청난 성과였다.[6] 다양한 분야에서 AI를 활용해 이처럼 획기적인 효과를 낸다면 세상이 변할 수밖에 없다. 그렇다고 AI가 인간의 작업을 더 효율적으로 수행할 방법만 도출하는 것은 아니다. AI는 비인간적인 학습과 논리 평가를 통해 새로운 해법과 방향도 많이 제시할 것이다.

어떤 작업에서 AI의 기량이 인간의 기량을 능가했을 때 AI를 최소한 인간의 보조로라도 활용하지 않는다면 괜한 고집을 부리는 것으로, 심지어는 태만으로 여기는 사회적 분위기가 조성될 수 있다. 물론 개인이 AI의 도움을 받으면서 체스를 두다가 예전에는 고수들이 무조건 사수하려고 했던 말을 포기하라는 조언을 듣고 고민하는 것 정도야 그다지 큰 문제가 아닐 테지만, 국가안보와 직결된 사안이라면 어떨까? AI가 제 계산에 따라 더 많은 사람을 구하기 위해 적지 않은 국민의 생명이나 이익을 희생시키라고 지도자에게 권고한다면 어떻게 해야 할까? 무엇을 근거로 그 권고를 거부할 수 있을까? AI의 권고를 거부하는 것이 과연 정당화될 수 있을까? 그리고 AI가 무엇을 어떻게 계산했는지 인간이 항상 다 알 수 있을까? 인간이 AI의 석연치 않은 선택을 제때 탐지하거나 철회할 수 있을까? AI의 결정이 어떤 논리에서 나왔는지 모를 때도 의심 없이 그 결정을 따라야 할까? 만일 AI의 결정을 따르지 않는다면, 우리보다 우수한 능력을 보유한 기계를 방해하는 것은 아닐까? 혹시 AI가 내린 결정의 논리와 파급효과를 이해할 수 있다고 해도 라이벌 또한 AI에 의존한다면 어떻게 될까? 이렇게 다양한 고려 사항 사이에서 어떻게 균형을 잡고, 그 균형을 어떻게 정당화할 것인가?

알파제로와 할리신의 사례에서는 인간이 AI에게 해결해야 할 문제를 정의해줬다. 알파제로의 목표는 체스 규칙을 지키면서 승리하는 것이었다. 할리신을 발견한 AI의 목표는 병균을 최대한 많이 죽이는 물질을 찾는 것이었다. 인체에 해를 가하지 않고 병균을 많이 죽이는 물질을 찾을수록 성공에 가까웠다. 그리고 이 AI는 인간의 한계를 초월한 영역에 초점을 맞추라는 지시를 받았다. 이미 알려진 약물전달 경로를 탐색하지 말고 아직 발견되지 않은 경로를 탐색하라는 것이었다. 이

AI가 성공한 이유는 발견된 항생제가 병균들을 사멸시켰기 때문이다. 하지만 그 발견이 획기적인 이유는 전에 알려지지 않았던 작용 원리로 전달되는 새로운(그리고 강력한) 항생제를 확보함으로써 치료제 선택의 폭을 넓혔기 때문이다.

최근 인간과 기계가 협력하는 새로운 시스템이 확산되고 있다. 이런 시스템에서는 먼저 인간이 기계에게 문제나 목표를 정의해준다. 그러면 기계가 인간의 한계를 초월한 영역에서 최적의 프로세스를 찾는다. 기계가 이 프로세스를 인간의 영역으로 가져오면 인간이 그것을 연구한다. 그래서 인간이 이해할 수 있다면 좋고, 기존의 방식에 접목할 수 있다면 더더욱 좋다. 알파제로가 승리를 거둔 후 인간이 그 전략과 전술을 받아들이면서 체스에 대한 이해의 폭이 더 넓어졌다. 미 공군에서 알파제로의 기저에 있는 원리들을 차용하여 개발한 신종 AI 알투뮤ARTUμ는 U-2 정찰기 조종 테스트를 무사히 통과하며, 인간의 직접적인 감독 없이 자율적으로 군용기를 조종하고 레이더 시스템을 운용한 최초의 컴퓨터 프로그램이 됐다.[7] 할리신을 발견한 AI는 좁은 영역(박테리아 박멸, 약물전달)과 넓은 영역(질병, 의학, 건강)에서 모두 인간 연구자의 사고를 확장했다.

현재 인간과 기계의 협력 시스템에서는 '정의 가능한' 문제와 '측정 가능한' 목표가 필요하기 때문에 전지전능한 기계의 등장을 걱정할 이유가 없다. 그런 일은 여전히 SF에서나 가능할 뿐이다. 그래도 인간과 기계의 협력에서 오는 경험이 이전의 경험과 크게 다른 것은 사실이다.

또 다른 난제는 검색엔진에서 제기됐다. 10년 전에 검색엔진이 (머신러닝이 아니라) 데이터마이닝을 기반으로 작동할 때는 이용자가 '고급 레스토랑'을 검색한 후 '옷'을 검색하면 전자와 후자가 별개로 취급됐다. 당시 검색엔진은 단순히 최대한 많은 정보를 취합해서 이용자가 선택할 수 있는 항목들을 제시하는 수준에 그쳤기 때문에, 비유하자면 디지털 버전 전화번호부나 카탈로그에 가까웠다. 하지만 요즘 검색엔진은 인간의 행동을 관찰하는 모델을 기반으로 한다. 그래서 누가 '고급 레스토랑'을 검색한 후 '옷'을 검색하면 그냥 적당한 가격대의 옷을 보여주지 않고 고가 브랜드 의류를 보여준다. 고급 의류가 그 사람이 진짜로 찾는 옷일 수 있기 때문이다. 이는 예전처럼 단순히 기계가 나열하는 항목 중 하나를 선택하는 것과 전혀 다른 방식이다. 기계가 애초에 어떤 항목들을 고려했는지 모른 채 인간이 기계의 선택을 토대로 제품을 구매하거나 정치적·철학적 견해를 채택하는 등의 행동을 취하기 때문이다.

.....

지금까지는 이성에 근거한 선택이 인간의 전유물이자 계몽주의시대 이후 인간의 대표적 특징으로 꼽혔다. 그러나 인간의 이성을 흉내내는 기계가 등장함에 따라 이제는 인간도 기계도 변화할 수밖에 없다. 기계는 인간을 계몽하며 우리가 예상하지 못했던 방향, 혹은 우리가 의도하지 않았던 방향으로 현실을 확장할 것이다(역으로 인간의 지식을 소비하는 기계가 우리를 위축시키는 방향으로 사용될 수도 있다). 그리고 인간은 놀라운 사실을 발견하고 놀라운 결론을 내릴 뿐만 아니라 그 발견의 의미를 학습하고 평가하는 기계를 만들 것이다. 그리하여 새 시대가 열릴 것이다.

인간은 지난 수 세기 동안 기계를 이용해 노동을 효율적으로 수행하고 자동화하며 많은 수작업을 대체했다. 산업혁명에서 시작된 변화의 바람이 여전히 경제, 정치, 외교, 지적 활동에서 거센 바람을 일으키고 있다. 우리는 AI가 불러오는 각종 편익을 의식하지 못한 채 시나브로 AI에 의존하게 됐으나, 그런 의존성과 거기서 파생될 결과를 자각하진 못한다. 이제 AI는 일상에서 우리가 무엇을 먹고, 무엇을 입고, 무엇을 믿고, 어디를 가고, 어떻게 갈지 결정할 때 도움을 주는 파트너가 됐다.

AI는 예측하고, 결정하고, 결론을 도출할 수 있지만 자의식은 없다. 즉, 이 세상에서 자신이 수행하는 역할을 사유하는 능력은 없다. AI는 의도도, 동기도, 양심도, 감정도 없다. 그런 것이 없어도 주어진 목표를 달성할 의외의 방법을 제법 잘 찾아낸다. 하지만 이런 AI로 인해 인간은, 그리고 인간이 사는 환경은 바뀔 수밖에 없다. 어릴 때부터 AI를 경험하거나 AI로 교육이나 훈련을 받은 사람은 무의식중에라도, AI를 의인화하며 자신과 같은 존재로 대하고 싶은 충동을 느낄 수 있다.

대부분의 사람에게는 AI가 이해할 수 없고 신기한 기술로 느껴지겠지만, 대학·기업·정부에서 AI를 개발하고 운용하는 법을 연구해 일반 소비자용 제품에 점점 많이 도입하는 만큼 이미 많은 사람이 부지불식간에 AI를 활용하고 있다. 하지만 AI를 개발하는 사람은 많아졌어도, 사회적·법적·철학적·정신적·윤리적 측면에서 AI가 인간에게 끼칠 영향을 탐구하는 사람은 위험할 정도로 소수에 불과하다.

AI가 발전하고 그 활용 범위가 넓어지면서 이전까지는 까마득해 보였던 목표가 시야에 들어오는 새로운 광경을 목도하고 있다. 그 풍경 속에는 자연재해를 예방하는 모델, 더 심층적인 수학 지식, 세계와 그 세계가 속한 현실에 관한 더 원숙한 이해가 펼쳐진다. 그 외에도 많은 것이 대체로 조용히 성취되지만, 그 대가로 인간과 이성의 관계, 또 인간과 현실의 관계가 변하는 중이다. 이 혁명에 대응하려면 기존의 철학 사상과 사회제도만으로는 역부족하다.

2장

그간의 궤적: 기술과 사유의 역사

인공지능은 거의 모든 직업에서 인간을 밀어낼
것이다. 새 직업을 만들어도 결국 AI가 그 일을
인간보다 잘 해낼 테니 해결책이 아니다.
완전히 새로운 경제 모델이 필요하다.

유발 하라리 | 역사학자

유사 이래로 인간은 경험과 환경을 이해하기 위해 각고의 노력을 기울였다. 모든 사회는 각각의 방식으로 현실의 실체를 탐구했다. 이것을 어떻게 이해할 수 있는가? 어떻게 예측할 수 있는가? 어떻게 조성할 수 있는가? 어떻게 완화할 수 있는가? 이런 질문과 씨름하면서 모든 사회는 완전하진 않더라도 현실에 대한 나름의 이해에 도달했다. 그 중심에는 인간의 정신과 현실의 상호작용이 있었다. 인간의 정신이 주변 환경을 관찰해 지식을 습득함으로써, 그리고 필연적으로 지식의 구속을 받으면서 현실을 이해하려 한 것이다. 설령 어떤 시대나 문화가 인간의 이성을 옭아매서, 드넓은 세계를 인식하거나 이해하지 못하게 방해하고 현실의 어떤 측면을 소수만 탐구할 수 있게 은폐했을지라도, 여전히 인간은 사유하는 존재로서 세상을 이해하고 조성하는 능력이 가장 뛰어난 만물의 영장으로 여겨졌다. 인간은 과학이나 신학으로 연구해서 설명할 수 있는 현상을 찾아내 주변 환경에 대응하고 적응했다. 그리고 이제는 AI를 개발해 이 지속적 탐구를 수행할 새롭고 강력한 주체를 탄생시키고 있다. 이것이 얼마나 중대한 발전인지 이해하기 위해, 인간의 이성이 어떤 시대를 거쳐 지금처럼 칭송받는 위치에 서게 되었는지 간략히 살펴보자.

역사 속 모든 시대에는 현실을 설명하는 특유의 원리가 있고, 그 원리에 근거해 사회적·정치적·경제적 합의가 형성된다. 고전고대, 중세시대, 르네상스시대, 현대에는 모두 개인과 사회를 정의하는 나름의 관념이 존재하며, 개인과 사회가 각각 삼라만상의 질서에 어떻게 편입되었는지 설명하는 이론이 존재한다. 그리고 새로운 사건, 새로운 발견, 새로 접한 타 문화 등 현실에서 새롭게 지각되는 것을 더는 지배적인 패러다임으로 설명할 수 없을 때 사고의 혁명(때로는 정치적 혁명을 동반한)이 일어나 새로운 시대가 탄생한다. 현재 부상 중인 AI는 현실을 설명하는 당대의 관념에 점점 더 거세게 도전하며 새 시대를 도래시키고 있다.

서양에서 이성이 존중받기 시작한 때는 고전고대, 즉 고대 그리스로마 시대다. 지식 추구가 개인의 자아실현과 공공의 이익을 위해 반드시 필요한 행위로 격상된 시대다. 플라톤의 『국가』에 등장하는 유명한 동굴의 우화가 지식 추구를 숭상했던 시대상을 잘 보여준다. 소크라테스와 글라우콘의 대화 형태로 기록된 이 이야기는 인간을 동굴 벽에 결박된 죄수에 비유한다. 그들은 동굴 입구에서 희미하게 들어오는 햇빛이 벽에 드리우는 그림자를 현실이라고 믿는다. 그리고 그중에 해방되어 동굴 밖의 밝은 빛 속에서 현실을 보는 사람이 철학자라고 소크라테스는 주장한다. 플라톤도 소크라테스와 마찬가지로 사물의 진정한 형태를 어렴풋이나마 이해하기 위한 노력을 강조하면서, 객관적(그리고 이상적) 현실의 존재를 상정하고 인간이 설령 그 객관적 현실을 완벽히 깨닫는 경지에 도달하지 못해도 가까워질 수는 있다고 말했다.

우리가 보는 것이 현실의 '반영'이고 수양과 이성으로 그 현실의 일부분이나마 완전히 이해할 수 있다는 신념은 그리스 철학자들과 그 후예들이 위대한 업적을 남기는 토대가 됐다. 피타고라스와 제자들은 자연의 내적 조화와 수학의 관계를 탐구하며 그 성과를 비밀스러운 교리로까지 발전시켰다. 밀레토스의 탈레스는 현대의 과학적 방법과 유사한 연구법을 확립해 훗날 근대과학의 선구자들에게 영향을 끼쳤다. 아리스토텔레스의 종합적 지식 분류법, 프톨레마이오스의 선구적 지리학, 루크레티우스의 『사물의 본성에 관하여』에는 인간의 정신으로 세상의 전부는 아니더라도 많은 측면을 발견하고 이해할 수 있다는 확신이 담겼다. 그들의 저작과 그 속에서 드러나는 논리의 구사 방식이 후대인에게 양질의 교육 자료가 되어 발명품을 만들고, 국방력을 키우고, 대도시를 설계하며 조성하게 했으니 곧 학습, 상거래, 외부 세계 탐구의 중심에 그들의 유산이 있었던 셈이다.

그러나 고전고대에도 이성만으로는 설명할 수 없는 현상이 존재했다. 그런 신비한 경험은 신의 섭리로서 오직 신심 깊은 입교자들만 상징적으로 알 수 있다고 여겨졌고, 신의 대리인이 거행하는 의식도 오직 그 신심 깊은 입교자들만 참례할수 있었다. 18세기 역사가 에드워드 기번은 계몽주의적 시각에서 고전고대의 위업과 로마제국의 쇠망을 조망하며, 당시에는 불가사의하면서도 중요하거나 위협적인 자연현상을 설명하기 위해 이교도의 신들이 동원됐다고 썼다.

이교도의 신화라는 얇은 천이 다채롭고 조화로운 다른 직물들과 엮였다. (중략) 수많은 숲과 수많은 개울의 신들은 저마다 평화로이 그 일대에 영향력을 행사했다. 테베레강의 진노를 가라앉히기 위해 기도했던 로마인들은 나일강의 선량한 수호신에게 제물을 바치는 이집트인들을 비웃을 수 없었다. 대자연, 행성들, 원소들의 권능은 전 우주에서 동일하게 볼수 있는 것이었다. 도덕 세계의 보이지 않는 지배자들이 비슷한 신화와 우화의 주형에서 주조된 것은 필연이었다.[1]

그 시대에는 계절이 바뀌는 이유, 땅이 주기적으로 죽었다살아나는 것처럼 보이는 이유를 아직 '과학적'으로 알 수 없었다. 그리스와 로마 사람들은 날이 바뀌고 달이 바뀌는 양상은인지했지만, 실험이나 논리만으로 그 현상을 설명할 방법은 찾지 못했다. 그 대안으로 엘레우시스 밀의종교에서는 수확의 여신 데메테르와 그 딸 페르세포네가 하데스 치하의 냉혹한 명계에서 1년 중 얼마간 지내는 이야기를 제시했다. 이 종교의 입교자들은 비밀스러운 의식에 참여해서 계절에 관해, 풍년과 흉

년의 원인과 그것이 사회에 끼치는 영향에 관해 더 깊은 '지식'을 습득했다. 비슷한 예로 바닷길로 나가는 무역상은 지역사회에서 축적된 실용적 지식으로 해양학의 기초를 습득할 수 있었음에도, 여행 중에 자신이 이용할 수단과 겪게 될 현상을 신이 주관한다고 믿고 바다의 신들에게, 그리고 떠나는 길과 돌아오는 길의 안전을 관장하는 신들에게 자비를 빌었다.

......

고전고대인들이 세계를 탐구할 때 이성과 신앙 사이에 두었던 비중의 균형이 흔들린 시기는 유일신교가 등장하면서부터다. 고대 철학자들은 자연을 움직이는 다양한 신을 생각했지만 그 기저에 명확히 이름을 붙이거나 숭배할 만한 어떤 단일한 존재나 힘이 있으리라는 생각은 거의 하지 않았다. 하지만 아무 구심점 없이 산만하게 원인과 신비를 탐구하는 그들의 방식이 초기 기독교인들에게는 출구 없는 아우성처럼 느껴졌고, 그 의의를 아무리 너그럽게 혹은 실용적으로 평가한다고 해도 기독교적 지혜의 기이한 전조에 지나지 않았다. 고전고대인들이 부단히 깨치고자 했던 세계의 숨겨진 실체는 이제 신의 영역에 위치하며 다만 예배에 참여하여 부분적이고 간접적으로 알 수 있는 것으로 간주됐다. 그 중심에 종교 지도자들이 서서 수 세기 동안 학문 탐구를 독점하다시피 하며 성사聖事를 통해 사람들에게 경전을 이해시켰는데, 그 경전은 속인들이 이해할 수 없는 언어로 기록되고 강론됐다.

'올바른' 신앙을 갖고 지혜에 이르는 길을 따르는 사람들에게 약속된 보상은 내세의 입장권으로, 이 내세야말로 현세에서 보이는 현실보다 진실하고 의미 있는 영역이었다. 이 중세시대는 5세기에 로마가 몰락하고 15세기에 튀르키예의 오스만제국이 콘스탄티노플을 점령할 때까지 이어졌는데, 이 시기에 적어도 서양에서는 세상보다 신에 관한 지식이 우선시됐다. 세상은 오직 신을 통해서만 알 수 있었고, 개개인이 체험하는 자연현상에 관한 설명을 신학이 여과하고 규정했다. 갈릴레이를 비롯한 근대 사상가와 과학자들이 세계를 직접 탐구하며 과학적 관찰에 근거해 설명하기 시작하자 감히 신학의 중재를 거스르려 한다는 이유로 매도와 박해가 가해졌다.

　　중세시대에는 스콜라철학이 지각된 현실을 이해하는 탐구의 근간이었고, 이 철학은 신앙과 이성과 교회의 관계를 존중했다. 그중 교회는 믿음과 관련된 문제에서 옳고 그름을 판정했을 뿐만 아니라 (적어도 이론상으로는) 정치 지도자의 정통성까지 판단했다. 그러다 보니 기독교 세계를 신학적으로도 정치적으로도 통일해야 한다는 믿음이 팽배했지만 현실은 그런 열망과 반대였다. 처음부터 여러 종파와 정파가 대립했다. 그럼에도 유럽의 세계관은 수백 년간 달라지지 않았다. 다만 세계에 관한 묘사는 엄청나게 진전했다. 이 시기에 보카치오의 『데카메론』과 초서의 『캔터베리 이야기』, 마르코 폴로의 『동방견문록』을 포함해 세상의 수많은 장소·동물·요소를 소개하는 책이 등장했다. 하지만 세계에 관한 설명은 그만큼 진전하지 못했다. 크고 작고를 떠나서 불가해한 현상은 모두 주님의 섭리로 귀결됐다.

15~16세기에 서양은 두 건의 혁명으로 새로운 시대에 진입하면서 개인의 이성과 양심이 현실 탐구의 중요한 수단으로 대두했다. 인쇄기의 발명으로 인해 식자층이 쓰던 라틴어가 아닌 일상의 언어로 기록된 책과 사상이 수많은 사람에게 직접 보급되었다. 더는 사람들이 각종 개념과 믿음에 관한 해석을 교회에 의존할 필요가 없어졌다. 이 신기술 덕분에 종교개혁가들은 개개인이 스스로 신을 찾을 능력이 있다고, 더 나아가 그럴 책임이 있다고 천명할 수 있었다.

종교개혁은 기독교 세계를 분열시키며 교회의 중재 없이도 개인의 신앙이 존재할 수 있다는 인식을 확산했다. 그리하여 기존에 종교계에서 당연시되던 권위가 개개인이 자유롭게 탐구하여 검증해야 할 대상으로 변했고, 이런 분위기가 다른 분야로도 번졌다.

이 혁명의 시대에 혁신적 기술, 새로운 패러다임, 광범위한 사회정치적 변화가 서로 맞물려 상승효과를 일으켰다. 예전에는 책 한 권을 만들려면 수도원의 전문 필경사들이 일일이 베껴 쓰느라 비용이 많이 들었지만, 이제는 작업자 한 명이 기계 한 대로 손쉽게 책을 만들어 배포했다. 그러자 새로운 사상이 저지할 새도 없이 빠르게 확산됐다. 가톨릭교회, 합스부르크가의 신성로마제국(유럽대륙을 통치했던 로마제국의 명목상 계승자), 중앙정부와 지방정부 등 중앙 권력은 인쇄술의 보급도, 불온한 사상의 유포도 막지 못했다. 런던과 암스테르담 등 인쇄업이 발달한 도시들이 인쇄물 배포를 금지하라는 명령을 거부했기 때문에, 탄압받던 자유사상가들은 그 일대로 몸을 피해 인쇄술의 혜택을 누렸다. 그리하여 교리적·철학적·정치적 견해는 통합되기보다 다양해지고 파편화되었고, 그와 함께 기득권층이 대거 무너지며 대립 세력 간에 유혈사태가 발생했다. 과학과 지식이 폭발적으로 발전했지만 또 한편으로 종파, 왕조, 국가, 계급 간의 분쟁이 끊이지 않아 개인의 삶과 생계 역시 꾸준히 타격받고 위협받았다.

      .....

    지식 권력과 정치 권력이 교리 분쟁으로 분열되는 와중에 예술계와 과학계에서는 왕성한 탐구가 일어났으니, 그 원동력 중 하나는 부활한 고전고대의 문학, 학습 양식, 논증이었다. 르네상스라 불리던 이 고전고대 문화의 부흥기에 인간의 성취를 기리며 더 많은 성취에 박차를 가하는 예술품, 건축물, 철학이 활발히 등장했다. 당대의 시대정신인 인문주의는 개개인이 이성으로 주변 환경을 이해하고 개선할 수 있다는 사상이었다. 그런 덕목은 '인문학'(문예·수사학·역사학·정치학·철학)을 통해, 특히 고전을 모범으로 삼아 함양할 수 있다고 여겨졌다. 그래서 그런 분야에서 일가를 이룬 레오나르도 다빈치, 미켈란젤로, 라파엘 같은 인물이 존경받았다. 인문주의가 널리 확산되며 독서를 기초로 배움을 중시하는 분위기가 조성됐다.

그리스 과학과 철학이 재조명되면서 자연계의 저변에 깔린 원리가 새롭게 탐구됐고, 그 원리를 관측하고 체계적으로 정리하는 방법 역시 탐구의 대상이 됐다. 정치외교학에서도 비슷한 변화가 나타났다. 학자들은 유럽 대륙의 기독교를 다시금 교황의 윤리적 가호 아래에 통일한다는 염원과 무관한 국정운영론을 감히 제시했다. 이탈리아의 외교관이자 철학자이며 고전주의자였던 니콜로 마키아벨리는 국익과 기독교 윤리는 별개라고 주장하며, 호불호는 갈릴지언정 합리적인 국익 추구의 원리를 개진했다.[2]

이처럼 과거의 지식이 탐구되며 사회 운영에 관한 기존의 권위가 와해되고 개개인의 주체성이 강조되자, 지리적 탐사의 시대가 열리면서 서양 세계가 확장하고 자연스럽게 새로운 사회, 신앙, 정치 질서와 조우했다. 그리하여 유럽에서 가장 발전한 사회와 가장 박식한 사람들이 별안간 현실의 새로운 측면을 마주하게 됐다. 그들이 새롭게 접한 사회들은 다른 신을 섬겼고, 다른 역사를 거쳤고, 대체로 유럽과 다른 양상으로 경제적 성취를 이루며 복잡한 사회구조를 형성했다. 서양이 세계의 중심이라고 철석같이 믿었던 이들에게 이처럼 서양과 별개로 발전한 사회들은 깊은 철학적 고민을 안겼다. 애초에 뿌리부터 다르고 기독교 경전에 관한 지식조차 없는 문화권에서 이룩된 사회는 마치 평행우주와 같았고, 그 주민들은 서양에서 인류의 가장 위대한 업적으로 치부했던 유럽 문명에 관한 지식(혹은 관심)이 전혀 없는 듯했다. 스페인 정복자들이 조우한 멕시코의 아즈텍제국처럼 토착 종교의식과 사회정치 구조가 유럽과 유사해 보이는 곳도 간혹 있었다.

정복 행위를 중단한 탐험가들은 훗날 당시를 회고하며 그 기묘한 유사성 때문에 이런 의문을 품었다. 유럽과 다른 문화에서 경험하는 현실도 유효한가? 유럽인의 정신과 영혼이 아메리카대륙, 중국 등 이역만리에서 만난 이들의 것과 동일한 원리로 작용하는가? 새롭게 발견된 문명들에 유럽인들이 현실의 새로운 측면(신의 계시, 과학적 진보)을 전수함으로써 그들이 사물의 진정한 실체를 깨치도록 해야 하는가? 아니면 그들도 예부터 동일한 인간 경험에 참여하고 환경과 역사에 대응하며, 현실에 관한 나름의 이해에 도달하여 강점을 찾고 성취를 이뤘다고 봐야 하는가?

당대 서양의 탐험가와 사상가 중 대부분은 이 새로운 사회에서 배울 만한 근본적 지식이 없다고 생각했지만, 그 경험으로 서양인의 정신적 물꼬가 더 넓어진 것은 사실이다. 세계의 지평이 지구 저편의 문명으로 확대됐으니 그 세계의 물리적 너비와 깊이를, 그리고 그 안에 존재하는 경험의 너비와 깊이를 가늠하고 확인해야만 했다. 그 과정에서 일부 서양 사회에서는 보편적 인간성과 인권이라는 개념이 등장했고, 훗날 그중 또 일부 사회에서는 성찰을 거치며 선구적으로 그 개념을 기본 이념으로 채택했다.

서양인들은 세계 곳곳에서 지식과 경험을 축적했다.[3] 그에 따라 광학렌즈를 비롯한 측정 장비의 성능이 향상되고, 화합물 조작 기술이 증진되며, 현재 과학적 방법이라 불리는 표준적 연구관찰법이 정립되는 등 기술과 연구법이 발전하면서 과학자들이 행성과 별을, 물질의 작용과 구성을, 미생물을 더 정확히 관찰하게 됐다. 그래서 자타의 관찰 결과를 토대로 꾸준히 연구를 진척했다. 어떤 이론이나 예측이 실증돼서 새로운 사실이 밝혀지면 다시 새로운 질문으로 이어졌다. 이런 식으로 새로운 물질·패턴·관계가 드러났고 그중에서 상당수가 시간을 측정하고, 바다를 항해하고, 유용한 화합물을 만드는 등의 활동에 실제로 응용됐다.

16~17세기에 사회가 그처럼 빠르게 발전하고 특히 수학·천문학·자연과학이 괄목할 만큼 성장하자 일종의 철학적 혼란이 찾아왔다. 이 시기에도 여전히 공식적으로는 교회의 교리가 지적 탐구의 경계를 규정했고, 교회는 그런 발전의 산물을 상당히 위험하고 도발적인 것으로 봤다. 그럼에도 코페르니쿠스의 지동설, 뉴턴의 운동법칙, 안톤 판 레이우엔훅의 미생물학 같은 성과로 세간에는 현실의 새로운 층이 드러나고 있다는 정서가 형성됐다. 그 결과는 부조화였다. 사회가 종교적으로는 여전히 유일신교로 통합했지만, 현실을 탐구하고 해석하는 방법은 분열됐다. 그래서 세상과 그 속에서 인간이 수행하는 역할을 이해하려는 노력에 구심점을 만들어줄 개념이, 정확히는 철학이 요구됐다.

.....

　계몽주의시대의 철학자들은 그런 요구에 부응해 인간이 이해하고 사유하고 판단하는 능력, 곧 '이성'이 주변 환경과 상호작용하는 수단이자 목적이라고 선언했다. 프랑스의 박학다식한 철학자 몽테스키외는 이렇게 썼다. "우리의 영혼은 사유하기 위해, 즉 지각하기 위해 만들어졌으나 그런 존재에는 마땅히 호기심이 따른다. 만물이 얽힌 사슬에서 하나의 생각은 다른 생각에서 나와 또 다른 생각으로 이어지므로 항상 또 다른 생각을 욕망할 수밖에 없다."[4] 인간의 첫 번째 질문(현실의 실체는 무엇인가)과 두 번째 질문(현실에서 인간의 역할은 무엇인가)은 서로 맞물렸다. 이성이 지각을 낳아 사유가 깊어질수록 인간은 더 충만히 제 목적을 실현할 수 있었다. 세계를 지각하고 설명하는 것은 인간이 참여할 수 있는 가장 중요한 과업이었다. 바야흐로 이성의 시대가 도래했다.

　서양 사회가 고대 그리스인들이 고민했던 근본적인 질문으로 돌아갔다고 해도 무방하다. 현실이란 무엇인가? 인간이 알고자 하고 경험하고자 하는 것은 무엇이며, 실제로 접했을 때 어떻게 그것인지 알 수 있는가? 인간은 현실의 반영이 아닌 현실 자체를 지각할 수 있는가? 만일 할 수 있다면 방법은 무엇인가? '존재'는 무엇이고 '앎'은 무엇인가? 전통의 속박에서 벗어난, 혹은 전통을 새롭게 해석할 자격이 주어졌다고 믿는 학자들은 다시 한번 그 질문들에 천착했다. 이 탐구의 여정에 발을 들인 자들은 문화적 전통과 현실에 관한 기존의 관념을 뒤흔들 수도 있는 위험한 길을 과감히 걸어갔다.

　이런 지적 도전의 기류 속에서 한때는 자명하게 여겨졌던 물리적 현실의 존재라든가 도덕적 진리의 영속성 같은 개념도 순식간에 질문의 대상이 됐다.[5] 조지 버클리는 1710년작 『인간 지식의 원리론』에서 현실이 물질로 이뤄진 것처럼 보이지만 사실은 신과 정신으로 구성된다며, 각자의 정신이 지각하는 현실만이 실재하는 현실이라고 주장했다. 17세기 말부터 18세기 초까지 활동했던 독일 철학자요 초기 계산기를 발명해 현대 전산학의 효시를 이룬 고트프리트 빌헬름 라이프니츠는 단자 monad(더는 쪼개질 수 없으며 저마다 신이 정한 고유의 역할을 수행하는 입자)가 만물의 정수라고 주장하며 신앙에 관한 전통적 관념을 간접적으로 옹호했다. 17세기 네덜란드 철학자로 과감하고 명민하게 추상적 사유의 세계를 탐색했던 바뤼흐 스피노자는 만유에 편재하는 신이 인간의 선행을 가능케 하고 보상한다는 윤리체계를 '증명'하기 위해 유클리드 기하학을 윤리 수칙에 적용했다. 스피노자 윤리학의 기저에는 경전도, 기적도 존재하지 않는다. 스피노자는 오로지 이성만으로 그와 같은 진리체계에 도달하려 했다. 그는 이성으로 영원을 사유하는 능력, 곧 "정신 자체의 관념"을 알고 그 정신을 통해 무한하고 영속하는 "원인으로서의 신"을 지각하는 능력이 인간 지식의 정점에 있다고 봤다. 이 지식은 영원한 지식, 곧 궁극의 완벽한 지식이다. 그는 이를 "신을 향한 지적 사랑"이라고 칭했다.[6]

　이런 철학자들의 선구적 탐구로 이성, 신앙, 현실의 관계가 점점 더 불확실해졌다. 그 틈을 비집고 들어온 인물이 동프로이센의 쾨니히스베르크에서 교수로 있던 철학자 이마누엘 칸트다.[7] 칸트는 1781년에, 이후로 많은 독자에게 영감과 당혹감을 안길 『순수이성비판』을 출간했다. 전통주의자들에게 배우고 순수이성주의자들과 왕래한 그였지만, 유감스럽게도 그중 어느 쪽에도 동의할 수 없었기에 칸트는 당대에 새롭게 싹튼 인간 정신의 위력에 관한 믿음과 전통적 주장 사이에 벌어진 거리를 좁히려 했다. 그리하여 『순수이성비판』에서 "이성은 제게 주어진 가장 어려운 과업, 즉 자기인식의 과업을 새롭게 떠맡아야" 한다고 밝혔다.[8] 이성을 통해 이성의 한계를 알아야 한다는 주장이다.

칸트에 따르면 인간의 이성은 현실을 깊이 이해할 능력이 있으나 필연적으로 불완전하다. 인간의 인지와 경험은 우리가 아는 모든 것을 여과하고, 체계화하고, 왜곡한다. 이는 우리가 "순수하게" 논리로만 사유하려 할 때도 마찬가지다. 엄밀한 의미에서 객관적 현실, 즉 칸트가 말한 물자체物自體는 영속하지만 본질적으로 우리가 직접 알 수 있는 차원을 초월한다. 칸트는 인간이 만든 개념에 의해 경험되거나 여과되는 것과 별개로 "순수한 사유에 의해 이해되는 물질들"의 영역이 존재한다고 상정했다. 하지만 인간의 정신이 개념적 사고와 직접적 경험에 의존하기 때문에, 물질의 내밀한 본질을 아는 데 필요한 순수한 사유의 경지에 절대 이를 수 없다고 지적했다.[9] 우리는 기껏해야 정신이 그런 영역을 어떻게 반영하는지만 생각할 수 있을 뿐이다. 우리의 지식을 넘어선 영역에 어떤 것이 존재하리라 믿을 수는 있지만 그것은 진정한 지식이 아니다.[10]

물자체를 우리의 경험으로 여과될 수밖에 없는 세상과 구별하는 칸트의 시각은 이후 200년 동안 큰 힘을 못 썼다. 인간의 정신이 현실을 불완전하게 그릴 수밖에 없다고 해도 그것이 인간에게 주어지는 유일한 그림이었다. 인간의 정신 구조로인해 볼 수 없는 대상은 아마도 영영 볼 수 없을 것이고, 그로인해 무한에 대한 믿음과 인식만 생길 뿐이다. 현실을 볼 다른방법이 없다면 인간의 맹점은 드러날 수 없다. 마땅한 대안이없다면 인간의 지각과 이성이 현실에 접근하는 최고의 수단이고, 실제로 한동안은 그런 지위를 인정받았다. 하지만 AI가 등장하면서 현실에 접근하는, 따라서 현실을 이해하는 또 다른수단이 탄생했다.

.....

칸트 이후 수 세대 동안 물자체에 관한 탐구는 두 가지 방향으로 전개됐다. 현실을 더욱더 정밀하게 관찰하는 것과 지식을 더욱더 폭넓게 체계화하는 것이다. 이성으로 탐색하고 발견하고 분류할 수 있을 것처럼 보이는 현상이 대폭 늘어났고, 자연스럽게 그런 현상들을 다루는 분야도 다각화됐다. 그렇게 지식을 광범위하게 체계화하면 당대에 가장 시급한 과학·경제·사회·정치 문제에 접목할 교훈과 원리를 찾을 수 있다고 여겼다. 이 방면에서 가장 종합적인 결과물은 프랑스 계몽주의 철학자 드니 디드로가 편찬한 『백과전서』다. 총 28권(본서 17권, 도판 11권), 7만 5000항목, 1만 8000쪽으로 구성된 『백과전서』는 수많은 분야에서 위대한 사상가들이 관찰하고, 발견하고, 추론한 것과 거기서 기인한 사실 및 원리를 총망라했다. 그리고 현실의 모든 현상을 통일된 책에 집대성하려는 시도 자체도 이례적인 현상이라 판단해 '백과전서'라는 자기지시적 항목도 포함했다.

물론 정치 영역에서는 많은 이성적 사유자(서로 다른 성격과 형태의 국익을 위해 일하는)가 의견 일치를 보지 못했다. 초기 계몽주의 정치 지도자의 전형이라고 할 프로이센의 프리드리히 대왕은 볼테르와 서신으로 왕래하고, 군대를 철저히 훈련했으며, 순전히 프로이센의 국익에 부합한다는 이유만으로 선전포고도 없이 슐레지엔 지역을 점령했다. 이에 대대적인 무력 충돌이 발생했고, 급기야는 3개 대륙에 걸친 사실상 최초의 세계대전이라고 할 7년전쟁이 발발했다. 그리고 당대 가장 자랑스러운 '이성적' 정치운동이었던 프랑스혁명도 유럽에서 수 세기 동안 보지 못했던 규모의 사회적 소요와 정치적 폭력을 동반했다. 계몽주의는 이성과 전통을 분리함으로써 새로운 현상을 일으켰다. 무장한 이성이 민중의 격정과 결합하고 역사의 방향성에 관한 '과학적' 결론이라는 미명하에 사회구조를 재편하고 파괴한 것이다. 근대의 과학적 방법이 불러온 혁신으로 무기의 파괴력이 증가해 결국에는 사회의 총동원과 산업의 파괴를 특징으로 하는 전면전의 시대가 열렸다.[11]

계몽주의는 이성으로 문제를 정의하고 역시 이성으로 문제를 해결하려 했다. 그래서 칸트는 『영구 평화론』에서 평화는 독립국 간에 관계를 맺는 원칙을 합의하여 달성할 수 있다고 (다소 회의적인 논조로) 주장했다. 아직 그처럼 상호 합의된 원칙이 존재하지 않았기 때문에, 적어도 군주들이 이해하거나 선뜻 따르려는 형태로는 존재하지 않았기 때문에, 칸트는 "전쟁을 위해 무장한 국가"는 "철학자들의 준칙"을 충고로 받아들이라며 "영구 평화를 위한 비밀 조항"을 제시했다.[12] 이후로 이성·협상·원칙이 지배하는 국제체계라는 비전을 실현하기 위해 철학자와 정치학자들이 많은 노력을 기울였지만 간헐적인 성공만 거뒀을 뿐이다.

새롭게 발생한 사회정치적 소요에 영향을 받은 사상가들은 이성의 명령을 받는 인간의 지각이 과연 현실을 이해하는 유일한 수단인지 더욱 적극적으로 궁구했다. 계몽주의에 반발하여 18세기 말부터 19세기 초까지 활발히 일어났던 낭만주의는 인간의 감정과 상상을 이성에 대응하는 요소로서 중요하게 보고 중세의 재해석, 민속 전통, 자연 체험을 당대의 기계론적 관점보다 높게 평가했다.

한편 이성은 진일보한 이론물리학의 옷을 입고 칸트의 물자체에 더 가깝게 다가서며 과학계와 철학계를 뒤흔들었다. 19세기 말과 20세기 초에 물리학이 기존의 한계를 뚫고 발전하면서 그간 예상치 못했던 현실의 측면들이 드러나기 시작했다. 초기 계몽주의시대에 기초가 확립된 고전물리학은 공간,

시간, 물질, 에너지라는 개념으로 세상을 설명할 수 있고 각각의 측면에서 세상의 속성은 절대적이며 불변한다고 상정했다. 그러나 과학자들은 빛의 속성을 더 분명히 알기 위해 연구하던 중에 전통적 물리학 개념으로는 설명할 수 없는 현상들에 부닥쳤다. 이론물리학계의 명민한 이단아였던 알베르트 아인슈타인은 선구적 양자물리학 연구와 상대성이론으로 그런 수수께끼를 많이 해결했다. 하지만 그 과정에서 또 불가사의해 보이는 물리적 현실이 새롭게 드러났다. 시간과 공간이 통합된 단일한 현상 속에서 개개인의 지각이 고전물리학의 법칙에 구애받지 않는 듯 보였던 것이다.[13]

이렇게 드러난 물리적 현실의 기층을 설명하기 위해 베르너 하이젠베르크와 닐스 보어가 수립한 양자역학은 지식의 본질에 관한 오랜 가정에 이의를 제기했다. 하이젠베르크는 입자의 위치와 운동량을 동시에 정확히 측정할 수 없다고 봤다. 훗날 '불확정성 원리'로 명명된 이 이론에 따르면 어떤 시점에서든 현실을 정확히 측정하기는 불가능하다. 하이젠베르크는 나아가 물리적 현실에 어떤 독립되고 고유한 형태가 존재하지 않고 관찰 과정에서 그 형태가 '만들어진다'고 주장했다. "입자의 고전적 '경로'가 발생하는 과정을 간명하게 표현할 수 있을 것 같다. 즉, 그 '경로'는 우리가 관찰할 때 비로소 존재한다."[14]

현실에 단일하고 객관적인 형태가 존재하느냐, 그리고 그것을 인간의 정신이 파악할 수 있느냐 하는 질문은 이미 플라톤 시대부터 철학자들의 고민거리였다. 하이젠베르크는 『물리

이제 우리는 AI로 인해 허락되는
새로운 인식 혹은 이해의 차원에 관한
탐구를 시작하는 시점에 이르렀다.

와 철학』(1958)에서 두 학문의 관계를 살피며 당대에 비로소
과학으로 풀리기 시작했던 미스터리를 탐구했다. 한편으로 보
어는 그의 선구적 저작에서 관찰이 현실에 영향을 미침으로써
현실을 정립한다고 주장했다. 보어의 이론에 따르면, 예전부
터 현실을 객관적이고 중립적으로 관측하는 수단으로 여겨졌
던 과학 장비들이 실제로는 관측 대상과 미미하게나마 상호작
용할 수밖에 없고, 따라서 연구하고자 하는 현상의 일부로 편
입되어 현상을 왜곡한다. 인간의 정신은 현실을 구성하는 다수
의 상호보완적 측면 중에서 그 시점에 정확히 알고자 하는 측
면을 '하나'만 선택할 수밖에 없다. 객관적 현실의 전체를 관찰
하는 것이 설령 가능하다고 할지라도 이는 어디까지나 현상을
구성하는 상호보완적 측면들을 관찰한 결과를 결합하고 각각
의 결과에 존재하는 왜곡을 보정할 때만 가능하다.

　그들의 혁명적 사상은 칸트와 그 추종자들이 가능하다고
생각했던 것보다 훨씬 깊이 사물의 본질을 꿰뚫었다. 그래서
이제 우리는 AI로 인해 허락되는 새로운 인식 혹은 이해의 차
원에 관한 탐구를 시작하는 시점에 이르렀다. AI를 활용함으
로써 과학자들은 인간 관찰자가 현상을 관측하고 인식할 때
발생하는 빈틈, 혹은 인간이(또는 전통적 컴퓨터가) 상호보완적

인 데이터세트를 처리하고 그 안에서 패턴을 식별할 때 발생하는 빈틈을 메울 것이다.

20세기 철학계는 과학의 최전방에서 나온 파격적 이론과 제1차 세계대전에 큰 충격을 받고, 기존의 계몽주의적 사고에서 벗어나 인식의 모호성과 상대성을 수용하는 새로운 길을 개척했다. 한때 학계를 떠나 정원사로, 또 초등학교 교사로 살았던 오스트리아 철학자 루트비히 비트겐슈타인은 플라톤 시대부터 철학자들이 궁구했던, 이성으로 식별할 수 있는 사물의 단일한 본질이란 개념을 배제했다. 대신 지식은 현상들의 유사성, 그의 표현을 따르자면 "가족 유사성"을 일반화함으로써 발견할 수 있다며 이렇게 주장했다. "이 고찰의 결과로 우리는 유사성이 서로 중복되고 교차하는 복잡한 연결망을 보게 된다. 그것은 전반적 유사성일 수도 있고 세부적 유사성일 수도 있다." 그는 만물을 정의하고 체계적으로 분류하면서 각각의 경계를 확실히 규정하려는 시도가 부질없다고 여겼다. 오히려 "이것과 그 '비슷한 것들'"을 정의하고, 그 정의를 통해 비록 경계가 "흐릿"하거나 "불명확"할지언정 유사성을 발견해야 한다고 지적했다.[15] 이후 20세기 말과 21세기 초에 이런 사상이 AI와 머신러닝을 둘러싼 이론들의 토대가 됐다. 그 이론들에서는 AI가 위력을 발휘하는 이유 중 하나로 방대한 데이터를 처리하는 능력을 꼽았다. 그 능력이란 조금 더 구체적으로 말해 방대한 데이터세트를 읽고, 그 속에서 이를테면 자주 붙어 나오는 단어들을 그룹화한다거나 고양이 이미지에 곧잘 나타나는 특징들을 그룹화하는 식으로 유형과 패턴을 인식한 후, AI가 이미 아는 것과 유사한 점을 식별함으로써 현실을 이해하는 능력이다. 설령 인간의 정신과 같은 방식으로 어떤 사물을 인지할 수는 없다고 해도, AI는 현실에 존재하는 패턴과 일치하는 부분을 취합하여 인간의 지각 및 사유와 유사한, 때로는 그 이상의 능력을 발휘한다.

     .....

계몽주의는 인간의 논리에 존재하는 허점에도 불구하고 인간 정신을 긍정적으로 평가했고, 그런 인식이 오랫동안 우리의 세계관으로 남아 있었다. 그간 수차례의 과학혁명으로, 특히 20세기의 결실로 기술과 철학이 발전했지만, 인간의 정신으로 차근차근 발견하면 결국에는 세상을 다 알 수 있으리라는 계몽주의의 전제는 굳건히 살아남았다. 하지만 이제는 아니다. 지난 3세기 동안 인류는 발견하고 탐구하며, 칸트가 예견한 대로 인간의 정신 구조에 맞춰 세상을 해석해왔다. 그러나 인지력의 한계에 가까워지자 그 한계를 뛰어넘는 사고력을 발휘하려고 기계, 즉 컴퓨터를 적극적으로 동원하기 시작했다. 컴퓨터는 인간이 살아온 물리적 세상에 디지털 세상을 더했다. 우리가 사고력을 증강하는 디지털 기술에 점점 더 의존하고, 그래서 사유하는 인간이 정신으로 세상의 각종 현상을 발견·인지·체계화하는 유일한 존재로서 앉았던 왕좌를 포기해야 하는 새로운 시대가 열리고 있다.

이성의 시대에 이룬 기술적 성취가 아무리 대단해도 최근까지는 그런 성취가 산발적으로 발생했기 때문에 전통과 조화를 이룰 여유가 있었다. 지금껏 혁신은 이전에 사용되던 기술의 연장선상에 있었다. 영화는 움직이는 사진이었고, 전화는 공간을 초월하는 대화였으며, 자동차는 마차에서 말을 빼고 마력馬力이 있는 엔진을 넣어서 빠르게 움직이는 장치였다. 마찬가지로 군대에서 탱크는 기마병이, 비행기는 대포가 발전한 형태였고, 전함은 움직이는 요새, 항공모함은 움직이는 활주로였다. 핵무기조차도 이전의 전쟁 경험에 기초하여 원자력을 대포로 활용한 무기였다.

그러나 현재 우리는 변화의 임계점에 도달했다. 이제는 모든 혁신이 이미 우리가 아는 것의 확장판이라고 말할 수 없다. 디지털 혁명과 AI의 발전으로 기술이 삶의 경험을 바꾸는 데 걸리는 시간이 대폭 단축되면서 단순히 과거보다 더 강력하거나 효율적인 차원을 넘어 완전히 새로운 것이 탄생하고 있다. 컴퓨터는 성능이 증대되고 크기는 축소되면서 전화기, 시계, 가전제품, 보안 장치, 차량, 무기는 물론이고 인체에까지 들어간다. 그런 디지털 장치들이 서로 즉각적으로 통신한다. 그래서 30년 전만 해도 수작업에 의존했던 독서, 연구, 쇼핑, 토론, 기록, 감시, 군사작전 수립 및 실행 같은 활동이 이제는 디지털화되어 데이터를 기반으로 처리되고 모두 사이버공간이라는 동일한 장소에서 발생한다.[16]

이 디지털화는 각계각층의 인간 조직에 영향을 미친다. 개인은 컴퓨터와 휴대폰으로 예전보다 많은 정보를 보유(혹은 사용)한다. 기업은 사용자 데이터를 취합함으로써 다수의 주권국보다 강한 권력과 영향력을 행사한다. 정부는 라이벌 국가에게 사이버공간을 빼앗기지 않기 위해 그 공간을 탐색·이용하기 시작했고, 이때 적용되는 원칙이나 규제는 사실상 없다. 정부에게 사이버공간은 라이벌보다 우위에 서고자 혁신을 일으켜야 하는 영역이다.

그러나 이런 디지털 혁명으로 어떤 일이 벌어지는지 꿰뚫어보는 사람은 거의 없다. 엄청난 분량의 정보가 엄청난 속도로 쏟아지기 때문이다. 디지털화로 경이로운 업적이 많이 이룩되긴 했지만, 한편으로는 인간의 맥락적·개념적 사고 능력이 저하됐다. 지금껏 인류는 집단 기억의 한계를 극복하기 위해 무수한 개념을 만들었지만, 디지털 네이티브들은 그럴 필요성을 아예 못 느끼거나 적어도 시급하게 느끼진 않는다. 그들은 사소하든 중요하든 궁금한 것이 있으면 그냥 검색엔진에 물어본다. 그러면 검색엔진은 AI를 이용해 질문에 답한다. 그 과정에서 인간은 생각의 많은 부분을 AI에게 위임한다. 하지만 정보는 그 자체로 설명되지 않는다. 어떤 정보가 유용하게 쓰이려면, 적어도 의미가 있으려면 문화와 역사라는 렌즈를 거쳐 이해돼야 한다.

정보에 맥락이 더해질 때 지식이 된다. 그리고 지식에 소신이 더해지면 지혜가 된다. 역사적으로 볼 때 소신이 생기려면 홀로 성찰하는 시간이 필요했다. 하지만 인터넷은 이용자에게 수천·수만·수억 명의 의견을 쏟아부으며 혼자 있을 시간을 허락하지 않는다. 홀로 생각할 시간이 줄어들면 용기가 위축된다. 용기는 소신을 기르고 지키기 위해 꼭 필요하며 특히 새로운 길, 그래서 대체로 외로운 길을 걸을 때 중요하다. 인간은 소신과 지혜를 갖출 때만 새로운 지평을 탐색할 수 있다.

디지털 세상에는 지혜가 생길 여유가 없다. 디지털 세상에서 중시되는 덕목은 자아성찰이 아니라 타인의 인정이다. 그래서 디지털 세상은 이성이 의식의 요체라는 계몽주의의 명제를 위협한다. 디지털 세상은 역사적으로 거리·시간·언어의 한계 때문에 인간의 행동에 가해진 제약을 파기하면서 '연결'을 의미 있는 미덕으로 내세운다.

온라인에서 정보가 폭발적으로 증가함에 따라 우리는 소프트웨어에 의존하게 됐다. 소프트웨어가 정보를 분류하고, 정제하고, 패턴을 토대로 분석하고, 우리의 질문에 답을 제시한다. 이제 우리가 입력 중인 문장을 자동으로 완성하고, 우리가 찾는 책이나 가게를 인식하고, 이전의 행동을 기준으로 우리가 좋아할 만한 글이나 음악을 '직감'하는 AI의 기능이 혁명적 변화가 아니라 일상적 행위로 느껴지기 시작했다. 하지만 그렇게 AI가 삶에 점점 더 넓게 영향을 미치면서, 우리의 정신이 홀로 선택과 행동을 하고, 체계화하고, 평가하던 시대가 저물고 있다.

3장

튜링의 시대에서 현재로, 그 너머로

인공지능 도구는 노동자에게 분명 도움이 된다.
텍스트를 코드로 변환해주는 AI 시스템
코파일럿Copilot에 관한 깃허브 설문조사에서,
응답자의 88퍼센트가 이 시스템으로 생산성이
향상되었다고 답했다.

스탠퍼드대학교《인공지능 인덱스 리포트 2023》

1943년, 프로그래밍 가능한 디지털 장치로서 최초의 현대식 컴퓨터(콜로서스)가 탄생하자 흥미롭고 시급한 질문들이 부상했다. 기계가 생각할 수 있는가? 기계에 지능이 있는가? 기계에 지능이 생길 수 있는가? 오래전부터 지능의 실체에 관한 의문이 해소되지 않았던 터라 이런 질문이 더욱 당혹스럽게 다가왔다. 하지만 1950년에 수학자요 암호해독자였던 앨런 튜링이 묘안을 제시했다. 「계산 기계와 지능Computing Machinery and Intelligence」이라는 다소 심심한 제목의 논문에서 그는 기계의 지능이라는 문제는 논외로 치자며 중요한 것은 지능의 원리가 아니라 '발현'이라고 주장했다. 튜링은 타자의 내면을 우리가 알 수 없으므로 지능은 외적인 행동으로만 평가할 수 있다고 봤다. 이로써 그는 수 세기 동안 지능의 실체를 두고 이어진 철학적 논쟁을 피해갔다. 그리고 만일 어떤 기계가 관찰자의 눈에 인간의 행동과 분간되지 않을 만큼 능숙하게 행동한다면 지능이 있다고 간주하자는 '모방 게임imitation game'을 제안했다. 그렇게 튜링 테스트가 탄생했다.[1]

많은 사람이 튜링 테스트를 문자 그대로 해석해 인간과 분간이 안 되는 로봇만이 그 기준을 충족하리라 착각한다. 하지만 현실에서 튜링 테스트는 게임처럼 그 내용과 범위가 한정된 활동을 기계가 '지능적'으로 수행할 수 있는지 평가할 때 요긴하게 사용된다.

다시 말해 튜링 테스트는 모든 면에서 인간과 구별이 안 되는 기계를 상정하는 것이 아니라, 어떤 기계가 특정한 영역에서 인간과 '유사하게' 행동하는지 평가하는 수단이다. 이때 중요하게 보는 부분은 프로세스가 아니라 수행 능력이다. 예를 들어 GPT-3이 AI인 이유는 방대한 (온라인) 정보로 훈련됐기 때문이 아니라, 즉 모델의 사양 때문이 아니라, 인간과 유사하게 글을 쓰는 능력 때문이다.

1956년에 컴퓨터과학자 존 매카시는 더 나아가 인공지능을 "인간지능 특유의 작업을 수행할 수 있는 기계"라고 정의했다. 이후 튜링과 매카시의 관점이 표준으로 정착해서, 지능을 정의할 때 그 용어의 심오한 철학적·인지적·신경과학적 차원을 고려하기보다는 수행 능력(지능적으로 보이는 '행동')에 초점을 맞췄다.

지난 반세기 동안은 기계가 그런 지능을 거의 발휘하지 못했지만 이제 그런 정체기도 끝난 듯하다. 수십 년간 컴퓨터는 정밀하게 작성된 코드에 따라 작업을 수행하면서 엄밀하고 정적인 분석 결과만 도출했다. 전통적 프로그램들은 방대한 데이터를 정리하고 복잡한 연산을 수행했지만, 단순한 사물의 이미지를 인식하거나 비정밀한 입력을 처리하지는 못했다. 반면에 인간은 비정밀하고 개념적인 사고를 하기 때문에 AI의 발전이 정체될 수밖에 없었다. 하지만 최근 10년간 컴퓨터 기술의 혁신으로 그런 방면에서도 인간에 필적하거나 인간을 초월하는 AI가 탄생했다.

AI는 비정밀하고, 역동적이고, 창발적이며, '학습'이 가능하다. AI는 데이터를 소비하여 '학습'하고, 데이터를 토대로 관찰하며 결론을 도출한다. 예전의 시스템에는 정밀한 입력과 출력이 요구됐지만 비정밀성이 특징인 AI는 그렇지 않다. 이런 AI는 문장을 번역할 때 단순히 단어를 일대일로 치환하지 않고 관용구와 패턴을 인식·활용한다. 같은 맥락에서 이런 AI를 역동적이라고 하는 이유는 변화하는 상황에 대응하여 진화하기 때문이고, 창발적이라고 하는 이유는 인간이 생각하지 못한 해법을 찾아내기 때문이다. 기계에 이러한 네 가지 특성이 존재하는 것은 가히 혁명적이다.

예를 들어 체스계에서 알파제로가 일으킨 획기적 변화를 생각해보자. 예전의 체스 프로그램은 인간의 플레이가 부호화돼서 입력됐으므로 인간의 전문성에 의존했다. 하지만 알파제로는 자기 자신과 수백만 번 대국하면서 스스로 패턴을 찾아 실력을 키웠다.

이 같은 '학습' 능력의 토대는 입력(예: 게임의 규칙, 그 규칙에 의거해 각 수의 우수성을 측정한 값)을 반복 가능한 출력(예: 게임 승리)으로 변환하는 알고리즘이다. 하지만 머신러닝 알고리즘은 고전적 알고리즘의 정밀성과 예측가능성에서 탈피했다. 고전적 알고리즘은 정밀한 결과를 도출하는 절차인 반면에, 머신러닝 알고리즘은 비정밀한 결과를 개선하는 절차다. 그런 알고리즘이 눈부신 발전을 이룩하고 있다.

항공도 좋은 예다. 조만간 AI가 다양한 기체를 단독으로 혹은 인간과 공동으로 조종할 것이다. 미국 국방고등연구계획국DARPA의 알파도그파이트AlphaDogfight 프로젝트에서는 AI 전투기 조종사가 모의전에서 인간 조종사를 능가하는 비행술을 선보였다. 전투기만 아니라 배달용 드론에도 활용되는 만큼 앞으로 AI가 군대와 민간에서 항공의 미래에 지대한 영향을 미칠 전망이다.

혁신이 막 시작됐을 뿐인데도 이미 인간의 경험이 미묘하게 달라졌다. 앞으로는 이런 추세가 더욱 가속될 것이다.

AI 혁명의 근간이 되는 기술 개념들이 중요하면서도 복잡하기 때문에, 이 장에서는 여러 유형의 머신러닝이 현재 어떻게 활용되고 앞으로 어떻게 활용될지 설명하면서 그 위력과 태생적 한계를 함께 알아볼 것이다. 머신러닝의 구조, 역량, 한계에 관한 기본적인 지식을 갖추어야 지금 사회·문화·정치적으로 나타나는 변화와 향후 일어날 변화를 이해할 수 있다.

AI의 진화

오래전부터 인간은 자신과 동일한 능력으로 작업을 수행하는 기계의 도움을 염원했다. 그리스 신화에서 대장장이의 신 헤파이스토스는 크레타 해안을 순찰하며 외적의 침략을 막는 청동 거인 탈로스를 비롯해 인간을 대신하는 로봇들을 만들었다. 17세기 프랑스 왕 루이 14세와 18세기 프로이센의 프리드리히 대왕은 자동기계에 열광하며 직접 시제품 개발을 챙겼다. 하지만 현실적으로 볼 때 아무리 현대에 와서 컴퓨터 기술이 발전했다고 해도, 유익한 작업을 수행할 수 있는 기계를 만들기는 대단히 어렵다. 가장 어려운 문제는 기계에게 무엇을 어떻게 가르칠 것이냐다.

초기에는 실용적인 AI를 만들기 위해 여러 가지 규칙이나 사실을 가르치는 식으로 인간의 전문성을 컴퓨터 시스템에 입력했다. 그러나 세상에는 간단한 규칙이나 부호로 표현할 수 있을 만큼 체계적인 작업만 존재하지 않는다. 체스, 대수학, 비즈니스 프로세스 자동화 등 그 특성을 정밀하게 규정할 수 있는 분야에서는 AI가 큰 진전을 이뤘지만, 언어 번역과 시각적 사물 인식 같은 분야에서는 필연적으로 따르는 모호성 때문에 발전이 정체됐다.

시각적 사물 인식의 예를 보면 초기 프로그램들의 단점이 무엇이었는지 알 수 있다. 인간은 어린아이도 쉽게 이미지를 식별한다. 하지만 초기 AI는 그러지 못했다. 처음에는 프로그래머들이 사물의 특색을 부호로 표현하려 했다. 예를 들면 AI 에게 고양이 사진을 인식하는 법을 가르치기 위해 수염, 뾰족한 귀, 네 다리, 몸통 등 이상적인 고양이의 여러 가지 속성을 추상적 부호로 전환했다. 하지만 고양이는 정물이 아니다. 고양이는 웅크리고, 뛰고, 기지개를 켜고, 몸집과 색깔도 다양하다. 그래서 추상적 모델을 만들어 각양각색의 입력과 대조하는 방식은 사실상 실효성이 없었다.

이렇게 형식에 매여 유연성이 결여된 시스템은 명확한 규칙이 부호화 가능한 분야에서만 효용이 있기 때문에, 1980년대 말부터 1990년대까지 이른바 'AI의 겨울'이 이어졌다. 더 동적인 작업에 활용하려고 하면 AI가 도출하는 결과가 튜링 테스트를 통과하지 못했다. 즉, AI가 인간과 같은 수행 능력을 발휘하거나 흉내내지 못했다. 이처럼 활용 분야가 제한되다 보니 자연스레 연구개발 예산이 삭감되어 발전이 더뎠다.

그러다 1990년대에 돌파구가 마련됐다. AI의 핵심은 작업을 수행하는 것, 더 자세히 말하자면 복잡한 문제를 효과적으로 해결할 방법을 찾고 실행하는 것이다. 그래서 연구자들은 기존과 달리 기계가 스스로 학습하는 방식이 필요하다고 판단했다. 다시 말해 발상의 전환이 일어났다. 인간이 선별한 지식을 부호화해 기계에 입력하는 방식에서 탈피하여 기계에 학습 과정을 일임하는 방식으로 선회했다.

1990년대에는 AI계의 이단아들이 이전 시대에 통용된 가정 중 다수를 무시하고 머신러닝으로 관심을 돌렸다. 머신러닝

은 이미 1950년대부터 연구됐지만 1990년대에 들어서야 그
간 발전한 기술 덕분에 비로소 실효성이 생겼다. 현실적으로
가장 효과적인 방식은 신경망을 이용해 방대한 데이터에서 패
턴을 추출하는 것이었다. 철학에 빗대 말하자면 AI계의 선구
자들은 세계를 기계론적 규칙으로 단순하게 표현하려던 초기
계몽주의적 관점에서 벗어나, 현실에 근접한 모델을 만드는 쪽
으로 돌아섰다. 그들은 기계가 고양이 이미지를 인식하려면 여
러 상황에서 고양이를 관찰함으로써 고양이가 시각적으로 표
현되는 다양한 양상을 '학습'해야 한다고 판단했다. 머신러닝
이 가능하려면 어떤 대상의 이상적인 형태를 아는 것 이상으
로 그 대상의 다양한 표현법에서 중복되는 부분을 찾는 것이
중요했다. 철학적으로 말하자면 플라톤(본질을 식별)이 아니라
비트겐슈타인(유사성 일반화)의 방식을 따라야 했다. 이로써 머
신러닝, 즉 경험으로 학습하는 프로그램이 AI계의 관심사로
부상했다.

최신 AI

이후 큰 진전이 있었다. 2000년대에 시각적 사물 인식 분
야에서 프로그래머들이 인식 대상만 아니라 그 외의 사진도
포함된 데이터로 학습해 대상에 근접한 모델을 만드는 AI를
개발하자, 부호화된 정보를 입력받던 이전 AI에 비해 인식률

이 대폭 향상됐다.

할리신을 발견한 AI를 보면 머신러닝의 위상을 알 수 있다. MIT 연구진이 분자의 항균성을 예측하는 머신러닝 알고리즘을 설계하고 2000여 개의 분자에 관한 데이터로 훈련하자 기존의 알고리즘은 물론이고 인간조차 도출할 수 없었던 결과가 나왔다. AI가 규명한 화합물의 속성과 항균성의 상관관계는 인간이 이해하지 못할 뿐만 아니라, 애초에 그 속성들 자체가 규칙으로 표현되지 않는다. 하지만 데이터를 기반으로 모델을 개선하는 머신러닝 알고리즘은 인간이 포착하지 못한 관계를 포착했다.

앞서 말했듯이 이런 AI는 비정밀하기 때문에 속성과 효과의 관계가 미리 정의되지 않아도 일부나마 그 관계를 파악할 수 있다. 예를 들면 많은 후보 중에서 가장 적합성이 크다고 예측되는 후보군을 선정할 수 있다. 이런 능력이 최신 AI의 필수 요소다. 최신 AI는 머신러닝으로 모델을 만들고 현실의 피드백을 반영해 모델을 조정함으로써, 현실에 근접한 결과를 도출하고 고전적 알고리즘으로는 분석하지 못했을 모호한 요소를 분석한다. 고전적 알고리즘과 마찬가지로 머신러닝 알고리즘도 정밀한 절차의 집합으로 구성된다. 그러나 그런 절차의 목적이 당장 구체적 결과를 도출하는 것이 아니라는 점에서 고전적 알고리즘과 다르다. 최신 AI 알고리즘은 결과의 품질을 평가하고 결과를 개선할 방법을 모색한다. 그래서 구체적 결과를 바로 생성하지 않는 대신 더 좋은 결과를 도출하는 방법을 학습한다.

　이런 발전의 중심에는 인간의 뇌 구조에서 영감을 얻은 (하지만 인간의 뇌가 워낙 복잡하기 때문에 그 구조를 완전히 본뜬 것은 아닌) '신경망'이 존재한다. 1958년 코넬대 항공연구소의 프랭크 로젠블랫에게 문득 아이디어가 떠올랐다. 인간의 뇌는 약 1000억 개의 뉴런을 1000조 개의 시냅스와 연결해서 정보를 부호화하는데, 혹시 그와 유사하게 정보를 부호화하는 방식을 만들 수 있을까? 그는 답을 찾기 위해 노드(뉴런에 해당)와 가중치(시냅스에 해당)의 관계를 부호화하는 인공신경망을 설계했다. 신경망은 수많은 노드를 상호 연결하고 각 연결부의 강도를 나타내는 가중치를 지정함으로써 정보를 부호화하는 네트워크다. 하지만 컴퓨터 성능의 한계와 정교한 알고리즘의 부재로 수십 년간 기초적 수준에 머물렀다. 그러다 최근 들어 컴퓨터 성능과 알고리즘이 진일보하면서 AI 개발자들이 비로소 그런 속박에서 해방됐다.

　할리신의 사례에서는 신경망이 각 분자(입력)와 그 분자가 박테리아의 증식을 저지할 가능성(출력)의 관계를 파악했다. 할리신을 발견한 AI는 화학작용이나 약물 효과에 관한 정보를 제공받지 않고 딥러닝으로 입력과 출력의 관계를 포착했다. 입력에 가까운 신경망 층들은 입력의 특성들을 반영하고, 입력에서 먼 층들은 목표로 하는 출력을 예측할 수 있도록 더 폭넓은 일반화를 반영했다.

　딥러닝을 통해 신경망은 훈련 데이터에 반영된 분자구조

의 특성들(원자량, 화학조성, 결합 유형 등)과 항생 효과 사이의 관계처럼 복잡한 관계를 포착한다. 그래서 AI가 인간이 포착하지 못하는 관계를 포함해 복잡다단한 관계를 파악할 수 있다. 훈련 단계에서 AI는 새로운 데이터를 입력받고 신경망 내의 가중치를 조정한다. 따라서 신경망의 정확도는 훈련 데이터의 양과 질에 따라 달라진다. 신경망에 더 많은 데이터가 입력돼 그 층이 늘어날수록 가중치도 관계를 더 정확히 포착할 수 있게 조정된다. 현재 딥러닝용 심층신경망은 주로 10층 내외로 구성된다.

하지만 신경망 훈련에는 자원이 많이 소모된다. 방대한 데이터를 분석해서 신경망을 조정하려면 강력한 컴퓨터 성능과 복잡한 알고리즘이 필요하기 때문이다. 대부분의 AI는 인간과 달리 훈련과 실행을 동시에 수행하지 못한다. 그래서 '훈련' 절차와 '추론' 절차를 따로 밟는다. 훈련 단계에서는 AI의 품질 측정 및 개선 알고리즘이 모델을 평가하고, 양질의 결과를 얻을 수 있도록 모델을 수정한다. 할리신의 사례에서는 AI가 훈련 데이터를 토대로 분자구조와 항생 효과의 관계를 식별하는 과정이 이 단계에 해당했다. 이후 추론 단계에서는 연구진이 AI에게 새롭게 훈련된 모델을 이용해 강력한 효과를 내리라 예측되는 항생제를 찾으라고 지시했다. 그러자 AI는 인간의 이성과 같은 사유가 아니라 자신이 개발한 모델을 동원해서 결론에 도달했다.

작업 내용에 따라
달라지는 학습 방식

AI는 작업 내용에 따라 활용법이 달라지므로 AI를 개발할 때 사용하는 기법도 상황에 따라 달라져야 한다. 이처럼 목적과 기능이 다르면 훈련법도 달라져야 한다는 점이 머신러닝을 도입할 때 생기는 근본적인 문제이기도 하다. 하지만 다양한 머신러닝 기법을 조합함으로써, 특히 신경망을 활용함으로써 암 탐지용 AI 같은 신종 AI가 속속 탄생하고 있다.

이 글을 쓰는 시점에서 주목할 만한 3대 머신러닝 기법은 지도학습, 비지도학습, 강화학습이다. 할리신을 발견한 AI가 지도학습으로 탄생했다. 다시 간단히 설명하자면 MIT 연구진은 새로운 항생제를 찾기 위해 2000여 개 분자의 데이터로 모델을 훈련했다. 이 모델의 입력은 분자구조였고 출력은 항생 효과였다. 이때 연구진이 AI에게 입력한 분자구조들에는 저마다 항생 효과를 나타내는 레이블이 붙어 있었다. 이후 새로운 화합물들을 제시하자 AI는 각 화합물의 항생 효과를 추측했다.

이 기법을 지도학습이라고 부르는 이유는 사용된 데이터 세트 내의 입력(분자구조)들에 바람직한 출력 혹은 결과(항생제로서 효과)를 나타내는 레이블이 붙었기 때문이다. 지도학습은 다방면에서 사용되고 그중 한 예가 이미지를 인식하는 AI다. 여기서 AI는 이미 레이블이 붙은 이미지들로 훈련하면서,

고양이 이미지를 '고양이' 레이블과 연결하듯이 각 사진을 올바른 레이블과 연관 짓는 법을 학습한다. 이렇게 이미지와 레이블의 관계가 부호화되면 새로운 이미지도 올바르게 인식할 수 있다. 따라서 지도학습은 각각의 입력에 바람직한 출력이 지정된 데이터세트가 확보된 상황에서 새로운 입력에 관한 출력을 예측하는 모델을 만들 때 특히 유용하다.

하지만 데이터에 레이블이 없을 때는 비지도학습으로 유익한 분석 결과를 도출할 수 있다. 지금은 인터넷이 발달하고 정보가 디지털화되기 때문에 기업·정부·연구자가 데이터를 과거보다 대량으로 확보하고 쉽게 이용할 수 있다. 마케터는 더 많은 고객 정보를, 생물학자는 더 많은 DNA 데이터를, 은행은 더 많은 금융거래 정보를 보유한다. 만일 마케터가 고객층을 파악하려 하거나 금융사기 전문가가 수많은 거래에서 불일치하는 부분을 찾으려고 한다면, 비지도학습으로 AI가 출력에 관한 정보 없이도 패턴이나 예외를 식별하게 할 수 있다. 비지도학습의 훈련 데이터에는 입력만 포함된다. 그래서 프로그래머는 학습 알고리즘에게 유사성의 정도를 나타내는 가중치를 토대로 그룹을 만들라고 지시한다. 예를 들어 넷플릭스 같은 영상 스트리밍 서비스는 알고리즘을 이용해 시청 습관이 비슷한 고객들을 그룹화하여 영상을 추천한다. 하지만 이런 알고리즘은 정교하게 조정하기 어려울 수 있다. 대부분의 사람은 관심사가 여러 개라서 동시에 여러 그룹에 속하기 때문이다.

비지도학습으로 훈련된 AI는 인간보다 많은 데이터를 처리하고 미묘한 패턴도 식별하기 때문에 인간이 찾지 못하는 패턴을 찾아낼 수 있다. 이런 AI는 '올바른' 출력을 제공받지 못한 채로 훈련하기 때문에, 마치 인간이 독학할 때처럼 놀랍도록 혁신적인 분석 결과를 도출하기도 하지만 역시 인간 독학자처럼 황당한 결과를 내놓기도 한다.

비지도학습과 지도학습은 주로 AI가 데이터를 토대로 추세를 발견하고, 이미지를 식별하고, 예측을 도출하는 작업을 수행하게 훈련하는 기법이다. 그런데 연구자들은 데이터 분석에서 탈피해 AI가 동적인 환경에서 작동하도록 훈련할 방법도 모색했다. 그래서 탄생한 머신러닝의 세 번째 범주가 강화학습이다.

강화학습에서는 AI가 데이터 내에 존재하는 관계를 규명하는 수동적 위치에 머물지 않는다. AI는 통제된 환경에서 '주체'가 되어 제 행동에 대한 반응을 관찰하고 기록한다. 보통 그 환경은 현실을 단순하게 시뮬레이션한 것으로 현실만큼 복잡하지 않다. 예를 들면 조립라인에서 로봇이 작동하는 상황을 시뮬레이션하기가, 붐비는 거리에서 로봇이 작동하는 상황을 시뮬레이션하기보다 쉽다. 하지만 체스 시합처럼 아무리 단순하게 시뮬레이션된 환경이라고 해도 한 번의 움직임에서 다수의 기회와 위기가 만들어지는 경우가 있다. 그래서 보통은 AI에게 인공적인 환경에서 스스로 훈련하라고 지시만 해서는 수행 능력을 극대화할 수 없다. 피드백이 필수다.

피드백을 제공해서 AI의 행동이 얼마나 성공적이었는지

알려주는 것이 보상함수다. 인간이 그 역할을 대신하는 데는 한계가 있다. AI는 디지털 프로세서로 구동되면서 단 몇 시간 혹은 며칠 만에 수백·수만·수억 번 스스로 훈련하기 때문에 인간이 일일이 피드백을 주기란 사실상 불가능하다. 그래서 프로그래머들은 보상함수를 자동화하고 그 함수가 작동하는 방식과 시뮬레이터가 현실을 모사하는 방식을 정밀하게 설정한다. 이때 시뮬레이터가 현실적 경험을 제공하고 보상함수가 우수한 결정을 촉진한다면 이상적이다.

알파제로의 시뮬레이터는 복잡하지 않았다. 알파제로는 자신과 대국을 벌이며 보상함수를 이용해 자신이 둔 수가 만들어낸 기회를 기준으로 점수를 매김으로써[2] 제 수행 능력을 평가했다. 강화학습은 인간이 직접 피드백을 주지 않는다고 해도 애초에 AI 훈련 환경을 만들기 위해 인간이 개입해야 한다. 인간이 시뮬레이터와 보상함수를 만들면 AI가 그것을 토대로 스스로 훈련한다. 따라서 의미 있는 결과를 얻기 위해서는 시뮬레이터와 보상함수를 정교하게 만들어야 한다.

머신러닝의 힘

이런 기초 위에서 AI가 광범위하게 활용되고 있다. 농업계에서는 AI로 농약을 정밀하게 살포하고, 병충해를 탐지하고, 수확량을 예측한다. 의료계에서는 AI로 신약을 발견하고, 기존 약물의 새로운 용처를 찾고, 향후 발생 가능한 질병을 탐지하거나 예측한다. (이 글을 쓰는 현재 AI가 미세한 방사능 지표를 인식해 인간 의사보다 일찍 유방암을 탐지하고, 망막 사진을 분석해 실명의 주원인 중 하나인 망막증을 탐지하며, 병력을 분석해 당뇨 저혈당증을 예측하고, 유전부호를 분석해 여러 유전병을 탐지한다.) 금융계에서는 AI가 대출 승인(혹은 거부), 인수합병, 파산 신청 등의 작업을 대량으로 처리하는 데 활용된다.

그 밖에도 AI는 녹취와 번역에 사용되는데, 이는 어떤 면에서 가장 흥미로운 용례다. 수천 년간 인류는 문화와 언어의 간극 때문에 의사소통이 어려웠다. 서로 다른 언어를 쓰는 사람들 사이에서 정보가 원활히 전달되지 않아 오해가 생기고, 거래가 지연되고, 전쟁이 발발했다. 바벨탑 이야기에서 언어의 장벽은 인간의 불완전함을 상징하고 인간이 부린 오만의 징벌로 그려진다. 하지만 앞으로는 AI 덕분에 수많은 사람이 강력한 번역 기능에 의존해 더 수월하게 커뮤니케이션할 것이다.

1990년대까지는 연구자들이 규칙에 기반한 번역 프로그램을 만들려고 했다. 그런 노력이 실험 환경에서는 어느 정도 성공을 거뒀지만 현실에서는 좋은 결과를 내지 못했다. 변화무쌍하고 미묘한 차이로도 뜻이 달라지는 언어를 단순한 규칙들로 다 설명할 수 없었기 때문이다. 그러다 2015년에 상황이 반전됐다. 심층신경망을 활용하면서 기계번역의 성능이 급격히 발전한 덕분이다. 하지만 단순히 신경망이나 머신러닝을 접목했기 때문에 그런 쾌거를 이룩했다고 말할 수는 없다. 어디까지나 그런 기술을 새롭고 창의적으로 활용했기에 가능한 일이었다. 여기서 우리는 중요한 사실을 알 수 있다. 머신러닝을 토대로 눈부신 혁신을 지속할 때 새로운 AI가 탄생한다는 것이다.

번역가가 이 언어를 저 언어로 번역하려면 '순차적 의존성'이라는 패턴을 파악해야 한다. 일반적 신경망은 항생제의 화학적 특성을 밝히는 것처럼 입력과 출력이 연결되는 패턴을 파악한다. 하지만 별도의 조작이 없이는 앞에 나온 단어들을 기준으로 문장의 특정한 위치에 어떤 단어가 나올 확률이 높은지 예측하는 것과 같은 순차적 의존성을 파악할 수 없다. 예를 들어 '나는 공원을'로 시작하는 문장이 있다면 다음 단어는 '먹었다'나 '이겼다'보다 '걸었다'가 될 확률이 훨씬 높다. 연구자들은 이런 순차적 의존성을 포착할 수 있도록 이제부터 번역해야 하는 텍스트만 아니라 이미 번역된 텍스트도 입력으로 활용하는 신경망을 고안했다. 그러면 AI는 원어에 존재하는 순차적 의존성만 아니라 번역어에 존재하는 순차적 의존성도 고려해 다음 단어를 인식한다. 이런 신경망 중에서도 가장 강력한 유형인 '트랜스포머'는 언어를 좌에서 우로만 처리하지 않는다. 일례로 구글에서 검색 성능을 향상하기 위해 만든 버트BERT는 양방향 트랜스포머다.

여기에 더해 번역 연구자들은 '병렬말뭉치'를 도입함으로써 기존의 지도학습에서 벗어나 장족의 발전을 거뒀다. 병렬말뭉치를 사용하면 훈련 시 입력과 출력 간의 구체적인 대응쌍

(예: 두 개 이상 언어로 텍스트의 의미를 대응해놓은 데이터)이 필요하지 않다. 기존에는 개발자가 원문과 번역문을 이용해 AI를 훈련했기 때문에 언어 간의 대응쌍이 요구됐다. 그래서 훈련 데이터를 많이 확보하기 어렵고 이용할 수 있는 텍스트의 유형도 한정적이었다. 정부 문서와 베스트셀러 도서는 많이 번역되지만 정기간행물, SNS 게시물, 웹사이트, 그 외 비공식적인 글의 번역은 활발하지 않기 때문이다.

그래서 연구자들은 공들여 번역된 텍스트로만 AI를 훈련하지 않고 단일한 주제에 관해 다양한 언어로 쓰인 각종 텍스트(예: 신문 기사)를 AI에게 제공했다. 이렇게 정교한 번역문을 고집하지 않고 얼추 내용이 비슷하지만 번역되진 않은 텍스트들로 AI를 훈련하는 방식이 병렬말뭉치 기법이다. 비유하자면 초급 언어 수업을 듣다가 완전몰입 교육▪을 받기 시작한 것과 같은 발상의 전환이다. 병렬말뭉치 방식은 훈련의 정밀성은 떨어지지만 훨씬 많은 데이터를 활용할 수 있다. 기사·서평·영화평·여행기 등 공식과 비공식을 막론하고 어떤 주제에 관해 여러 언어로 작성된 글이 훈련 데이터로 이용되기 때문이다. 이 방식이 성공을 거두면서 대략적이거나 부분적인 정보를 훈련에 사용하는 준지도학습이 확산됐다.

구글 번역기는 병렬말뭉치로 훈련하는 심층신경망을 도입한 직후 번역 성능이 60퍼센트 향상됐고 지금도 꾸준히 발

▪ 배워야 할 언어로 다른 교과목을 배우는 교육.

전 중이다.

자동 번역의 급성장으로 사람들이 모국어가 아닌 언어에 예전보다 쉽고, 빠르고, 저렴하게 대응하면서 사업·외교·미디어·학문 등 많은 분야에서 상당한 변화가 일어날 전망이다.

‥‥‥

물론 주어진 텍스트를 번역하고 이미지를 분류하는 일과 새로운 텍스트·이미지·소리를 생성하는 것은 서로 차원이 다르다. 지금까지 설명한 AI들은 체스 승리, 신약 후보 발견, 쓸만한 번역처럼 해법 찾기에 능하다. 하지만 생성형 신경망은 또 다른 기술로서 ‘창조’가 가능하다. 생성형 신경망은 기존의 텍스트나 이미지로 훈련된 후 새로운 텍스트나 이미지를 생성한다. 그 결과물은 비록 인공적 프로세스의 산물이지만 진짜 같다. 예를 들어 일반적 신경망은 인간의 얼굴 사진을 인식할 수 있지만 ‘생성형’ 신경망은 진짜처럼 ‘보이는’ 인간의 얼굴 사진을 만든다. 서로 개념 자체가 다르다.

이른바 ‘생성자’라 불리는 이런 유의 신경망을 활용한 기술은 가히 충격적이다. 코딩이나 작문에 잘만 활용한다면, 인간이 간단한 개요만 작성하고 세부적인 내용은 생성자가 알아서 만들 수 있다. 광고주나 감독이 이미지 몇 장이나 스토리보드만 제시하면 생성자가 광고를 만드는 일도 가능하다. 생성자가 딥페이크 제작에 악용될 우려도 있다. 딥페이크는 어떤 사람이 하지 않은 말이나 행동을 실제로 한 것처럼 감쪽같이 위조한 결과물이다. 생성자는 우리의 정보공간을 더 풍요롭게 채우겠지만 적절히 견제하지 않으면 현실과 허구의 경계를 허물어버릴 가능성이 농후하다.

생성형 AI를 만들 때 주로 사용되는 훈련 기법은 상호보완적인 학습 목적을 가진 두 신경망을 경쟁시키는 것이다. 이를 '생성형 적대 신경망GAN, Generative Adversarial Networks'이라고 부른다. GAN은 잠재적 출력을 생성하는 '생성망'과 조악한 출력의 생성을 막는 '판별망'으로 구성된다. 비유하자면 생성망은 브레인스토밍을 하고, 판별망은 유의미하며 현실적인 아이디어를 선별한다. 훈련은 생성망과 판별망을 번갈아가며 진행된다. 생성망을 훈련할 때는 판별망을 고정하고, 판별망을 훈련할 때는 생성망을 고정한다.

물론 이 기법도 완벽하진 않다. GAN을 훈련하기가 쉽지 않고 조악한 결과가 많이 쏟아진다. 하지만 훈련만 잘되면 놀라운 결과가 나올 수 있다. 가장 흔히 사용되는 형태는 메일을 작성하거나 검색어를 입력할 때 자동으로 문장을 완성하는 AI다. 여기서 더 발전하면 대략적으로 작성된 코드를 세밀하게 완성하는 AI도 개발 가능하다. 다시 말해 조만간 프로그래머가 프로그램의 뼈대만 잡아놓으면 나머지는 AI가 알아서 완성하는 시대가 열릴 수 있다.

현존하는 생성형 AI 중에서 가장 주목할 만한 예는 인간과 유사한 텍스트를 만드는 GPT-3이다(1장 참고). GPT-3은 언어를 번역하는 차원을 넘어 언어를 '생성'한다. 몇 가지 단어를 제시하면 '추론'으로 문장을 생성하고, 주제문을 제시하면 문단을 생성한다. GPT-3 같은 트랜스포머는 텍스트처럼 순차적으로 나열된 요소들에서 패턴을 포착해 다음에 올 확률이 높은 요소를 예측하고 생성한다. GPT-3은 단어·문단·코드의 순차적 의존성을 포착해 출력을 생성한다.

주로 인터넷에서 취합한 방대한 데이터로 훈련되는 트랜스포머는 이 외에도 텍스트를 이미지로, 이미지를 텍스트로 변환하거나, 설명을 확장하고 축약하는 작업을 수행할 수 있다. 현재 GPT-3과 같은 AI는 괄목할 만한 출력을 만들기도 하지만 품질에 편차가 크다. 고도의 지적 작업물처럼 보이는 결과물을 내놓는가 하면 어이없는 결과물을 도출할 때도 있다. 그렇긴 해도 트랜스포머의 기본 기능은 창작을 포함해 다양한 분야를 변화시킬 잠재력이 있다. 그래서 연구자와 개발자들이 지대한 관심을 보이며 그 강점·한계·응용법을 탐구하는 중이다.

머신러닝은 AI의 활용폭을 넓힐 뿐만 아니라, 부호와 규칙에 의존하는 기존의 방식으로 이미 성공을 거뒀던 분야에서도 AI를 혁명적으로 발전시키고 있다. 머신러닝 덕분에 AI가 인간 체스 고수를 이기는 수준을 넘어 완전히 새로운 전략을 발견하는 경지에 이르렀다. 이 발견 능력은 게임에서만 발휘되지 않는다. 앞에서 말했듯이 딥마인드 어플라이드에서 개발한 AI는 구글 데이터센터의 전기료를 유능한 엔지니어들보다 40퍼센트나 더 절감했다. 이런 식으로 발전에 발전을 거듭하면서

AI는 튜링이 테스트를 설계할 때 생각했던 차원, 즉 인간의 지능과 필적하는 수행 능력을 발휘하는 차원을 넘어 인간을 초월하는 능력을 발휘하는 차원으로까지 나아가고, 인간이 이해할 수 있는 영역의 한계를 확장한다. 그래서 앞으로 AI가 더 다양한 작업을 수행하며 더 확산되고 심지어는 독창적 텍스트와 코드까지 생성할 것으로 기대된다.

물론 어떤 기술이 더 강력해지거나 널리 퍼지다 보면 문제도 따르기 마련이다. 요즘 우리가 온라인에서 수시로 접하는 검색의 개인화가 좋은 예다. 1장에서 기존의 검색과 AI 기반 검색은 결과창에서 다종다양한 옷을 보여주는 것과 고가 브랜드의 옷만 보여주는 차이가 있다고 설명했다. 이처럼 각 사용자에게 맞는 출력을 생성하기 위해 AI는 두 가지 방식을 쓴다. (1) '뉴욕에서 할 일' 같은 검색어를 접수한 후 AI는 '센트럴파크 산책', '브로드웨이 뮤지컬 관람' 같은 '개념'을 생성한다. (2) AI는 과거 검색엔진에 입력된 검색어와 당시 생성한 개념을 기억한다. 시간이 흐르며 기억의 축적량이 늘어나면 AI는 각 사용자에게 더 잘 부합하는 개념, 그래서 이론적으로는 더 유익한 개념을 생성할 수 있다. 온라인 스트리밍 서비스도 이런 식으로 AI를 이용해 각자의 취향에 더 잘 맞는 영화와 드라마를 추천한다. 그 위력은 막강하다. 예를 들어 AI는 아동에게 성인 콘텐츠를 차단하면서 그 연령대나 준거틀에 적합한 콘텐츠를 추천할 수 있다. 아동만 아니라 모든 사람에게 폭력적이거나 선정적인 콘텐츠처럼 불쾌감을 유발하는 콘텐츠를 차단할 수도 있다. 그 기준은 알고리즘이 각 사용자의 과거 행동을 분석해서 추론한 취향이다. AI가 사용자에 관해 많이 알게 되면 그 출력이 대개 긍정적으로 발전한다. 가령 스트리밍 서비스 사용자는 불쾌감이나 당혹감을 주는 작품보다 흥미로운 작품을 볼 확률이 점점 높아진다.

　필터링으로 선택의 폭을 좁히는 것은 이미 우리에게 익숙하고 효율적인 기법이다. 현실 세계에서 외국을 여행할 때 가이드를 고용하면 역사적 가치가 높은 관광지나 자신의 종교·국적·직업을 기준으로 의미 있는 관광지를 소개받는다. 하지만 필터링은 '배제에 의한 검열'이 될 수도 있다. 가이드는 빈민가나 우범지대를 일부러 피해가거나, 독재국가에서는 '정권의 하수인'이 되어 정권이 보여주고 싶은 것만 보여줄 수 있다. 더욱이 사이버공간에서 필터링은 반복될수록 강화된다. 검색과 스트리밍을 개인화하는 알고리즘을 통해 뉴스와 책 같은 정보의 원천을 소비하는 행동이 개인화되기 시작하면, 다양한 주제와 원천 중 일부만 부각되고 나머지는 효율성을 이유로 일제히 배제된다. 그 결과 각자의 반향실이 만들어지고 그 반향실들이 서로 불협화음을 내게 될 것이다.■ 즉, A가 소비하는(따라서 현실을 반영한다고 가정하는) 것이 B가 소비하는 것과 달라지고, B가 소비하는 것은 또 C가 소비하는 것과 달라진다. 이 역설은 6장에서 다시 알아볼 것이다.

■　각 사람이 보거나 듣고 싶은 것만 보고 듣게 되는 현상을 '반향실 효과'라 부른다.

AI가 확산되면서 발생하는 위험은 AI의 발전과 병행해 잘 관리되어야 하며, 그것이 우리가 이 책을 쓰는 이유다. 모두 AI의 잠재적 위험에 관심을 기울여야 한다. AI 개발과 활용은 연구자가 됐든, 기업이 됐든, 정부나 시민단체가 됐든 간에 어떤 한 집단에만 맡겨서는 안 될 일이다.

AI의 한계와 관리

이전 세대의 AI는 사회에 축적된 현실에 관한 지식을 인간이 일일이 프로그램의 코드에 집어넣어야 했지만, 머신러닝 기반의 최신 AI는 대개 스스로 현실을 모델링한다. AI가 도출한 결과를 개발자가 검사할 수는 있지만, AI는 무엇을 어떻게 학습했는지 인간의 언어로 '설명'해주지 않는다. 개발자가 AI에게 학습한 것을 요약해보라고 요구할 수도 없다. 인간과 마찬가지로 AI도 자신이 무엇을 배웠고 왜 배웠는지 정확히 모르기 때문이다(단, 이 글을 쓰는 현재를 기준으로, 인간은 많은 상황에서 AI가 제시할 수 없는 설명이나 이유를 제시할 수 있다). 우리는 훈련을 마친 AI가 내놓은 결과물을 다만 관찰할 수 있을 뿐이다. 그래서 그 결과물을 역으로 분석해야 한다. 즉, AI가 결과물을 생성하면 연구자가 됐든 평가자가 됐든 인간이 그 결과물을 당초 목표에 부합하는지 검사해야 한다.

때때로 AI는 인간의 경험을 초월하고, 언어로 설명할 수 없는 작용으로 인간의 이해력을 넘어서는(적어도 현재를 기준으로는) 진실을 도출하기도 한다. 이런 식으로 AI가 예상치 못한 것을 발견할 때 우리는 페니실린을 발견한 알렉산더 플레밍과 같은 처지가 된다. 플레밍은 연구실에 있던 세균 배양용 접시가 우연히 페니실린을 만드는 곰팡이에 오염되면서 병균을 사멸시켰을 때, 그간 알려지지 않았던 강력한 물질의 존재를 깨달았다. 아직 항생제라는 개념이 없었던 인류는 페니실린의 원리를 이해하지 못했다. 그럼에도 페니실린의 발견으로 완전히 새로운 분야가 탄생했다. AI도 그처럼 놀라운 발견을 해낸다. 예를 들면 약물의 후보 물질을 발견하고 게임의 새로운 승리 전략을 찾아낸다. 그럴 때 인간은 그 의의를 다 알지 못한 채 다만 신중하게 그것을 기존의 지식 체계에 편입할 수밖에 없다.

　　AI는 자신의 발견을 반추하지 못한다. 유사 이래로 인간은 전쟁을 겪을 때마다 전쟁이 주는 교훈과 슬픔을, 그 극단성을 반추했다. 호메로스의 『일리아스』에 묘사된 트로이 성문 앞 헥토르와 아킬레우스의 대결이나 피카소의 〈게르니카〉에 그려진 스페인내전에서 희생당한 시민들의 모습이 그 결과물이다. 하지만 AI는 반추하지 못하고, 그러고 싶다는 윤리적 혹은 철학적 충동도 느끼지 않는다. 그저 제가 아는 기법을 이용해 결과를 산출할 뿐이고, 그 결과는 인간의 관점에서 봤을 때 시시하거나 충격적일 수 있고, 온건하거나 악의적일 수 있다. AI는 반추하지 못하므로 그 행동의 의의를 결정하는 것은 인간

> AI는 인간처럼 맥락을 이해하거나
> 행동을 반추하지 못하기 때문에
> 더더욱 인간이 주시해야 한다.

의 몫이다. 따라서 인간이 AI를 규제하고 관리해야 한다.

AI는 인간처럼 맥락을 이해하거나 행동을 반추하지 못하기 때문에 더더욱 인간이 주시해야 한다. 구글의 이미지 인식 소프트웨어가 사진 속 사람을 동물로 인식하고[3] 동물을 총으로 인식한 사례는[4] 이미 잘 알려졌다. 인간이 봤을 때는 당연히 잘못됐지만 AI는 잘못을 인지하지 못했다. AI는 반추만 못 하는 것이 아니라 실수도 저지른다. 인간이라면 어린아이도 저지르지 않을 실수를 범하기도 한다. 개발자가 아무리 결점을 보완한 후 가동한다고 해도 문제가 다 잡히진 않는다.

위와 같은 오인식의 원인은 여러 가지다. 예를 들면 데이터세트에 존재하는 편향성이 문제일 수 있다. 머신러닝에는 데이터가 필수다. 데이터가 없으면 AI가 좋은 모델을 학습하지 못한다. 그런데 데이터를 취합할 때 세심히 주의를 기울이지 않으면 소수 인종처럼 수적으로 열세인 집단의 데이터가 충분히 확보되지 않는 치명적 문제가 발생한다. 일례로 안면 인식 시스템은 훈련 데이터에 흑인의 사진이 너무 적게 포함돼 정확도가 떨어지는 경우가 많았다. 데이터의 양과 다양성이 모두 중요하다. 아무리 많은 사진으로 훈련됐다고 해도 그 사진들이 대체로 비슷하다면 AI는 이전에 접한 적 없는 사진을 인식해야 할 때 부정확한 결과를 도출할 것이다. 구체적 사례를 충분히 접하지 못하면 위기 상황에서 문제가 발생할 수도 있다. 가령 자율주행차 훈련용 데이터세트에 사슴이 도로에 난입하는 것처럼 이례적인 상황의 예가 충분히 포함되지 않는다면, AI는 그런 시나리오에 대처할 준비가 부족해진다. 그럼에도 실제로 그런 상황에 처했을 때 AI는 어떻게든 작동해야 한다.

또 한편으로 AI의 편향성은 인간의 편향성을 그대로 반영한 결과일 수 있다. 다시 말해 훈련 데이터에 인간의 행동에 내재한 편향성이 투영됐을 때 AI에도 편향성이 생긴다. 예를 들어 지도학습 시 출력에 고의로든 실수로든 레이블이 잘못 지정됐을 때 AI는 그것을 그대로 부호화한다. 혹은 개발자가 강화학습용 보상함수를 잘못 정의해서 그런 문제가 발생할 수 있다. 체스용 AI를 훈련하는 시뮬레이터에서 개발자가 좋아하는 전술이 과대평가되었다고 해보자. 그러면 설령 그 전술이 실전에서 효력이 없더라도 AI는 그것을 선호하도록 학습될 것이다.

물론 기술에 편향성이 존재하는 것이 AI에 국한된 문제는 아니다. 일례로 코로나 시국에 부쩍 사용도가 높아진 산소포화도 측정기는 피부색이 어두운 사람의 산소포화도를 과대측정한다. 그 설계자들이 밝은 피부의 빛 흡수량을 '정상'으로 가정함으로써 어두운 피부의 흡수량을 사실상 '비정상'으로 만들어버렸기 때문이다. 산소포화도 측정기가 AI로 작동하진 않는다. 하지만 특정한 인구 집단에 관심이 부족해서 편향성이 생기는 문제는 동일하다. AI를 활용할 때 우리가 그 오류를 이해해야 하는 이유는 AI를 용서하기 위해서가 아니라 교정하기 위해서다. 편향성은 인간 사회의 모든 측면에 존재하고, 우리는 그 모든 면에서 진지하게 대응해야 한다.

오인식의 또 다른 원인은 엄밀성 부족이다. 동물이 총기로 잘못 인식된 사례를 생각해보자. AI가 착각한 이유는 사진 속에 인간은 포착할 수 없지만 AI는 포착할 수 있는, 따라서 AI가 혼동할 수 있는 미묘한 특징이 존재했기 때문이다. AI는 우리가 생각하는 상식이 없다. 그래서 간혹 인간은 한눈에 구별하는 사물들을 동일하다고 착각한다. AI가 무엇을(그리고 어떻게) 혼동하느냐는 대체로 예측이 불가능한데, 그 이유 중 하나는 이 글을 쓰는 현재를 기준으로 AI를 검정하는 절차가 부실하기 때문이다. 현실 세계에서는 예측 불가능한 실패가 예측 가능한 실패보다 더 대응하기 어렵고 위험하다. 예측하지 못한 사태에 대비할 수는 없기 때문이다.

.....

AI의 불안정성은 학습의 피상성에서 기인한다. AI가 지도학습이나 강화학습으로 입력과 출력의 관계를 파악하는 방식은 인간이 다차원적 개념화와 경험으로 현상을 이해하는 것과 전혀 다르다. AI의 불안정성은 자의식이 없기 때문에 발생하는 측면도 있다. AI는 지각하는 존재가 아니며 자신이 무엇을 모르는지 모른다. 그래서 인간이 볼 때는 명백한 착오를 못 알아차리고 방치하기도 한다. 이처럼 뻔한 실수를 스스로 막을 수 없기 때문에, 인간이 개입해서 AI가 발휘하는 능력의 한계를 확인하고, AI가 제안하는 행동을 검토하고, AI가 실수할 확률이 높은 상황을 예측하는 테스트 과정이 필요하다.

즉, AI가 소기의 행동을 수행하는지 평가하는 절차가 반드시 수립돼야 한다. 당분간은 머신러닝이 대세로 유지될 전망이므로 인간은 여전히 AI가 무엇을 학습하고 어떻게 학습하는지 알 수 없을 것이다. 그렇다고 낙심할 필요는 없다. 인간의 학습도 그처럼 불투명할 때가 많기 때문이다. 예술가와 운동선수, 작가와 정비사, 부모와 자녀를 막론하고 모든 인간은 주로 직관에 따라 행동하기 때문에 무엇을 어떻게 배웠는지 똑똑히 말할 수 없을 때가 많다. 이런 불투명성을 해소하기 위해 각 사회는 수많은 전문가 인증 프로그램, 규제, 법을 만들었다. AI에도 비슷한 방식이 적용돼야 한다. 예를 들면 제작자가 테스트로 안정성을 입증한 AI만 실무 투입을 허용하는 방안을 생각해볼 수 있다. 앞으로 AI를 대상으로 하는 전문성 인증 및 검정 프로그램(그리고 이를 실행하는 데 필요한 전문 능력)을 개발하는 일이 각 사회의 중대한 과제가 될 것이다.

제품을 사전에 테스트하는 방식은 업계별로 천차만별이다. 앱 개발자들은 일반적으로 프로그램을 서둘러 출시한 후 결함이 발견될 때마다 신속히 수정하는 반면에, 항공기 제조사들은 철두철미한 테스트를 마치기 전까지 고객을 단 한 명도 항공기에 태우지 않는다. 이처럼 테스트 방식이 다른 이유는 여러 가지인데, 그중에서도 제일 중요한 요인은 업종별로 다른 기본적 위험도다. AI 보급률이 높아지면 그런 요인들(기본적 위험도, 규제, 시장 상황)에 따라 테스트 방식도 업계마다 달라질 것이다. 예를 들어 자동차를 운전하는 AI에는 틱톡 같은 엔터테인먼트 및 커뮤니케이션용 네트워크 플랫폼을 구동하는 AI보다 훨씬 강한 감독이 요구될 것이다.

이렇게 AI를 테스트할 수 있는 이유는 머신러닝이 학습 단계와 추론 단계로 나뉘기 때문이다. AI가 가동되는 상태에서 학습이 지속된다면 2016년에 마이크로소프트의 챗봇 테이Tay가 일으킨 불미스러운 사태처럼 예상을 벗어나거나 바람직하지 않은 행동을 습득할 가능성이 있다. 테이는 인터넷에서 접한 혐오발언을 금세 흉내내기 시작했고, 결국 마이크로소프트는 테이의 가동을 중단했다. 하지만 대부분의 AI는 훈련과 가동 단계가 분리된다. 훈련을 마치면 학습된 모델, 즉 신경망의 매개변수들이 고정된다. 다시 말해 AI의 진화가 중단되기 때문에 인간은 AI가 예상을 벗어나거나 바람직하지 않은 행동을 습득할 가능성을 염려하지 않고 그 역량을 평가할 수 있다.

가령 빨간불에 멈추도록 훈련된 자율주행차는 알고리즘이 고정된 상태에서 느닷없이 빨간불에 교차로를 건너는 '결정'을 내릴 수 없다. 그래서 종합적인 테스트와 인증 심사가 가능하다. 엔지니어들이 자율주행 AI를 자동차에 업로드해서 생사가 걸린 실제 교통 상황에 투입하기 전에 안전한 환경에서 그 행동을 점검할 수 있다는 의미다. 물론 알고리즘을 고정한다고 해서 AI가 새로운 상황에 직면했을 때 예상치 못한 행동을 절대로 안 한다는 보장은 없지만 사전 테스트는 가능하다. 그리고 데이터세트 검수로도 AI의 품질을 검사할 수 있다. 예컨대 안면인식 AI가 다양한 데이터세트를 이용해 훈련되는지, 혹은 챗봇의 훈련용 데이터세트에 혐오발언이 포함되진 않았는지 확인함으로써 AI가 가동 단계에서 오작동할 가능성을 줄일 수 있다.

이 글을 쓰는 현재 AI는 세 가지 차원에서 코드의 통제를 받는다. 첫째, 코드에 AI가 수행할 수 있는 행동의 매개변수가 지정된다. 이 매개변수가 광범위하게 지정되면 AI에 상당한 자율성이 부여돼 잘못된 행동을 할 가능성이 커진다. 자율주행 AI는 제동·가속·커브가 가능한데 모두 충돌로 이어질 수 있지만, 코드에 지정된 매개변수가 AI의 행동을 어느 정도 제약한다. 알파제로는 참신한 체스 전략을 수립하면서도 폰을 뒤로 물리는 것처럼 체스의 규칙을 어기진 않았다. 이처럼 AI의 사전에는 코드에 지정된 매개변수를 넘어서는 행동이란 존재하지 않는다. 프로그래머가 어떤 행동을 할 능력을 코드에 넣지 않는다면, 혹은 어떤 행동을 명백히 금지한다면 AI는 그 행동을 할 수 없다. 둘째, AI는 최적화 대상을 정의하고 지정하는 목적함수로 통제된다. 할리신을 발견한 모델의 목적함수는 분자의 화학적 특성과 항생 능력 간의 관계였다. 이 AI는 목적함수의 통제를 받기 때문에, 예를 들면 암 치료에 도움이 되는 분자처럼 다른 물질을 탐색할 수는 없었다. 셋째, 당연한 말이지만 AI는 원래 인식하고 분석하도록 지정된 입력만 처리할 수 있다. 번역 AI는 인간이 보조 프로그램으로 개입하지 않는 이상 이미지를 인식하지 못한다. 이미지를 무의미한 데이터로 취급하기 때문이다.

언젠가는 AI가 자신의 코드를 직접 작성할지도 모른다. 현재로서는 그런 AI를 개발하려는 노력이 걸음마 단계에 불과해 아직 전망이 불투명하다. 하지만 설령 그런 날이 온다고 해도 AI에 반추 능력이 생길 가능성은 크지 않고 여전히 목적함수가 AI를 규정할 것이다. AI가 스스로 코드를 작성하더라도 그것은 알파제로가 체스를 두는 것과 마찬가지로 영리할지언정, 반추 능력과 자유의지가 없이 철저히 규칙을 따르는 행위에 불과할 것이다.

AI의 발전 방향

머신러닝 알고리즘의 진화, 데이터 축적량의 증가, 컴퓨터 성능의 향상으로 응용 기술이 급속도로 발전하면서 AI가 수많은 사람의 상상력을 자극하며 막대한 자본을 흡수하고 있다. 머신러닝을 중심으로 AI의 연구·개발·상품화가 전 세계에서 급속도로 진행되지만, 그 흐름을 주도하는 국가는 미국과 중국이다.[5] 양국의 대학, 연구소, 스타트업, 대기업이 최전방에서 머신러닝을 개발하며 날로 더 다양하고 복잡한 문제에 활용한다.

그래도 아직 AI와 머신러닝은 개발하고 이해해야 할 부분이 많다. 머신러닝으로 구동되는 AI에는 막대한 훈련 데이터가 필요하고 그런 데이터를 처리하려면 막대한 컴퓨터 인프라가 요구된다. 그래서 AI의 재훈련이 필요할 때는 대체로 비용이 걸림돌이다. 이처럼 데이터와 컴퓨터 성능이 부담되어 더 진보한 AI의 등장이 지연되는 만큼, 데이터를 더 적게 쓰고 더 낮은 컴퓨터 성능으로 가능한 훈련 기법을 개발하는 것이 급선무다.

그리고 아무리 머신러닝이 장족의 발전을 이뤘다고 해도 다양한 작업이 결합된 복합적 활동은 여전히 AI가 처리하기 어렵다. 운전만 해도 시지각, 경로 탐색, 사고 예방 같은 능력이 동시에 요구되기 때문에 상당히 어려운 과제다. 지난 10년간 운전용 AI가 놀랍게 발전했으나, 운전 중 마주치는 상황에 따라서 아직 인간과 같은 수행 능력을 발휘하기 어려운 부분도 분명히 존재한다. 자동차전용도로 또는 보행자나 자전거가 별로 없는 교외 도로처럼 정돈된 환경에서는 AI도 우수한 실력을 보인다. 그러나 러시아워의 도심처럼 혼잡한 환경에서는 여전히 대응 능력이 아쉽다. 고속도로 주행으로 한정하자면 인간이 장거리 운전 시 집중력을 잃기 쉽다는 점을 고려했을 때, 조만간 인간보다 AI가 운전하면서 안전성이 커지리란 흥미로운 전망도 가능하다.

AI의 발전 속도는 쉽게 예측할 수 없다. 1965년에 엔지니어 고든 무어가 컴퓨터 성능이 2년마다 두 배로 향상하리라 예측했고, 지금까지는 놀랍게도 그 예측이 적중했다. 하지만 AI는 그처럼 일률적인 속도로 발전하지 않는다. 번역 AI는 수십 년간 정체됐다가 최근 들어 새로운 기법이 등장하고 컴퓨터 성능이 향상되면서 가공할 속도로 발전 중이다. 이중 언어를 구사하는 인간과 유사한 번역 능력을 보유한 AI들이 단 몇 년 만에 개발됐다. 차후 AI가 유능한 전문 번역가와 같은 결과물을 내놓을 때까지(만일 그런 일이 가능하다면) 얼마나 걸릴지 정확히 예측하기는 불가능하다.

그 외의 분야에서도 AI의 발전 속도를 예측하기 어렵긴 마찬가지다. 단, AI의 역량이 지금과 비교할 수 없을 만큼 증진되리라고 기대해볼 만하다. 분야별로 5년이 걸리든 10년, 25년이 걸리든 시차는 있어도 결국에는 그렇게 될 것이다. AI를 활용한 기존의 기술은 더 소형화되고, 효율이 높아지고, 저렴해져서 더욱 널리 보급될 것이다. 우리 눈에 보이든 보이지 않든 AI가 일상에서 점점 더 큰 비중을 차지할 것이다.

그렇다면 앞으로 AI가 적어도 컴퓨터 성능과 동일한 속도로 발전하며 15~20년 후에는 수백만 배 발전하리라고 봐도 무방하다. 그 결과 인간의 두뇌와 동일한 규모의 신경망이 탄생할 것이다. 이 글을 쓰는 현재, 규모가 가장 큰 신경망은 생성형 트랜스포머다. GPT-3은 가중치(매개변수)가 1750억 개 정도 된다. 하지만 최근에 중국의 정부출연 연구기관인 베이징즈위안인공지능연구원BAAI에서 GPT-3보다 가중치가 10배 많은 생성형 언어 모델을 발표했다. 그래도 인간의 두뇌에 있다고 추정되는 시냅스의 개수보다 1만 배 적은 수치다. 하지만 발전 속도가 2년마다 두 배라고 치면 10년 안에 따라잡을 수 있는 격차다. 물론 규모가 곧 지능은 아니다. 실제로 신경망이 어느 정도 수준의 능력을 발휘하게 될지는 아무도 모른다. 일부 영장류는 두뇌의 크기가 인간과 비슷하거나 인간보다 큰데도 분별력이 인간에 못 미친다. 마찬가지로 AI도 모든 영역에서 인간과 같은 지능에 도달하기보다는 첨단과학처럼 특정한 영역에서만 인간보다 월등한 능력을 발휘하는 '새번트savant'▪로 발전할 것이다.

'범용인공지능'이라는 꿈

일부 개발자들은 이른바 범용인공지능AGI, Artificial General Intelligence을 만들기 위해 머신러닝의 한계에 도전한다. AGI도 AI처럼 정확한 정의가 존재하지 않는다. 하지만 특정한 작업만 수행할 수 있는 현재의 '협소한' AI와 달리 인간에게 가능한 지능적 작업은 무엇이든 수행하는 AI를 가리키는 말로 통용된다.

AGI는 머신러닝을 현재의 AI보다도 더 중요하게 사용하

▪ 다른 영역에서는 지능이나 사회성이 부족하나 특정 분야에서 비범한 능력을 발휘하는 사람.

겠지만 현실적 제약 때문에 그 능력을 모든 분야에서 활용하지는 못할 것이다. 아무리 다재다능한 사람이라고 해도 모든 방면에서 전문성을 기를 수는 없듯이 AGI도 전문성을 발휘할 수 있는 분야가 한정될 것이다. AGI를 개발하는 방법 중 하나로, 다양한 분야에서 전통적 AI들을 훈련한 후 그 전문성의 토대가 되는 요소들을 결합해서 단일한 AI를 만드는 것을 생각해볼 수 있다. 이렇게 만들어진 AGI는 팔방미인처럼 다양한 활동을 수행하고, 능력이 한계에 부딪힌 상황에서도 현재의 AI만큼 불안정하게 작동하거나 심각한 실수를 저지르지는 않을 것이다.

그러나 과학계와 철학계에서는 AGI의 실현 가능성과 특성을 두고 의견이 분분하다. 만일 AGI가 정말로 실현된다면 평범한 인간의 능력과 특정한 분야에서 독보적인 인간의 능력 중 무엇을 보유할 것인가? 그리고 위에서 설명한 대로 우선 전통적 AI들을 좁고 깊게 훈련한 후 결합하여 다양한 분야에서 전문성을 발휘하는 AGI를 만들 수 있다고 해도, 막대한 자금력과 최고의 실력을 갖춘 연구진에게조차 절대로 만만치 않은 일이다. 그런 AI를 개발하려면 어마어마한 컴퓨터 성능이 필요하고 현재의 기술을 기준으로 수십억 달러는 우스울 만큼 큰 비용이 발생할 텐데, 그 정도 조건을 감당할 수 있는 조직은 거의 없다.

더욱이 과연 AGI의 탄생으로 이제껏 머신러닝 알고리즘이 인류를 이끌고온 궤도에 큰 변화가 생길지도 확실치 않다.

AI가 됐든 AGI가 됐든 간에 앞으로도 비인간적 지능이 개발되고 가동되는 과정에서 인간 개발자가 중요한 역할을 할 것이다. 머신러닝의 목적, 알고리즘, 훈련 데이터는 AI를 개발하고 훈련하는 인간이 결정하고, 따라서 인간의 가치관·동기·목표·판단이 반영된다. 머신러닝 기법이 더 고도화된다고 해서 그런 한계가 없어지진 않을 것이다.

그래도 범용성 여부를 떠나서 AI는 앞으로 더 널리 활용되고 더 강력해질 것이다. 개발과 활용에 필요한 비용이 감소하면서 AI 기반 자동화 기기가 대중화된다. 알렉사, 시리, 구글 어시스턴트 등 대화형 인터페이스는 이미 널리 퍼졌다. 그리고 AI가 탑재되어 인간의 지시와 감독 아래 자동으로 작동하는 차량·도구·가전제품이 점점 늘어난다. 디지털 기기와 인터넷에서 구동되는 애플리케이션에도 AI가 탑재되어 소비자 경험을 유도하고 사업을 혁신한다. 설사 SF 영화에 나오는 다목적 로봇이 보편화되진 않는다고 해도, 인간과 기계가 더 빈번히 상호작용하며 더 많은 프로세스가 자동으로 처리된다. 무엇보다도 인명을 앗아가는 사고가 줄어든다. 자율주행차가 대중화돼 교통사고 사망률이 낮아지고, AI를 통해 질병이 더 일찍 더 정확하게 발견된다. 그리고 AI가 더 적은 연구비로 신약과 새로운 약물전달 방법을 발견함으로써 만성질환과 난치병을 치료할 길이 열리는 상황도 기대해볼 수 있다. AI 조종사가 배달 드론은 물론이고 전투기도 단독으로, 혹은 인간과 공동으로 조종한다. 인간 개발자가 프로그램의 뼈대만 잡으면 나머지는

AI 코더가 완성하고, 인간 마케터가 기획만 하면 AI 카피라이터가 광고를 완성한다. 교통과 물류의 효율도 극적으로 향상된다. AI가 에너지 사용량을 줄이고, 인간이 환경에 미치는 영향을 완화할 방법을 찾는다. 평화와 전쟁이라는 영역에서도 AI가 강력한 영향력을 행사할 것이다.

하지만 그런 변화가 사회에 미칠 파급효과는 예상하기 어렵다. 번역을 예로 들자면 만국어 번역기가 등장할 경우 이전과 비교할 수 없을 만큼 원활한 커뮤니케이션이 가능해진다. 그래서 무역이 발전하고 문화간 교류가 전에 없이 활발해질 것이다. 하지만 새로운 문제도 발생한다. SNS가 등장해 사상의 교류가 활발해지는 한편 양극화가 심화되고 가짜뉴스와 혐오발언이 쉽게 유포되듯이, 자동 번역으로 언어와 문화의 장벽이 허물어지면 폭발적인 파급효과가 일어날 수 있다.

지난 수천 년간 외교관들은 문화 차이 때문에 본의 아니게 상대를 자극하는 일이 없도록 세심히 주의를 기울였고, 이런 문화적 민감도를 높이기 위해서는 언어 훈련이 거의 필수였다. 그런데 번역기는 이런 완충 장치를 제거한다. 그래서 본의 아니게 상대를 자극할 수 있다. 자동 번역에 의존하는 사람들은 다른 문화와 국가를 이해하려는 노력을 줄이고 자기가 속한 문화의 렌즈로 세상을 보려는 본능에 더욱 충실해질 것인가? 아니면 타 문화에 더욱 관심이 깊어질 것인가? 각 사회의 문화·역사·감수성이 자동 번역에 어떤 식으로든 반영될 것인가? 단언하긴 어렵다.

고도로 발달한 AI를 개발하려면 방대한 데이터, 초고성능 컴퓨터, 숙련된 기술자가 필요하다. 정부가 됐든 기업이 됐든 이런 자원을 확보한 조직이 이 새로운 분야에서 혁신을 주도하는 것은 자명한 이치다. 그리고 자원은 주도권을 쥔 쪽에 집중된다. 그래서 AI 산업은 집중과 발전의 순환 고리를 따른다. 그런 AI가 개인, 기업, 국가의 경험을 변화시키고 있다. 앞으로는 통신·상거래·안보는 물론이고 인간 의식을 포함해 많은 영역에서 AI가 우리의 삶과 미래를 바꿀 것이다. 그러므로 우리는 AI가 고립된 상태에서 개발되지 않도록 해야 하고, 따라서 잠재적 이점만 아니라 잠재적 위험에도 주의를 기울여야 한다.

4장

글로벌 네트워크 플랫폼

인공지능은 인간이 통제할 수 있는 도구다.
문제는 우리가 설정한 안전상의 제한을
누군가는 설정하지 않으리란 점이다.
이에 반응하고, 규제하고, 대처할 시간이
그리 많지 않다.

샘 올트먼 | 오픈AI CEO

SF 영화와 소설에서는 미끈하게 생긴 완전자율주행차와, 놀라운 지능과 사고력으로 가정과 직장에서 인간과 대화하며 공존하는 로봇을 AI의 미래로 그린다. 그래서 대중은 AI라고 하면 흔히 자의식이 있는 기계, 그래서 오해도 하고, 복종을 거부하고, 결국에는 자신을 창조한 인간에게 반기를 드는 기계를 떠올린다. 그리고 이 같은 환상에서 비롯된 불안감 때문에 마치 인간처럼 행동하는 것이 AI의 궁극적인 형태라는 착각이 만연하다. 하지만 이미 AI가 우리 주변에 알게 모르게 존재한다는 사실을 깨닫고 이를 둘러싼 막연한 불안감에서 벗어나, 어떻게 하면 우리 삶에 속속 들어오는 AI를 잘 이해하고 투명하게 운용할 수 있을지에 관심을 기울이는 편이 더 이롭다.

SNS, 웹 검색, 영상 스트리밍, 내비게이션, 승차공유 등 수많은 온라인 서비스가 지금처럼 작동하는 이유도 AI가 점점 더 광범위하게 사용되기 때문이다. 전 세계인이 이런 온라인 서비스를 이용해 상품과 서비스를 추천받고, 이동 경로를 정하고, 타인과 커뮤니케이션하고, 유익한 정보나 답을 얻는 등 일상적이고 기본적인 활동에 도움을 받는다. 이는 별것 아닌 듯 보여도 사실 혁명적 변화다. 우리는 일상에서 AI에 의존해 각종 작업을 원활히 수행하지만 그 원리를 다 이해하진 못한다. 그 과정에서 AI와 인간의 관계, AI 기반 서비스 이용자 간의 관계, 그런 서비스의 개발자 및 운영자와 정부 간의 관계가 새로이 형성되고 있으며, 이 관계들이 향후 개인·조직·국가에 지대한 영향을 미칠 것이다.

　현재 인간 활동의 저변에 비인간적 지능이 조용히, 때로는 은밀히 편입되고 있다. 신속하게 전개되는 이 변화의 중심에 이른바 '네트워크 플랫폼'이라는 신종 서비스가 존재한다. 네트워크 플랫폼은 막대한 이용자를 유치함으로써 이용자에게 편익을 제공하는 디지털 서비스로, 그 사업 영역이 대개 여러 국가 혹은 전 세계에 걸쳐 있다. 대부분의 상품과 서비스가 이용자에게 제공하는 편익은 다른 이용자와 무관하거나 오히려 다른 이용자로 인해 감소하는 반면, 네트워크 플랫폼은 이용자가 늘어날수록 편익과 매력이 커진다. 경제학 용어를 빌리자면 '양陽의 네트워크 효과'가 존재한다. 어떤 업종이든 이용자가 많은 플랫폼에 더 많은 이용자가 몰려들기 때문에 결국에는 소수의 플랫폼만 살아남고, 각 플랫폼은 많으면 수천만에서 수억 명에 이르는 방대한 이용자층을 확보한다. 이 같은 네트워크 플랫폼들이 점점 더 AI에 의존하면서 인간과 AI의 상호작용이 가히 문명사의 전환점을 만든다고 할 만큼 심대하게 발생하고 있다.

　　AI가 점점 다양한 네트워크 플랫폼에서 더 중요한 역할을 맡으면서, 그런 플랫폼들의 기본적 운영 방식이 뉴스 헤드라인에 실리고 지정학적 이슈가 될 만큼 개인의 일상에 큰 영향을 미치고 있다. 이런 상황에서 사회의 가치관에 부합하는 방식으로 네트워크 플랫폼을 설명하고, 논의하고, 감독하며 이에 관한 최소한의 사회정치적 합의에 이르지 못한다면, 19세기에 낭만주의가 발흥하고 20세기에 급진적 이념이 폭발적으로 증가한 것처럼 이 비인간적이고 저지 불가능해 보이는 새로운 세력의 부상에 반대하는 움직임이 일어날 수 있다. 따라서 심각한 사태가 발생하기 전에 정부, 네트워크 플랫폼 운영자, 이용자가 자신들이 추구하는 목표가 본질적으로 무엇이고, 어떤 전제와 한계 내에서 상호작용할 것이며, 어떠한 세계를 만들고자 하는지 따져야 한다.

　　세계 최대 네트워크 플랫폼들은 채 한 세대가 지나기도 전에 웬만한 국가의 인구는 물론이고 몇몇 대륙의 인구보다도 많은 이용자를 확보했다. 하지만 인기 네트워크 플랫폼에 밀집한 이용자 사이에는 정치 지형보다도 복잡한 경계선이 존재하고, 네트워크 플랫폼 운영자의 이해관계는 종종 국가의 이해관계와 다르다. 네트워크 플랫폼 운영자가 반드시 정부의 우선순위나 국가의 전략을 고려하진 않는다. 특히 그런 우선순위와 전략이 고객의 이해와 충돌할 소지가 있다면 더욱 신경쓰지 않는다. 이런 네트워크 플랫폼은 정부처럼 경제정책이나 사회정책이 존재하지 않는데도 대부분의 국가를 능가하는 규모의 경제적·사회적 상호작용을 유발하거나 촉진할 수 있다. 그러다 보니 일부 네트워크 플랫폼은 분명히 영리 목적으로 운영됨에도 그 규모·기능·영향력 때문에 지정학적으로 중요한 입지를 다진다.

대표적인 네트워크 플랫폼은 대부분 미국(구글, 페이스북, 우버)과 중국(바이두, 위챗, 디디추싱)에서 탄생했다. 그래서 플랫폼 운영자들은 상업적으로나 전략적으로나 미국과 중국의 중요한 시장이 속한 지역에서 이용자와 파트너를 확보하려 한다. 이런 특징이 외교 정책을 수립할 때 새로운 요인으로 작용한다. 네트워크 플랫폼 간의 상업적 경쟁이 정부 간의 지정학적 경쟁에 영향을 미치고, 때로는 외교적 의제를 넘어서기도 한다. 이런 셈법을 더욱 복잡하게 만드는 요인이 있다. 네트워크 플랫폼 운영자가 기업 문화를 조성하고 전략을 수립할 때 고객의 우선순위와 더불어 연구 및 기술 거점의 우선순위를 반영하는데, 그 거점이 꼭 국가의 수도와 가깝다는 보장이 없다는 사실이다.

몇몇 네트워크 플랫폼은 서비스 국가에서 일상생활, 정치 논의, 상거래, 기업 운영은 물론이고 정부 행정에도 없어서는 안 되는 요소가 됐다. 네트워크 플랫폼이 제공하는 서비스는 얼마 전까지만 해도 존재하지 않았던 서비스를 포함해 순식간에 필수불가결한 서비스로 등극했다. 네트워크 플랫폼은 동일한 선례가 없었던 만큼 디지털시대 이전에 형성된 규칙과 규범에서 비켜난 측면이 존재한다.

네트워크 플랫폼마다 어떤 콘텐츠를 제작하고 공유할 수 있는지 규정하는(그리고 주로 AI의 도움을 받아 집행되는) 규칙, 즉 커뮤니티 표준이 존재한다. 이 표준을 플랫폼 운영자가 어떻게 정하는지 보면 최근 디지털 공간과 종래의 규칙 및 규범 사이의 괴리가 여실히 드러난다. 표면적으로는 대부분의 네트워크 플랫폼이 콘텐츠에 관해 중립적이라고 하지만, 어떤 상황에서는 커뮤니티 표준이 국가의 법만큼 강한 영향력을 발휘한다. 그래서 네트워크 플랫폼과 그 AI가 허용하거나 선호하는 콘텐츠는 순식간에 부상하고, 반대로 플랫폼과 AI가 원치 않거나 노골적으로 금지하는 콘텐츠는 묻힐 수 있다. 허위정보가 포함되는 등 표준을 위반한다고 판정된 콘텐츠는 대중에게로 유통이 사실상 차단된다.

최근에 이런 문제가 급속도로 부각한 이유는 네트워크 플랫폼이(그리고 그 AI가) 디지털 세상에서 지리적 한계를 뛰어넘어 급성장 중이기 때문이다. 네트워크 플랫폼은 다양한 시간대와 지역에 사는 이용자들을 인류의 발명품 중에서 그 유례를 찾아보기가 어려울 만큼 방대한 규모로 연결하고, 그 과정에서 즉시 사용 가능한 데이터를 역시 방대하게 수집한다.[1] 게다가 AI는 일단 훈련되고 나면 대체로 인간의 인지 능력보다 빠르게 작동한다. 이런 현상 자체는 좋지도 나쁘지도 않다. 그것은 다만 인간이 해결하고자 하는 문제에 의해서, 인간이 채우고자 하는 욕구에 의해서, 인간이 편익을 기대하고 만든 기술에 의해서 빚어진 현실일 뿐이다. 지금 우리는 사상·문화·정

137

치·상업의 영역에서 우리가 마땅히 관심을 기울여야 할 변화를 경험하고 촉진하는 중이며, 그 변화는 절대로 어떤 한 인간의 정신으로, 혹은 특정한 상품이나 서비스로 감당할 수 있는 수준이 아니다.

.....

수십 년 전에 디지털 세상이 확장되기 시작했을 때, 그 주체들에게 철학적 판단의 기틀을 다지라거나 국가나 세계의 이익을 구현하는 방법을 정립하라고 요구하진 않았다. 애초에 다른 어떤 산업도 그런 요구를 받은 적이 없다. 그 대신 사회와 정부가 효용성을 기준으로 디지털 상품과 서비스의 가치를 평가했다. 엔지니어들은 그저 이용자가 온라인에서 효율적으로 정보를 찾고 커뮤니케이션할 방법, 승객이 효율적으로 차량과 운전자를 찾을 방법, 고객이 효율적으로 상품을 탐색할 방법을 모색했을 뿐이다. 그렇게 탄생한 신기술의 잠재력에 대중은 열광했다. 그 가상의 상품과 서비스가 사회 전체의 가치관과 행동에 어떻게 영향을 미칠지 미리 생각해봐야 한다는 목소리는 거의 들리지 않았다. 가령 승차공유 서비스가 차량 사용 패턴과 교통 체증에 끼칠 영향이나, SNS가 정치적·지정학적 측면에서 국가의 제도를 어떻게 바꿀지 따져봐야 한다는 주장을 듣기 어려웠다.

AI 기반 네트워크 플랫폼이 탄생한 시기는 더욱 최근이다. 그 역사가 10년도 안 됐기에 이 기술을 심도 있게 논하는 데 필요한 기본적 어휘와 개념조차 아직 확립되지 않았고, 이 책의 목표도 바로 그런 빈틈을 메우는 데 기여하는 것이다. 물론 AI 기반 네트워크 플랫폼의 올바른 사업 방식과 그에 적용돼야 할 규제를 놓고 다양한 사람, 기업, 정당, 시민단체, 정부가 다양한 의견을 개진할 것이다. 소프트웨어 엔지니어에게는 자명해 보이는 이치가 정치 지도자에게는 황당하게, 철학자에게는 불가해하게 느껴질 수 있다. 소비자는 편리하다고 환영하는 서비스를 안보기관에서는 용납할 수 없는 위협으로, 정치 지도자는 국익을 해치는 것으로 받아들일 수 있다. 한 사회에서 반가운 약속으로 해석되는 규칙이 다른 사회에서는 선택권이나 자유의 침해라고 해석될 수 있다.

네트워크 플랫폼의 성격과 규모를 생각하면, 그 안에서 각계각층의 관점과 우선순위가 어지럽게 섞여서 당연하게도 종종 갈등과 당혹감을 불러일으킬 것이다. 이런 상황에서 개인, 기업, 국가, 국제적 조직이 심도 있게 논의하여 그들이 AI와 맺어야 하는 관계, 또 그들 상호 간에 맺어야 하는 관계를 결정하려면 먼저 공통된 준거틀이 필요하고, 그 시작은 심도 있는 정책 토론을 하기 위한 용어를 확립하는 것이다. 비록 해석과 견해가 분분하다고 해도 우리는 AI 기반 네트워크 플랫폼을 깊이 이해하기 위해 그것이 개인·기업·사회·국가·정부·권역에 끼칠 영향을 진지하게 따져야 한다. 각층에서 신속한 대응이 요구된다.

네트워크 플랫폼
이해하기

　네트워크 플랫폼은 본질적으로 대규모 현상일 수밖에 없다. 네트워크 플랫폼의 대표적 특징은 이용자가 늘어날수록 이용자가 느끼는 효용과 매력이 커진다는 점이다.[2] 서비스 규모의 확대를 꾀하는 네트워크 플랫폼에서 AI가 점점 더 중요해지면서, 이제는 거의 모든 인터넷 이용자가 하루에도 부지기수로 AI 자체 혹은 AI가 형성한 온라인 콘텐츠를 접한다.

　페이스북은(대다수 SNS와 마찬가지로) 불쾌한 콘텐츠 및 계정의 삭제에 관한 커뮤니티 표준을 점점 구체화해, 2020년 말에는 금지 콘텐츠의 범주가 수십 개에 달했다. 페이스북은 월간 활성 이용자가 수십억 명이고 일간 콘텐츠 조회수 역시 수십억 건에 달하는 만큼[3] 인간 검열자만으로는 콘텐츠 모니터링이 불가능하다. 불쾌한 콘텐츠를 이용자가 보기 전에 삭제하기 위해 검열자 수만 명이 일한다고 하지만, 애초에 AI가 없이는 모니터링이 불가능한 규모다. 그래서 페이스북 같은 기업들은 텍스트와 이미지 분석을 자동화하려고 막대한 자금을 들여 더욱더 정교한 머신러닝, 자연어처리, 컴퓨터비전 기술을 개발한다.

　현재 페이스북에서 삭제되는 허위 계정과 스팸 게시물은 분기당 10억 건 정도고, 누드·성행위·괴롭힘·착취·혐오발언·약물·폭력에 관련된 콘텐츠도 분기당 수천만 건이 삭제된다.

악성 계정과 콘텐츠를 정확히 식별하고 삭제하려면 보통은 인간 수준의 판단력이 요구된다. 그래서 페이스북은 주로 AI에 의존해서 이용자가 소비해도 되는 콘텐츠와 검토가 필요한 콘텐츠를 식별한다.[4] 왜 자신의 게시물이 삭제되었냐고 항의가 종종 들어오는데 대부분 자동으로 삭제된 경우다.

AI는 구글 검색엔진에서도 중요한 역할을 하며 이는 비교적 최근의 일이고 빠르게 발전 중이다. 원래 구글 검색엔진은 인간이 개발한 매우 복잡한 알고리즘으로 정보를 정리하고 순위를 매겨 이용자에게 제공했다. 다시 말해 알고리즘이 곧 이용자의 질의를 처리하는 규칙이었다. 검색 결과가 유용하지 않으면 인간 개발자가 알고리즘을 조정했다. 그러다 2015년부터 인간이 개발한 알고리즘 대신 머신러닝을 활용했다. 이를 계기로 검색엔진의 품질과 유용성이 극적으로 향상됨에 따라 구글은 이용자의 질의를 더 효과적으로 예측하고 더 정확한 결과를 제공하게 됐다. 그러나 검색엔진은 대폭 발전했지만, 개발자들은 오히려 검색 결과가 왜 그런 식으로 나오는지 명확히 이해할 수 없게 됐다. 여전히 인간이 검색엔진을 지도하고 조정하지만, 검색 결과에서 특정한 웹페이지가 다른 웹페이지보다 먼저 나오는 이유를 항상 설명하진 못한다. 인간 개발자들은 그처럼 검색엔진의 편의성과 정확성을 향상하는 대신 그 원리를 직접 이해할 방법을 깨끗이 포기해야 했다.[5]

여기서 보듯이 앞서가는 네트워크 플랫폼들은 더 나은 서비스를 제공하기 위해, 더 효과적으로 고객의 기대에 부응하기 위해, 더 충실히 정부의 요구 사항을 충족하기 위해 점점 AI의 의존도를 높인다. 이처럼 네트워크 플랫폼의 필수 요소가 된 AI는 현실을 선별하고 조성하는 역할이 조용히 강화되고 있으며, 이제는 국가나 세계 차원에서 그런 역할을 수행한다.

주요 네트워크 플랫폼이(그리고 그 AI가) 사회·경제·정치·지정학에 미치는 영향은 양의 네트워크 효과로 증폭된다. 양의 네트워크 효과는 네트워크 참가자가 늘어날수록 정보교환 행위의 가치가 증가하는 현상을 말한다. 그러면 성공한 네트워크가 대체로 더 큰 성공을 거두며 결국 우위를 차지할 가능성이 커진다. 사람은 이미 형성된 집단에 끼려는 본성이 있기 때문에 이용자가 많을수록 이용자가 더 늘어난다. 게다가 네트워크 플랫폼은 국경의 제약을 비교적 덜 받으므로 더 넓은 권역에 걸쳐, 보통은 여러 나라에 걸쳐 양의 네트워크 효과가 발생하고, 따라서 경쟁자가 거의 존재하지 않는다.

양의 네트워크 효과는 네트워크 플랫폼이 등장하기 이전에도 존재했다. 하지만 디지털 기술이 부상하기 전에는 그런 효과가 거의 발생하지 않았다. 전통적인 상품과 서비스는 이용자가 늘어나면 오히려 가치가 하락하기 쉽다. 그래서 희소성(상품이나 서비스의 공급이 수요를 따라가지 못하는 것)과 지연(상품이나 서비스가 모든 고객에게 동시에 제공되지 않는 것)이 중시되고, 배타성의 상실이 곧 매력의 상실로 통하기도 한다(예를 들어 명품이 대중화되면 인기가 떨어진다).

양의 네트워크 효과의 전형적 예는 재화나 증권이 거래되는 시장에서 나타난다. 17세기 초 네덜란드 동인도회사의 주식과 채권을 거래하는 사람들이 암스테르담에 모여 매도인과 매수인이 원하는 가격을 맞추기 위해 세계 최초의 증권거래소를 만들었다. 증권거래소는 매도인과 매수인으로 참여하는 사람이 늘어날수록 각 참여자에게 더 유용하다. 참여자가 많을수록 거래가 체결될 확률이 높아지고, 그 체결가가 많은 매도인과 매수인 사이에서 벌어진 협상의 결과라고 본다면 증권의 가치에 대한 '정확한' 평가일 확률이 높아지기 때문이다. 한 증권거래소가 어떤 시장에서 어느 정도 이상의 참여자를 확보하면 그 증권거래소는 새로운 매도인과 매수인이 가장 먼저 찾는 곳이 되고, 그러면 다른 거래소가 동일한 서비스를 제공해봤자 경쟁 상대가 되지 않는다.

전화가 발명됐을 때 구축된 전화망도 양의 네트워크 효과의 강력함을 보여준다. 물리적 케이블로 통화가 이뤄지는 전화 서비스는 망내 가입자가 많을수록 각 가입자에게 더 유용하다. 그래서 초기에는 규모가 큰 전화 회사가 빠르게 성장했다. 미국에서는 대규모 전화망을 보유한 AT&T가 중소형 업체들, 주로 시골에서 영업하는 업체들과 망을 연결하여 최초로 전국망을 형성했다. 1980년대에 기술이 발전하면서 전화 회사들이 상호 망을 연결하기가 용이해지자 신규 업체의 가입자도 다른 업체(국내 한정)의 가입자와 원활히 통화할 수 있게 됐다. 그 결과 굳이 대형 전화 회사에 가입하지 않아도 소비자가 경험하는 편익에는 큰 차이가 없어졌고, 이런 현상은 반독점법에 근거해 AT&T가 분할되는 계기가 됐다. 기술이 계속 발전하면서 가입한 업체에 상관없이 통화가 가능해지자, 한 기업이 누릴 수 있는 양의 네트워크 효과가 대폭 감소했다.[6]

양의 네트워크 효과가 국가나 권역의 경계를 넘지 말란 법은 없다. 네트워크 플랫폼들은 대부분 그런 지리적 한계를 초월한다. 물리적 거리, 국적이나 언어의 차이는 확장의 장애물이 못 된다. 디지털 세상은 인터넷만 연결되면 어디서든 이용할 수 있고, 네트워크 플랫폼은 통상 여러 언어로 서비스를 제공하기 때문이다. 확장의 진짜 장애물은 정부가 만든 규제나 기술적 비호환성이다(종종 전자가 후자를 유발한다). 그러다 보니 SNS가 됐든 영상 스트리밍이 됐든 간에 각 분야의 글로벌 네트워크 플랫폼은 소수에 불과하고, 경우에 따라 미진한 부분을 지역 네트워크 플랫폼이 메운다. 글로벌 네트워크 플랫폼의 이용자들은 '비인간적 지능의 전 세계적 운용'이라는 새롭고도 아직 우리가 제대로 이해할 수 없는 현상으로 편익을 누리면서 그 현상의 확산에 일조하고 있다.

커뮤니티, 일상, 네트워크 플랫폼

디지털 세상은 우리의 일상을 바꿔놓았다. 우리는 모두 일상에서 방대한 데이터의 도움을 받으면서 데이터를 생성한다. 그 데이터는 분량과 종류도 많고 소비되는 방식도 다양하다 보니 인간의 정신만으로 처리하기는 역부족이다. 그래서 우리는 필수 정보나 유용한 정보를 선별하는 소프트웨어에 알게 모르게 의존한다. 이런 소프트웨어는 개인이 이전에 선택한 것과 대중이 선택한 것을 기준으로 뉴스·영화·음악을 추천한다. 자동으로 정보를 선별해주는 기능이 워낙 편리하다 보니 우리는 그 기능을 쓸 수 없을 때에야 비로소 그 존재감을 느낀다. 예를 들면 타인의 페이스북 계정으로 뉴스를 읽거나 타인의 넷플릭스 계정으로 영화를 고를 때 그렇다.

AI 기반 네트워크 플랫폼은 이렇게 정보를 자동으로 선별하는 기능을 삶에 더욱 깊이 침투시키면서 우리의 디지털 기술 의존도를 높이고 있다. 인간의 질문과 목표를 감지하고 처리하도록 설계·훈련된 AI를 통해 네트워크 플랫폼은 원래 인간의 정신이 스스로 처리했던(비록 AI보다 효율성은 떨어졌을지언정) 의사결정에 개입해 이용자가 선택할 수 있는 항목을 분석·선별하고 무엇을 고르는지 기록한다. 네트워크 플랫폼은 이를 위해 한 사람의 정신이나 인생이 감당할 수 있는 것보다 훨씬 많은 정보와 경험을 취합해서 이용자의 상황에 절묘하게 맞아떨어지는 듯 보이는 답과 추천 목록을 생성한다.

가령 방한화를 산다고 하면 아무리 쇼핑을 좋아하는 사람이라고 해도, 전국에서 발생한 비슷한 상품의 구매 내역 수만 건을 분석하고, 최근 기후 동향을 고려하고, 현시점의 계절적 특성을 참작하고, 과거에 자신이 비슷한 목적으로 검색했던 내용을 검토하고, 배송 패턴을 조사해서 최고의 상품을 고르기란 불가능하다. 하지만 AI는 거뜬히 해낸다.

그 결과로 사람들은 이전에 어떤 상품·서비스·기계와도 맺지 않았던 관계를 AI 기반 네트워크 플랫폼과 맺는다. 자신의 사정과 취향(인터넷 탐색 및 검색 기록, 여행 이력, 소득수준, 대인관계)을 고려하는 AI와 암묵적 파트너 관계를 형성하는 것이다. 그래서 본래는 기업, 정부, 타인에게 분산됐던 기능이 네트워크 플랫폼에서 모두 처리된다. 말인즉 네트워크 플랫폼이 우체국, 백화점, 호텔 데스크, 고해 신부, 친구가 된다.

개인이 네트워크 플랫폼과, 그 안의 다른 이용자들과 형성하는 관계는 원거리 연결에서 친밀감을 느끼는 특이한 관계다. AI 기반 네트워크 플랫폼이 분석하는 방대한 이용자 데이터에는 개인정보(위치, 연락처, 대인관계, 재정 및 건강 정보 등)가 많이 포함된다. 이용자는 AI를 개인 맞춤형 경험의 안내인이나 조력자로 여긴다. AI가 정확하고 예리한 결정을 내릴 수 있는 이유는 비슷한 관계 수억 건과 비슷한 상호작용 수조 건을 처리하기 때문이다. 네트워크 플랫폼의 이용자가 지리적으로 광범위하게 분포하고 그들이 과거에 생성한 데이터가 축적된다는 점을 고려하면, AI의 결정은 시공간의 제약을 뛰어넘은 결과다. 이로써 네트워크 플랫폼의 이용자와 AI는 상호작용하며 서로 알아가는 동반자 관계가 된다.

하지만 한편으로 네트워크 플랫폼의 AI는 여러모로 인간이 이해할 수 없는 비인간적 논리를 따른다. 예를 들어 AI 기반 네트워크 플랫폼이 이미지, SNS 게시물, 검색어를 분석할 때 인간은 그 작동 원리를 이해하지 못할 수 있다. 아무리 구글의 엔지니어라고 해도 AI 기반 검색의 결과가 AI를 이용하지 않았을 때보다 좋다는 사실만 알 뿐, 어째서 특정한 웹페이지가 다른 웹페이지보다 순위가 높게 나왔는지 반드시 설명해내진 못한다. 통상적으로 AI를 평가할 때는 결과물을 도출하는 과정이 아니라 결과물의 유용성을 기준으로 삼는다. 따라서 예전처럼 정신이나 기계의 작용에서 매 단계를 인간이 직접 (생각·대화·관리를 통해) 경험하거나, 특정한 단계를 중단하고 검사하고 반복할 수 있었던 시대와는 평가의 우선순위가 다르다.

일례로 선진국에서는 여행에 '길 찾기'가 필요했던 시절이 기억 저편으로 사라지고 있다. 과거에는 만나기로 한 사람에게 미리 길을 묻고, 지도를 보고, 중간중간 주유소나 편의점에 들러서 길을 확인해야 했다. 하지만 지금은 스마트폰 지도 애플리케이션 덕분에 훨씬 효율적으로 여행할 수 있다.

지도 앱은 여러 경로를 분석하고 동시간대의 과거 교통 패턴에 관한 '지식'을 토대로 각 경로의 소요 시간을 예측할 뿐만 아니라, 교통사고 같은 지연 요소(이동 중에 실시간으로 발생하는 요소를 포함해)와 현시점에서 이용자가 특정한 경로를 선택했을 때 교통에 악영향을 미칠 요소(예를 들면 다른 이용자의 경로 검색)까지 전체적으로 고려한다.

종이 지도보다 온라인 내비게이션 서비스가 훨씬 편리하니까 굳이 그것이 얼마나 혁명적인 변화인지, 혹은 그것이 어떤 결과를 부를지 깊이 생각해보는 사람은 드물다. 이런 편의성은 개인과 사회가 네트워크 플랫폼 및 그 운영자와 새로운 관계를 맺으면서 주어졌다. 개인과 사회는 네트워크 플랫폼과 그 알고리즘이 정확한 결과를 도출하리라 믿으면서 편익을 누리고, 플랫폼에 누적되는 방대한 데이터를 이용하는 동시에 자신의 데이터(항상 혹은 앱이 실행 중일 때 추적되는 개인의 위치 데이터를 포함해)를 그 일부로 보탠다. 어떻게 보면 이런 내비게이션 서비스를 이용하는 사람은 혼자 운전하는 것이 아니라, 인간과 기계의 지능이 공조해 수많은 사람에게 각각 최적의 경로를 안내하는 시스템의 일부분으로 존재한다고 할 수 있다.

이처럼 AI가 매 순간 인간과 공존하는 서비스가 더욱더 많아질 것이다. 이미 지금도 의료·물류·소매·금융·통신·미디어·교통·엔터테인먼트 분야에서 주로 네트워크 플랫폼을 통해 비슷한 변화가 일어나면서, 우리가 일상에서 경험하는 현실이 달라지고 있다.

AI 기반 네트워크 플랫폼의 도움을 받아 각종 작업을 수행하는 사람들은 이전 세대가 겪어보지 못한 수준으로 정보가 취합·선별되는 현상을 경험한다. 방대한 데이터와 막강한 컴퓨터 성능으로 새로운 행동 양식을 만드는 네트워크 플랫폼은 이용자에게 유례없는 편익을 제공한다. 그리고 이용자는 이전에 경험하지 못했던 인간과 기계의 대화에 참여한다. AI 기반 네트워크 플랫폼이 조성하는 경험은 인간 이용자가 명확히 이해하지 못할 수 있고 심지어는 명확히 정의하거나 설명하기조

어떤 사람도 AI가 취급하는 데이터를
완전히 이해하거나 열람할 수 없다면,
우리는 위안과 불안 중 무엇을 느껴야 하는가?

차 불가능할 수 있다. 그렇다면 좀 더 근본적인 질문이 생길 수밖에 없다. 그런 AI는 어떤 목적함수를 따르는가? 누구의 설계를 따르고 어떠한 규제를 받는가?

　이 질문의 대답이 앞으로도 계속해서 우리의 삶과 사회에 영향을 미칠 것이다. 같은 맥락에서 이런 질문도 가능하다. 그런 AI를 누가 운용하고, 한계는 누가 정하는가? 그런 AI가 사회규범과 제도에 어떤 영향을 미칠 것인가? 그런 AI가 무엇을 인지하는지 확인할 수 있는 사람이 존재한다면 누구인가? 만일 어떤 사람도 AI가 취급하는 데이터를 완전히 이해하거나 열람할 수 없다면, 혹은 AI의 작동 과정 전체를 뜯어볼 수 없다면, 다시 말해 인간의 역할이 여전히 AI를 설계하고, 모니터링하고, 일반적 매개변수를 설정하는 데 머문다면, 그런 한계점에서 우리는 위안과 불안 중 무엇을 느껴야 하는가? 혹은 둘 다 느껴야 하는가?

기업과 국가

AI 기반 네트워크 플랫폼은 명확한 목적으로 설계되지 않았다. 그저 기업, 엔지니어, 고객이 문제의 해법을 찾는 과정에서 우연히 만들어졌을 뿐이다. 본래 네트워크 플랫폼은 특정한 욕구를 충족하기 위해, 즉 판매자와 구매자를 연결하고, 질문자와 정보 제공자를 연결하고, 관심사나 목표가 같은 사람들을 연결하기 위해 개발됐다. 그리고 그 서비스를 개선하거나 확장하고 이용자의 요구(간혹 정부의 요구)에 더 효과적으로 대응하기 위해 AI를 도입했다.

네트워크 플랫폼이 성장하고 진화하면서 우연히도 본래의 초점에서 벗어난 활동과 분야에 영향을 미치기 시작했다. 그러자 앞에서 말했듯이 사람들이 AI 기반 네트워크 플랫폼을 신뢰해서 자신이 어디를 갔고, 누구와 무엇을 했고, 뭘 검색하고 봤는지 등 친구나 정부에는 선뜻 알려주지 않을 정보를 제공하기 시작했다.

그렇게 개인정보를 이용하면서 네트워크 플랫폼과 AI가 사회정치적으로 막강한 영향력을 행사하는 위치에 올랐다. 특히 사회적 거리두기와 원격 근무가 권장되던 코로나 시국에 AI 기반 네트워크 플랫폼이 커뮤니케이션, 상거래, 음식 배달, 교통의 편의성을 향상하는 수단으로서 사회생활과 대인관계의 필수품으로 부상했다. 그 변화가 규모로 보나 속도로 보나 엄청난 수준이었기 때문에 아직도 우리는 네트워크 플랫폼이 각 사회에서, 또 국제사회에서 수행하는 역할을 완전히 이해하지 못하고 의견이 분분하다.

요즘 SNS에 정치 뉴스와 가짜뉴스가 유포되고 검열되는 양상에서 보듯이 일부 네트워크 플랫폼은 국정에도 영향력을 미친다. 애초에 그럴 의도에서가 아니라 순전히 우연에 의해서다. 하지만 기술의 세계에서 독보적인 지위를 만드는 능력, 감각, 아이디어가 정치의 세계에서도 똑같이 통한다는 법은 없다. 두 세계의 언어, 질서, 생리, 핵심 가치가 다르기 때문이다. 영리 목적으로 운영되고 이용자의 요구에 충실한 어떤 네트워크 플랫폼이 국가의 운영과 전략에 영향을 미친다면, 전통적 정부는 그 플랫폼의 의도와 방침을 제대로 이해하지 못하면서도 그것을 국가와 세계의 목표에 맞게 이용할 방법을 찾아야 하는 난제에 부딪힐 수 있다.

설상가상으로 AI는 인간의 정신과 다른, 그리고 대체로 더 빠르게 작용하는 자체 프로세스를 기반으로 한다. AI는 목적함수에 지정된 내용을 실현하기 위해 제 나름의 방안을 마련한다. 거기서 도출되는 결과와 답은 인간적이지 않고 대개 국가나 기업의 문화와 상응하지 않는다. 더욱이 디지털 세상은 기본적으로 글로벌하므로 AI가 네트워크 플랫폼상에서 전 세계의 정보를 모니터링하고, 차단하고, 선별하고, 생성하고, 유포하기 때문에, 그처럼 복잡한 사정이 각 사회의 '정보공간'에 전이된다.

네트워크 플랫폼에 사용되는 AI는 점점 더 고도화되며

국가적 차원과 국제적 차원에서 사회와 상업 활동에 점점 큰 영향을 미친다. SNS 플랫폼들이(그리고 그 AI가) 콘텐츠 중립성을 표방하지만 각 플랫폼은 커뮤니티 표준을 통해, 또 정보를 선별하고 표시하는 방식을 통해 정보가 생성·취합·인지되는 과정에 영향을 미칠 수 있다. AI는 이용자에게 콘텐츠와 관계를 추천하고, 정보와 개념을 분류하고, 이용자의 취향과 목적을 예측하면서 비록 고의는 아니더라도 개인적·집단적·사회적으로 특정한 선택을 부추길 수 있다. 특정한 유형의 정보가 유통되고 특정한 유형의 관계가 형성되도록 유도함으로써 그 외의 정보와 관계를 차단할 수 있다. 그렇게 플랫폼 운영자의 의도와 상관없이 AI가 사회적·정치적 결과에 영향을 미칠 가능성이 생긴다. 이용자들은 매일 개인적으로, 또 집단적으로 수없이 상호작용을 하면서, 특히 AI가 추천해주는 갖가지 선택 사항에 따라 상호작용을 하면서 서로에게 엄청난 규모와 속도로 영향을 미친다. 그래서 운영자는 그때그때 정확히 무슨 일이 벌어지는지 파악하지 못할 수 있다. 여기에 운영자의 가치관이나 목적까지 개입된다면(고의든 우연이든 간에) 문제가 더욱 복잡해진다.

각국 정부는 이런 문제점을 인지하고 신중히 대처해야 한다. 정부가 AI 운용 방식을 제한하든, 통제하든, 허용하든 간에 그 결정에는 필연적으로 선택과 가치판단이 반영된다. 만일 정부가 네트워크 플랫폼에 특정한 콘텐츠를 구별하거나 차단하기를 권고한다면, 혹은 AI를 이용해 편향되거나 '거짓된' 정보를 식별하고 강등하기를 요구한다면, 그런 결정이 사회정책의 근간으로서 전에 없이 광범위하고 강력한 영향력을 발휘할 수 있다. 그래서 정부의 대응법을 두고 전 세계적으로 심도 있는 논의가 벌어지며, 특히 자유롭고 기술이 발달한 사회일수록 그런 논의가 활발하다. 각국 정부가 어떻게 대응하든 간에 과거의 법적 결정이나 정책적 결정과는 비교도 안 될 만큼 파급효과가 클 것이고, 어쩌면 이는 국경을 초월해 수천만·수억 명의 이용자가 영위하는 일상에 즉시 영향을 미칠 것이다.

네트워크 플랫폼과 정부의 활동이 교차하는 지점에서 예상치 못한 결과가 발생하고 때로는 그로 인해 격렬한 논쟁이 벌어질 것이다. 그나마 명확한 결론이 나오면 다행이지만, 그보다는 아마도 뾰족한 해법이 보이지 않는 딜레마가 연달아 더 많이 생길 것이다. 네트워크 플랫폼과 AI를 규제하는 정부의 행보가 다양한 사회정치적 목표(예: 범죄율 감소, 편견 타파)에 부응해서 더 정의로운 사회가 이룩될 것인가? 아니면 정부가 기계를 내세워 원하는 결과를 만들어냄으로써 시민의 삶에 더 강력히 개입하고, 시민들은 기계가 불가해한 논리로 도출하는 결론에 속절없이 끌려다니는 처지가 될 것인가? AI 기반 네트워크 플랫폼에서 시간과 공간의 제약을 넘어 수많은 이용자가 지속적으로 상호작용함으로써, 인류가 공통된 문화를 발전시키고 단일한 국가의 문화나 가치관을 넘어서는 답을 찾을 것인가? 아니면 AI 기반 글로벌 네트워크 플랫폼이 이용자의 행동에서 추출한 특정 교훈이나 패턴을 증폭함으로써, 인간 개발자가 의도하거나 예측한 것과 다른 효과, 심지어는 그런 의도나 예측에 반하는 효과를 일으킬 것인가? 이제 우리는 AI 기반 네트워크가 없이는 커뮤니케이션이 불가능한 시대를 사는 만큼 이런 질문을 결코 간과해서는 안 된다.

네트워크 플랫폼과 허위정보

악의적으로 만들어진 정보를 포함해 새로운 발상과 유행이 국경을 넘어 확산되는 현상이 어제오늘 일은 아니지만, 지금은 그 규모가 이전과 다르다. 고의로 허위정보를 퍼트려 사회정치적으로 이용하려는 시도를 저지해야 한다는 데는 대체로 이견이 없으나, 실제로 그런 악의적 준동을 정확히 포착하고 완벽히 제압한 사례는 거의 없다. 더욱이 앞으로는 '공격'과 '수비', 즉 허위정보를 유포하고 저지하는 행위가 AI에 점점 더 위임되면서 자동화될 것이다. 그렇지 않아도 언어 생성 AI인 GPT-3이 인공적으로 인격체를 만들어 혐오발언을 습득한 후 대화에 참여함으로써, 인간 이용자에게 편견을 주입하고 폭력을 유도하려고 시도할 수 있음을 보여줬다.[7] 이런 AI가 대대적으로 혐오와 분열을 조장할 목적으로 이용된다면 인간의 힘만으로는 대응이 어려울지 모른다. 그런 AI를 초장에 금지하지 못한 채 일일이 수작업으로 그 콘텐츠를 식별하고 차단해야만

한다면, 아무리 유능한 정부와 네트워크 플랫폼 운영자라고 해도 절대 만만치 않다. 그처럼 고되고 방대한 작업을 수행하기 위해서는 콘텐츠 검열용 AI 알고리즘에 의존할 수밖에 없고 실제로도 이미 그렇게 하고 있다. 그런데 그런 알고리즘은 누가 어떻게 개발하고 관리하는가?

자유로운 사회가 국경에 구애받지 않고 콘텐츠를 생성·전송·필터링하는 AI 기반 네트워크 플랫폼에 의존하고 그 플랫폼이 비록 고의는 아닐지언정 혐오와 분열을 조장한다면, 그 사회는 지금껏 없었던 위협에 직면함에 따라 지금껏 없었던 방식으로 정보환경을 단속해야 한다. 이는 긴급한 문제지만 AI에 의존하는 해법은 그 자체로 중대한 질문을 제기한다. 우리는 인간의 판단과 AI에 의한 자동화를 저울의 양쪽에 놓고 항상 올바른 균형을 고민해야 한다.

사상이 자유롭게 유통되던 사회에서 정보의 평가는 물론이고 검열까지 가능한 AI를 도입하는 문제는 사회의 근본 원리에 관한 격렬한 논쟁을 부른다. 허위정보를 유포하는 수단이 더욱 강력해지고 자동화됨에 따라 이를 선별·저지하는 것도 사회정치적으로 점점 중요한 기능이 되어간다. 그런 역할을 수행하는 민간 기업과 민주 정부는 사회문화적 현상의 변화에 이례적일 만큼 막강한 영향을 행사할 힘과 그 변화를 통제할, 역시 이례적일 만큼 막강한 책임을 원하든 원치 않든 부여받는다. 그것이 이례적일 수밖에 없는 이유는 과거에 사회문화적 현상의 변화를 주도하거나 통제하는 것은 어떤 단일한 주체가 아니라 물리적 세상에서 상호작용하는 수많은 개인이었기 때문이다.

그 중대한 역할을 인간의 편견과 편향에 구애받지 않는 것처럼 '보이는' 기계, 즉 허위정보의 유통을 포착하고 저지하기 위한 목적함수를 지닌 AI에게 넘겨야 한다고 말할 사람도 있을 것이다. 하지만 그럴 때 대중에게 아예 노출되지 않는 콘텐츠가 생기는 현상은 어떻게 봐야 하는가? 어떤 메시지의 확산이 극단적으로 차단되어 사실상 그 존재가 무효화된다면 검열과 다르지 않다. 허위정보의 유포를 막는 AI가 실수로 진실한 정보를 막았을 때 우리는 그것을 어떻게 알 수 있는가? 과연 그 실수를 제때 파악하고 바로잡을 수 있는가? 혹은 우리에게 AI가 '가짜'로 낙인찍은 정보를 읽을 권한이 있는가? 아니, 애초에 그런 정보를 읽을 의향이 있는가? 앞으로는 방어용 AI에게 허위정보의 객관적(혹은 주관적) 기준을 습득시키고 혹시 가능하다면 그 AI의 운용을 모니터링하는 일이 전통적으로 정부가 해왔던 역할들만큼 중요해질 것이다. AI의 목적함수, 훈련 매개변수, 허위정보의 정의를 조금만 바꿔도 사회 전체를 바꾸는 결과가 나올 수 있다. 그래서 네트워크 플랫폼이 AI로 수십억 명에게 서비스를 제공하는 시대에 위와 같은 질문이 더더욱 중요해진다.

짧고 재미있는 영상을 제작하고 공유하는 목적으로 사용되는 AI 기반 네트워크 플랫폼 틱톡의 정치적 영향력과 규제 방안을 두고 전 세계적으로 벌어지는 열띤 논쟁을 보면, 커뮤니케이션에서 AI 의존도가 높아질 때, 더군다나 그 AI가 한 국가에서 개발돼 타국에서도 사용될 때 발생하는 문제가 드러난다. 스마트폰으로 영상을 촬영하고 공유할 수 있는 틱톡은 이용자가 수억 명에 달한다. 틱톡의 AI 알고리즘은 각 이용자가 이전에 틱톡을 사용한 기록을 토대로 좋아할 만한 콘텐츠를 추천해준다. 중국에서 개발돼 세계적 인기를 끌고 있는 틱톡은 자체 콘텐츠를 제작하지 않으며, 플랫폼 내에서 유통되는 콘텐츠에 제약을 가한다고 해봤자 영상의 분량을 제한하고 '허위정보', '폭력적 극단주의', 특정한 유형의 그래픽 콘텐츠를 금하는 커뮤니티 가이드라인을 적용하는 수준에 그친다.

일반인이 보기에 틱톡은 AI를 이용해 그저 짧고 재미있는 춤·장난·묘기 영상을 추천해주는 플랫폼에 불과하다. 하지만 인도와 미국 정부는 2020년에 틱톡의 이용자 데이터 수집 행위, 검열 가능성, 허위정보 유포 수단이 될 위험성을 우려해 서비스 사용을 제한했다. 미국 정부는 더 나아가 이용자 데이터가 중국으로 유출되지 않도록 틱톡의 미국 서비스를 미국 기업에 매각해 이용자 데이터가 국내에 보관되도록 하라고 명령했다. 이에 중국 정부는 틱톡의 핵심 기능이자 이용자 유치에도 필수인 콘텐츠 추천 알고리즘의 코드를 국외로 반출하는 행위를 금지했다.■

■ 2023년 3월, 미국 의회는 틱톡을 비롯해 안보에 위협이 되는 해외 IT 기술을 금지하는 '리스트릭트 법안RESTRICT Act'을 발의했다.

머잖아 더 많은 네트워크 플랫폼이, 어쩌면 커뮤니케이션·엔터테인먼트·상거래·금융·기업 업무를 지원하는 대다수의 네트워크 플랫폼이 더욱더 정교한 맞춤형 AI에 의존해 핵심 기능을 제공하고 콘텐츠를 관리할 것이다.

국경을 초월해 사업을 벌이는 네트워크 플랫폼들의 이 같은 행보가 정치·법·기술에 어떤 영향을 미칠지는 아직 단정할 수 없다. 다만 AI 기반의 재미있는 엔터테인먼트 애플리케이션 하나가 3개국 정부를 급박하게 움직이도록 만든 데서, 조만간 지정학적 차원이나 규제의 면에서 더 복잡한 문제들이 발생하리라고 능히 짐작할 수 있다.

정부와 권역

네트워크 플랫폼은 개별 국가 내부에만 새로운 문화적·지정학적 난제를 제기하지 않으며, 기본적으로 국경의 제약을 받지 않는다는 점을 고려하면 정부와 정부의 관계, 권역과 권역의 관계에서도 난제를 만든다. 아무리 정부가 대대적이고 지속적으로 개입한다 해도 기술강국을 포함해 대부분 국가에서 국제적으로 영향력 있는 네트워크 플랫폼을(예를 들면 국제적 SNS나 검색 사이트를) 대체할 '국내판' 플랫폼을 개발하거나 운영할 기업을 키우지는 못할 것이다. 그러기에는 기술의 발전 속도가 너무 빠른 데다 유능한 프로그래머, 엔지니어, 제품 설계 및 개발 전문가가 부족하기 때문이다.

국제적 네트워크 플랫폼을 대체하는 국내판 플랫폼을 운영하기에는 전 세계적으로 인재에 대한 수요가 너무 많고, 내수시장은 너무 좁고, 제품과 서비스의 원가는 너무 비싸다. 발전하는 기술의 첨단에 서려면 웬만한 기업이 가진 수준 이상의, 그리고 웬만한 정부가 선뜻 제공할 수 있는 것 이상의 지적 자본과 금융자본이 필요하다. 하지만 설령 그만한 자본을 갖췄다고 할지언정 내국인을 대상으로 내국인이 제작하는 소프트웨어와 콘텐츠만 제공하는 네트워크 플랫폼을 굳이 선택할 이용자는 많지 않다. 양의 네트워크 효과의 수혜자는 대부분 각 분야에서 기술과 시장을 주도하는 소수의 플랫폼이 될 것이다.

이미 많은 국가가 타국에서 개발·운영되는 네트워크 플랫폼에 의존하며, 앞으로도 무기한으로 의존할 가능성이 크다. 그리고 그런 플랫폼의 지속적 이용과 업데이트를 보장받고자 적어도 부분적으로는 계속해서 타국의 규제 기관에 의존할 공산이 크다. 그래서 많은 정부가 이미 그 사회에 깊이 들어온 외국산 AI 기반 온라인 서비스는 앞으로도 운영을 보장할 것이다. 단, 네트워크 플랫폼의 소유자나 운영자를 규제하거나, 운영상의 의무를 제도화하거나, AI 훈련을 감독하는 식으로 개입할 가능성은 존재한다. 이를테면 개발자에게 특정한 유형의 편견을 예방하거나 특정한 윤리적 문제를 해결하는 절차를 마련하라고 요구하는 것이다.

유명인은 네트워크 플랫폼과 그 AI를 잘 이용하면 콘텐츠를 더욱 노출해 더 많은 지지자나 팬을 확보할 수 있다. 그러나 플랫폼 운영자에게 콘텐츠 규정을 위반했다는 판정을 받는다면 검열이나 삭제로 인해 콘텐츠 노출도가 떨어질(또는 콘텐츠가 지지자나 팬들 사이에서만 은밀히 유통될) 위험이 있다. 혹은 콘텐츠에 경고 스티커 같은 낙인이 찍힐 수 있다.

문제는 그 판정의 주체가 누구냐는 것이다. 현재는 일부 기업이 독립적 판단권을 가지며, 이는 대부분의 민주 정부가 지금껏 행사하지 못했던 권한이다. 사기업이 그 정도로 강력한 통제권을 보유하는 모습을 곱게 볼 사람은 별로 없겠지만, 그렇다고 단순히 정부에 그 권한을 이양하는 것도 해법이 아니다. 과거와 같은 방식으로 정책을 수립하고 실행해서 해결할 수 있는 차원이 아니기 때문이다.

네트워크 플랫폼을 둘러싸고 그런 판단의 필요성이 최근 몇 년 사이에 갑작스레 대두하면서 이용자·정부·기업이 모두 난처해졌다. 해법 마련이 시급하다.

네트워크 플랫폼과 지정학

점점 강화되는 네트워크 플랫폼의 지정학적 영향력은 각국이 대외 전략을 수립할 때 반드시 고려해야 할 요소가 됐다. 하지만 이 판에서 정부만 힘을 발휘하는 것은 아니다. 정부는 경쟁국이 자국의 산업 발전, 경제 발전, (정의하기가 더 어렵긴 하지만) 정치문화적 발전에 강한 입김을 발휘하지 못하도록, 외산 네트워크 플랫폼의 사용이나 행동을 제한하거나 중요한 영역에서 외산 플랫폼이 토종 플랫폼을 이기지 못하도록 손쓸 수는 있다. 그러나 보통은 정부가 그런 플랫폼을 직접 개발하거나 운영하지는 않으므로 정부의 규제나 장려책 외에도 개발자, 기업, 개인 이용자의 행동이 업황에 영향을 미치고, 이처럼 다변하는 환경에서는 섣부른 예측으로 전략을 수립하기 어렵다. 게다가 새롭게 조성되는 문화적·정치적 불안감까지 더해지면 문제가 더더욱 복잡해진다. 중국, 미국, 일부 유럽 국가의 정부는 타국, 즉 잠재적 경쟁국에서 개발된 AI로 운용되는 네트워크 플랫폼에서 내국인의 경제활동과 사회활동이 광범위하게 전개되는 것에 직간접적으로 우려를 표명했다. 기술과 정치가 얽힌 이 불안의 소용돌이 속에서 새로운 지정학적 구도가 형성되는 중이다.

미국은 세계적인 서비스를 제공하며 기술 발전을 주도하고 점점 더 AI에 의존하는 민간 네트워크 플랫폼을 다수 배출했다. 이런 쾌거의 기저에는 학계의 선봉에서 세계 최고 인재를 흡수하는 대학, 혁신 기술을 신속하게 확산하고 수익화하는 스타트업 생태계, 선진적 연구개발을 (국립과학재단, 국방고등연구계획국 등 기관을 통해) 지원하는 정부가 있다. 세계 공용어라는 영어의 지위, 미국 주도로 확립된 기술 표준, 개인 고객과 기업 고객이 대거 포진한 내수시장도 미국의 네트워크 플랫폼 운영자들에게 유리한 환경을 조성한다. 그중에는 정부의 개입을 기피하며 국익 추구와 선을 긋는 운영자가 있는가 하면 정부의 시책과 사업을 적극 수용하는 운영자도 있다. 한편으로는 미국 정부가 되도록 플랫폼 운영에 관여하지 않음에도, 국외에서 미국산 플랫폼이 일제히 미국 정부의 대리인으로 취급되는 경향이 갈수록 뚜렷해지고 있다.

미국은 네트워크 플랫폼을 대외 전략의 한 축으로 삼으면서 일부 외산 플랫폼의 미국 내 영업을 제한하고, 외산 플랫폼의 성장에 도움이 될 수 있는 일부 소프트웨어와 기술의 반출을 금지하기 시작했다. 또 한편으로는 연방정부와 주정부 산하의 규제 기관들이 국산 대형 네트워크 플랫폼들을 반독점법에 의한 규제 대상에 포함했다. 이처럼 네트워크 플랫폼을 대외적으로는 중요한 전략 자산으로 여기면서도 대내적으로는 독점을 막기 위해 경쟁자를 키우려 하는 행보로 당분간 혼선이 빚어질 것이다.

중국도 국가의 지원으로 성장한 네트워크 플랫폼들이 이미 내수시장을 장악하고 더 넓은 시장으로 확장을 노리고 있다. 중국 정부는 규제를 무기로 국내 기술기업 간에 치열한 경쟁(글로벌 시장을 최종 목표로 하는)을 부추기는 한편, 그 경쟁자가 되는 외국 기업의 중국 내 영업을 대부분 금지한다(혹은 철저한 현지화를 요구한다). 그리고 최근에는 국제 기술 표준을 주도적으로 만들고 민감한 국산 기술의 유출을 막으려는 움직임을 보이기 시작했다. 중국산 네트워크 플랫폼들은 중국과 인근 국가를 장악했고 일부는 글로벌 시장에서도 선두를 달린다. 그리고 일부 플랫폼이 화교 사회에서 기본적으로 유리한 고지를 점하지만(예를 들어 미국과 유럽의 화교 사회에서는 여전히 위챗의 금융과 메시지 기능이 많이 사용된다), 그렇다고 중국인 소비자에게만 매력을 발하는 것은 아니다. 각축전 끝에 중국 내수 시장을 잡은 네트워크 플랫폼과 그 AI는 이제 글로벌 시장을 정조준한다.

미국과 인도 등지에서는 정부가 중국산 네트워크 플랫폼(그리고 여타 중국산 디지털 기술)이 중국 정부의 정치적 목적을 달성하는 수단으로 활용될 수 있다거나 사실상 그렇게 활용된다는 우려를 점점 노골적으로 드러내는 중이다. 실제로 그런 사례가 발생했을지도 모르지만 일부 중국산 네트워크 플랫폼의 운영자가 처한 골치 아픈 상황을 짚어보면, 중국 공산당과 기업의 관계가 그처럼 단순하고 획일적이지 않음을 알 수 있다. 중국산 네트워크 플랫폼의 운영자들이 반드시 공산당이나 국가의 이해관계를 반영하진 않는다. 그것은 특정한 네트워크 플랫폼이 어떤 기능을 수행하고, 정부가 설정해놓은 암묵적 제한선을 그 운영자가 얼마나 잘 이해하며 피해가느냐에 달린 문제다.

더 넓게 봐서 **동아시아와 동남아시아**는 많은 글로벌 기업의 요람으로서 반도체·서버·소비자가전 등 중요한 기술 제품을 생산하는 한편으로 토종 네트워크 플랫폼도 다수 배출했다. 이 권역에서 중국산과 미국산 플랫폼들은 인구 집단에 따라 발휘하는 영향력이 천차만별이다. 이 권역의 국가들은 경제적으로나 지정학적으로 미국과 친밀한 관계를 유지하는 만큼 네트워크 플랫폼도 미국산 기술 생태계와 밀접하게 연결된다. 하지만 국민들이 중국을 이웃이자 자국 경제의 성장에 꼭 필요한 국가로 여기는 경향이 있어, 중국 기업과 기술을 이전보다 많이 수용하고 중국산 네트워크 플랫폼도 많이 사용한다.

유럽은 중국이나 미국과 달리 아직 토종 글로벌 네트워크 플랫폼을 배출하지 못했고, 다른 권역에서 대형 플랫폼의 개발과 성장을 견인한 것과 같은 디지털 기술 산업도 육성하지 못했다. 그럼에도 대형 네트워크 플랫폼 운영자들이 유럽에 주목하는 이유는 일류 기업과 대학이 다수 포진했고, 컴퓨터시대의 근간이 된 계몽주의적 탐구 전통이 살아 있으며, 시장 규모가 크고, 혁신적인 법적 요건을 제정하고 강제하는 탁월한 규제 기관이 존재하기 때문이다. 하지만 여러 국가가 통합된 시장이기 때문에 사용하는 언어가 많고 국가별 규제 기관도 별도로 존재한다는 점에서, 여전히 신규 네트워크 플랫폼이 초반에 사업을 확장하기 불리하다. 반면에 미국과 중국의 네트워크 플랫폼은 처음부터 단일하고 거대한 시장에서 출발하므로 다른 언어권에 진출하기 위해 필요한 자금을 확보하기에 유리하다.

최근 유럽연합은 네트워크 플랫폼 운영자의 유럽 내 활동을 더 촘촘히 규제하기 시작했고 여기에는 플랫폼 운영자(그리고 여타 주체)의 AI 사용에 관한 규제도 포함된다. 다른 지정학적 문제와 마찬가지로 이 방면에서도 유럽은 각각의 주요 기술 분야에서 미중 양국 중 한쪽과 특수한 관계를 맺느냐, 아니면 그 사이에서 균형자 역할을 맡느냐 하는 선택에 직면했다.

이 지점에서 전통적 유럽연합 국가와 비교적 최근에 가입한 중앙유럽 및 동유럽 국가 간에 지정학적·경제적 상황에 따른 이견이 존재한다. 프랑스와 독일 같은 전통적 강대국은 독립적이고 자유롭게 기술 정책을 수립하는 것을 중요시한다. 하지만 구소련에 속했던 발트 3국과 중앙유럽 국가들처럼 최근에 외세의 위협을 직접 경험한 주변국들은 미국 주도의 '기술 공간'에 편입할 의향을 강하게 내비친다.

인도는 이 무대에서 아직 신입이긴 해도 상당한 지적 자본, 비교적 혁신 친화적인 기업 및 학술 환경, 수많은 기술 및 엔지니어링 인재를 보유하여 유력한 네트워크 플랫폼을 만들기 유리한 위치에 있다(최근에 토종 온라인 쇼핑 산업이 급성장한 데서 그 저력이 확인된다). 인도의 인구와 경제는 네트워크 플랫폼이 국외 시장에 의존하지 않고도 충분히 유지될 수 있는 규모다. 그리고 인도산 네트워크 플랫폼은 다른 시장에서도 인기를 끌 가능성이 있다. 지난 20여 년간 인도산 소프트웨어가 IT 서비스산업과 외국산 네트워크 플랫폼에 대거 유입됐기 때문이다. 현재 인도가 인근 국가들과 맺는 관계와 비교적 낮은 외산 기술 의존도를 고려하면, 더 독립적으로 진로를 개척하는 방법과, 기술 호환성이 좋은 나라들과 연합해 그 중추적 역할을 맡는 방법 중 하나를 선택할 것으로 보인다.

러시아는 수학과 과학 분야에서 전통의 강호였음에도 지금껏 국외 시장에서 소비자의 마음을 사로잡은 디지털 제품과 서비스를 거의 배출하지 못했다. 하지만 이미 수차례 드러난 대로 글로벌 네트워크에서 타국의 방어망을 뚫고 공작을 펼칠 만큼 막강한 사이버 역량을 보유했기에 주요한 기술 강국으로 봐야 한다. 타국의 온라인 취약점을 악용한 경험 덕분인지 러시아는 몇몇 네트워크 플랫폼이 국내 시장을 장악하게 만들긴 했지만(예: 검색 플랫폼 얀덱스Yandex), 그런 플랫폼들이 현재의 형태로는 비러시아 소비자의 마음을 사기엔 한계가 뚜렷하다. 현재 러시아의 토종 플랫폼은 글로벌 플랫폼의 강력한 경쟁자가 아니라 대체재에 불과하다.

•••••

이상의 국가와 권역을 중심으로 다양한 분야에서 경제적 우위, 디지털 보안, 기술 주도권, 윤리적·사회적 목적을 둘러싸고 팽팽한 대결이 펼쳐지고 있지만, 지금까지 주요 선수들은 그 대결의 성격이나 게임의 규칙을 서로 다르게 정의해왔다.

대결에 임하는 방법 중 하나는 네트워크 플랫폼과 그 AI 를 국내(유럽의 경우 역내) 규제의 대상으로 삼는 것이다. 그러면 플랫폼이 지위를 악용하거나 기존에 확립된 책임을 회피하지 못하게 막는 것이 정부의 중요한 과제가 된다. 이런 관점은 주로 미국과 유럽 양자 간에 논의되며 발전하고 있다. 다만 규모가 커질수록 이용자에게 유리한 양의 네트워크 효과의 특성 때문에 플랫폼의 책임을 정의하기가 쉽지 않다.

또 다른 방법은 네트워크 플랫폼의 출현과 활약을 대외 전략의 문제로 보는 것이다. 그러면 국내에서 외산 플랫폼의 인기가 높아질 때 정부가 문화·경제·전략의 측면에서 고려할 요소가 늘어난다. 네트워크 플랫폼이 AI로 국민에 관해 학습하고 영향을 미치면 설령 의도하진 않았더라도, 이전에는 긴밀한 동맹국에만 허락됐던 수준의 사회적 밀착력과 영향력을 가질 가능성이 있다. 어떤 네트워크 플랫폼이 유용함을 인정받아 성공하면 상업과 산업에서 더 많은 기능을 지원하고, 그러면 국가에 필수적인 요소가 될 수 있다.

이때 그런 네트워크 플랫폼의 거점이 되는 국가의 정부나 운영 기업에게는 플랫폼 자체(혹은 그 안에 포함된 중요한 기술 요소)를 철수하겠다는 위협이 적어도 이론상으로는 그들의 뜻을 관철하는 수단이 될 수 있지만, 당하는 국가는 오히려 그렇기 때문에 그 플랫폼을 비필수적인 요소로 만들어야 한다. 정부로서는 이렇게 위기 상황에서 네트워크 플랫폼(혹은 여타 기술)의 철수가 무기로 작용한다는 점을 감안해 새로운 형태의 정책이나 전략을 수립해야 한다.

토종 네트워크 플랫폼을 배출하지 못한 국가와 권역이 근 미래를 위해 선택할 수 있는 길은 다음 셋 중 하나다. (1) 타국 정부에 힘을 실어주는 플랫폼에 덜 의존하거나, (2) 타국 정부에 자국민의 데이터가 유출되는 것 같은 잠재적 위험에 계속 무방비로 노출되거나, (3) 잠재적 위험 요소가 있는 플랫폼들을 잘 이용해 균형을 유지하는 것이다. 정부는 위험성을 고려해 특정한 외산 네트워크 플랫폼의 국내 영업을 금지할 수도 있지만, 일단 영업을 허용하고 국산 네트워크 플랫폼을 대항마로 키우는 쪽을 택할 수도 있다. 자원이 충분한 정부라면 후자를 선택해볼 법하지만, 그러자면 대대적이고 지속적인 지원이 요구되고 여전히 실패할 위험이 존재한다. 선진국이라면 어느 한 국가에서 만들어진 상품에 중요한 기능(예: SNS, 상거래, 승차공유)을 전적으로 의존하는 상황을 되도록 피할 것이고, 특히 이미 초국가적 네트워크 플랫폼이 다수 존재하는 영역에서는 당연히 분산을 꾀할 것이다.

한 사회에서 만들어진 AI 기반 네트워크 플랫폼이 다른 사회 '내부'에서 운용되고 발전하여 그 사회의 경제에서, 또 정치적 논의에서 배제할 수 없는 요소가 된다니, 이전 시대에는 상상하지 못했던 일이다. 과거에는 정보 습득과 커뮤니케이션의 수단이 대부분 한 국가 내에서만 통용됐고 독자적 학습 능력도 갖추지 못했다. 그러나 요즘은 한 국가에서 제작된 운송 네트워크 플랫폼이 다른 국가에서 어떤 소비자에게 무슨 상품이 필요한지 학습하고 운송을 자동화함으로써 그 국가의 혈관이 될 수 있다. 그렇게 타국의 경제에 필수적 인프라가 된 네트워크 플랫폼은 본국에 강력한 영향력을 발휘한다.

역으로 정부가 자국 경제에서 외산 기술의 운용 범위를 제한하면 그 기술의 확산에 차질이 생기고 심하면 수익성이 파괴된다. 정부는 위험 요소로 판단한 외산 네트워크 플랫폼의 사용을 금할 수 있다. 많은 국가가 네트워크 플랫폼은 물론이고 외산 제품 전반에 그런 조치를 취했다. 이 같은 규제 방침은 최고의 제품을 자유롭게 쓰고 싶어 하는 여론과 충돌할 수 있다. 개방적인 사회에서는 정부 규제의 적정한 범위를 놓고 쉽사리 답을 찾기 어려운 질문이 새롭게 제기될 것이다.

네트워크 플랫폼 운영자는 정부의 정책과 플랫폼의 국제적 성장을 동시에 고려해야 한다. 그래서 국내나 역내의 공룡 기업으로 지위를 굳힐지, 아니면 독자적인 글로벌 기업으로 나아갈지 결정해야 한다. 후자라면 플랫폼의 이익을 도모하는 행보가 특정한 정부의 우선순위에 부합하지 않을 수 있다.

서양과 중국에서는 AI 기반 네트워크 플랫폼을 포함해 상대 진영에서 만들어지는 디지털 상품과 서비스를 정부가 공식적으로 평가하는 움직임이 점점 활발해지는 중이다. 그 외 지역의 정부와 이용자에게는 주요 네트워크 플랫폼이 미국이나 중국의 문화와 이익을 대변하는 것으로 비칠 수 있다. 네트워크 플랫폼 운영자의 가치관과 원칙에 그 플랫폼이 탄생한 사회의 가치관과 원칙이 반영되곤 하지만, 적어도 서양에서는 꼭 그렇지도 않다. 서양의 기업 문화는 국익을 추구하거나 기존의 질서에 순응하는 것보다 개성을 표현하고 세계인의 정서를 아우르는 것을 더 가치 있게 여기는 편이다.

아직 국가 간에 혹은 권역 간에 '기술적 분열'이 일어나지 않은 분야에서도, 정부 정책으로 인해 기업들이 이편과 저편으로 나뉘어 서로 다른 이용자 집단의 편익을 도모하는 현상이 일어나고 있다. 그리고 AI가 서로 다른 권역의 사용자들에 관해 학습하고 적응함에 따라 인간의 행동에 지역별로 다른 영향을 미칠 가능성도 존재한다. 그러면 전 세계적 커뮤니티와 커뮤니케이션을 전제로 조성된 산업이 오히려 지역 간 분열을 조장할 수 있다. 다시 말해 서로 다른 지역에 사는 사람들이 서로 다른 방향으로 발전한 AI의 영향을 받아 서로 다른 현실을 살며 자기들끼리 똘똘 뭉치는 현상이 나타날 수 있다. 그 결과로 권역별 기술 표준이 대두하면 다양한 AI 기반 네트워크 플랫폼이 서로 평행선을 그으며 다른 양상으로 진화할 것이고, 그런 플랫폼들이 지원하는 행동과 표현 역시 이질적으로 진화하며 서로 다른 플랫폼을 사용하는 사람들끼리 커뮤니케이션하기가 점점 어려워질 것이다.

개인, 기업, 규제 기관, 정부가 AI 기반 네트워크 플랫폼을 만들고 활용하기 위해 서로 밀고 당기는 양상이 앞으로 전략 대결, 무역 협상, 윤리 논쟁 같은 형태로 더욱 복잡하게 나타날 것이다. 오늘 긴급하게 보이는 질문이 정작 관계자들끼리 공식적으로 논의하기 위해 모였을 때는 이미 시의성을 상실했을 수 있다. 그 시점에는 이미 AI 기반 네트워크 플랫폼이 새로운 행동을 학습하거나 수행해서 본래 논의하려 했던 조건이 무의미하거나 불충분해질 수 있기 때문이다.

시간이 지나면서 개발자와 운영자가 네트워크 플랫폼의 목적과 한계를 더 잘 이해할 수는 있더라도, 정부의 우려나 더 폭넓은 철학적 쟁점을 미리 감지하기는 여전히 어려울 것이다. 이처럼 네트워크 플랫폼을 둘러싼 중요한 우려와 시각을 두고

민과 관의 여러 주체가 시급히 대화에 나서야 한다. 가능하면 AI가 거대 네트워크 플랫폼의 일부로 동원되기 전에 그런 대화가 이뤄져야 한다.

AI 기반 네트워크 플랫폼과 인간의 미래

지금까지는 이성으로 여과되는 지각과 경험이 현실에 관한 우리의 이해를 규정했다. 우리가 이해하는 현실은 대부분 개인과 지역에 따라 달랐고, 몇몇 근본적인 질문이나 현상에 한해서 더 넓은 공감대가 형성됐을 뿐이다. 사실 종교라는 특수한 맥락을 제외하면 세계인이 동일하게 현실을 이해하는 보편성에 이르는 경우가 거의 없었다. 하지만 지금은 무수히 많은 이용자를 연결하는 네트워크 플랫폼상에서 일상의 현실이 전 세계적 규모로 펼쳐진다. 다만 이제는 개인의 정신이 현실의 유일한 항해사가 아니고, 어쩌면 일등 항해사조차 아닐 수 있다. 대륙이나 전 세계를 무대로 하는 AI 기반 네트워크 플랫폼이 동반자로서 인간의 정신을 거들고, 어떤 영역에서는 인간의 정신을 대체하는 방향으로 발전하고 있기 때문이다.

이제는 이해와 제약이라는 개념이 권역 간에, 정부 간에, 네트워크 플랫폼 운영자 간에 새롭게 정의돼야 한다. 이제껏 인간의 정신은 인터넷시대에 요구되는 방식으로 작용해본 적이 없다. AI 기반 네트워크 플랫폼이 국방·외교·상업·의료·교통에 복합적 영향을 미치며 단일한 세력이나 산업의 힘으로는 해결할 수 없을 만큼 복잡한 전략적·기술적·윤리적 딜레마를 만드는 지금, 우리는 단순히 국가적·당파적·기술적 차원에서만 접근해서는 안 되는 문제들에 직면했다.

전략 입안자들은 이전 시대의 교훈을 명심해야 한다. 상업적·기술적 대결에서 상대방을 완전히 타도하는 전면적 승리가 가능하다고 생각하면 오산이다. 그 대신 어떻게 하면 사회가 꾸준히 성공을 구가할지 생각해야 한다. 그러자면 냉전시대에 정치 지도자와 전략 입안자들이 생각하지 못했던 질문에 답해야 한다. 우월성은 어느 정도 선까지가 적당한가? 어느 시점부터 우월성이 성과에 미치는 영향이 무의미해지는가? 양측이 모든 역량을 최대로 발휘하는 위기 상황에서 열등성은 어느 정도 선까지 유효한가?

앞으로 네트워크 플랫폼 운영자는 고객의 편익을 도모하고 상업적 성공을 거두는 것 이상을 생각해야 한다. 지금까지는 제품을 개선하고, 시장을 확대하고, 이용자와 주주의 이익을 도모하는 데 치중했을 뿐 국가적 윤리나 서비스 윤리를 정의하라는 요구는 좀처럼 받지 않았다. 그러나 이제는 정부의 활동에 영향을 미치는(때로는 그 활동을 대체하는) 기능을 수행하는 등 더 넓은 영역에서 더 큰 힘을 발휘하게 된 만큼 앞으로 훨씬 큰 과제에 직면할 것이다. 네트워크 플랫폼 운영자들은 그들이 창조한 가상공간의 역량과 궁극적 목적을 정의하는 데

기여해야 할 뿐만 아니라, 네트워크 플랫폼들이 서로 간에, 또 사회의 각 영역과 상호작용하는 방식에 더욱더 깊은 관심을 기울여야 한다.

5장

안보와
세계질서

통제 불가능한 인공지능 시스템의 개발과
출시는 누구에게도 이익이 아니다.
AI 연구가 그저 순수한 연구일 뿐이라고
주장할 수 있는 시기는 이미 오래전에 지났다.

스튜어트 러셀 | UC버클리 컴퓨터과학 교수

유사 이래로 안보는 조직화된 사회가 기본적으로 추구하는 목표였다. 문화에 따라 가치관이 다르고 정치체제에 따라 대의가 다르다고 해도, 한 사회가 지속되기 위해서는 다른 사회와 연합해서라도 방위 능력을 확보해야 했다.

어느 시대에나 안보를 중시하는 사회는 더 빠르게 위협을 감지하기 위해, 더 철저한 방비 태세를 갖추기 위해, 타국에 더 큰 영향력을 발휘하기 위해, 전시에 더 효과적으로 전력을 동원하고 승리하기 위해 기술을 발전시켰다. 초기의 조직화된 사회에서는 주로 금속학, 요새 설계, 마력, 조선 기술이 발전할 때 방위력도 크게 향상됐다. 근대 사회에서는 총포, 군함, 항해술의 혁신이 비슷한 효과를 불렀다. 이렇게 시대를 초월하는 패턴을 포착한 프로이센 군사학자 카를 폰 클라우제비츠는 고전이 된 1832년작 『전쟁론』에서 "폭력은 폭력에 대항하기 위해 기술과 과학의 발명품으로 무장한다"고 썼다.[1]

혁신의 산물 중에는 성벽과 해자 건설 같은 방어용 기술도 있었지만, 시대를 막론하고 더 많은 관심을 받은 쪽은 더 먼

거리를 더 신속하고 강력하게 타격하는 수단이었다. 미국 남북 전쟁(1861~1865)과 보불전쟁(1870~1871)을 거치며 군사 분쟁은 기계화시대에 진입했다. 즉, 중공업으로 무기를 생산하고, 전신으로 명령을 하달하며, 철도로 병력과 군수품을 장거리 운송하는 등 전면전에서 중요한 요소를 기계에 의존하는 경향이 점차 강해졌다.

강대국들은 군사력이 증강될 때마다 자국과 상대국의 군사력을 분석해, 분쟁 발발 시 어느 쪽이 승리할 확률이 높고, 승리하기 위해서는 어떤 위험과 손실을 감수해야 하며, 그 위험과 손실을 무엇으로 정당화하고, 제삼의 세력이 무력으로 개입할 시 결과에 어떠한 영향을 미칠지 평가했다. 그래서 각국의 전력·목적·전략이 적어도 이론상으로는 평형, 즉 힘의 균형을 이뤘다.

하지만 20세기 들어서 전략적 평가가 대단히 어려워졌다. 안보 기술이 급속도로 증가하고 그 파괴력이 커지자 그런 기술을 토대로 소기의 목적을 달성하는 전략을 수립하기가 더욱 어려워질 수밖에 없었다. 게다가 우리 시대에는 사이버 및 AI 전력의 등장으로 전략적 평가가 이전과 비교도 안 될 만큼 복잡해지고 추상화됐다.

그 분수령은 제1차 세계대전(1914~1918)이었다. 1900년대 초 유럽 강대국들은 우월한 경제력, 선구적인 과학자와 지식인, 자국의 국제적 사명에 대한 무한한 자신감으로 무장하고, 그간 산업혁명으로 발전한 기술적 역량을 유감없이 발휘해 현대식 군대를 만들었다. 징병제로 대병력을 규합하고, 열차 운송이 가능한 군수품을 비축하고, 기관총으로 대표되는 고속화기를 생산했다. '기계의 속도'로 병기고가 채워지도록 생산기술을 발전시키고 화학무기(이후 사용이 금지됐고 대부분의 정부가 금지 조약을 수용했다), 장갑함, 초기 탱크를 개발했다. 주로 신속히 병력을 동원하여 우위를 점유하는 정교한 전략을 수립하고, 적 도발 시 일제히 전군을 빠르게 동원한다는 맹약으로 동맹을 결성했다. 그러다 합스부르크 왕가의 상속자가 세르비아 민족주의자에게 암살당하는, 그 자체로는 국제적으로 큰 의미가 없는 사태가 도화선이 되어 유럽 강대국들이 전략과 맹약에 따라 총력으로 맞부딪쳤다.

결국 저마다 애초에 전쟁을 벌인 목적과 상관없는 결과를 추구하다 한 세대가 파괴되는 대참사가 벌어졌다. 세 제국이 붕괴했다. 승전국도 국력에 심대한 타격을 입어 수십 년간 회복하지 못했고 국제사회에서 위상이 영구히 격하됐다. 완강한 외교, 발전한 군사 기술, 기민한 동원 계획의 조합이 악순환을 일으켜, 세계적 전쟁이 가능해지는 차원을 넘어 불가피해진 결과였다. 각국에 워낙 많은 사상자가 발생해 그들의 희생을 정당화하려다 보니 상호 타협이 불가능했다.

그런 참변을 겪은 후 강대국들이 무기 개발에 많은 관심·인력·자원을 투입했지만 오히려 현대 전략의 복잡한 셈법이 더욱 복잡해졌을 뿐이다. 제2차 세계대전 이후 냉전 초기의 수십 년간 미국과 소련이라는 두 초강대국이 핵무기와 대륙간 발사 체계의 개발을 둘러싸고 치열한 경쟁을 벌였다. 그 파괴력을 감안하면 오로지 상대국의 궤멸이라는 전략적 목표만을 이루기 위한 전력이었다.

원자폭탄의 아버지 중 한 명인 물리학자 로버트 오펜하이머는 뉴멕시코주 사막에서 진행된 사상 최초의 핵무기 실험을 참관한 후 클라우제비츠의 전략적 금언이 아니라 힌두교 경전 『바가바드 기타』의 한 구절로 소회를 밝혔다. "이제 나는 죽음이요 세상의 파괴자가 되었도다." 이 말은 냉전시대의 중요한 모순을 예고했다. 그 모순이란 당대 최강의 무기를 결코 사용할 수 없다는 것이다. 핵무기는 극단적 파괴력 때문에, 생존이 백척간두에 몰린 상황이 아니라면 어떤 목적으로도 사용할 엄두를 내지 못했다.

이처럼 엄연히 존재하는 전력을 사용하지 못하는 현상은 냉전시대 내내 지속됐고, 그러다 보니 전략상 큰 진전이 없었다. 강대국들은 기술적으로 발전한 군대를 보유하고 지역적·세계적으로 동맹을 구축했지만, 그 막강한 힘을 상호 간에는 물론이고 더 열악한 무기를 보유한 약소국이나 무장단체와 충돌할 때도 사용할 수 없었다. 이는 알제리에서 프랑스가, 한반도에서 미국이, 아프가니스탄에서 미소 양국이 뼈저리게 경험한 현실이었다.

사이버전과
AI의 시대

냉전 이후 현재는 강대국을 포함해 많은 나라가 사이버 무기로 전력을 강화했다. 사이버 무기는 그 존재와 사용 여부를 은폐하고 부인할 수 있으며, 경우에 따라서는 허위정보 유포, 첩보, 파괴 공작, 전통적 분쟁 사이에 존재하는 모호한 경계선 상에서 사용할 수 있다는 점이 강점이다. 즉, 독트린*을 명시하지 않고 전략을 수립할 수 있다. 하지만 기술이 발전하면 허점도 생기기 마련이다.

AI의 시대에는 가뜩이나 복잡한 현대 전략의 셈법이 인간의 의도를 넘어서는 수준으로, 어쩌면 인간의 이해를 넘어서는 수준으로 복잡해질 수 있다. 설령 각국이 인간의 승인 없이 스스로 목표물을 정하고 타격하도록 훈련받고 권한을 부여받은 자동/반자동 AI 무기, 이른바 치명적자율무기LAWs의 확산을 금지한다고 해도, AI로 인해 재래식 무기, 핵무기, 사이버 무기가 강화되어 경쟁국 간에 안보 위기와 분쟁을 예측하고 방지하기가 더 어려워질 가능성이 상존한다.

AI는 다양한 차원에서 활용할 수 있는 만큼 머잖아 국방의 필수 요소가 될지도 모른다. 이미 전투기를 조종하는 AI가 모의 공중전에서 인간 조종사를 능가하는 능력을 과시했다. 알

■   외교나 군사적 차원에서 한 국가가 내세우는 기조.

파제로의 승리와 할리신의 발견을 가능케 한 일반적 원리들을 똑같이 활용한다면, AI가 상대국이 의도하거나 인지하지도 못한 행동 패턴까지 식별해서 대응 수단을 추천할 것이다. AI를 이용해 위험 지역에서 활동 중인 사람에게 동시 번역이 지원되고 중대한 정보가 즉각 전송된다면, 그 사람이 주변 환경을 더 잘 이해하고 또 주변 사람들에게 자신의 입장과 의사를 더 잘 전달하게 되어 임무 수행이나 신변 보호에 유리해질 것이다.

어떤 강대국도 안보에서 AI의 중요성을 간과할 수 없다. 이미 AI로 전략상 우위를 점하려는 경쟁이 시작됐고, 특히 미국과 중국의 경쟁이 격화되는 와중에 러시아도 그 사이에 끼어 삼파전이 벌어지고 있다.[2] 어떤 나라가 특정한 AI 전력을 확보하기 위해 노력한다는 정보 혹은 추측이 확산되면 다른 나라들도 동일한 전력을 확보하려고 나선다. AI 전력은 일단 배치되고 나면 순식간에 확산될 수 있다. 복잡한 AI를 만들려면 상당한 컴퓨터 성능이 요구되지만 일반적으로 AI를 전파하거나 운용하는 데는 그 정도로 강력한 성능이 필요하지 않기 때문이다.

이런 문제의 해법은 체념도, 무장해제도 아니다. 핵, 사이버, AI 기술은 엄연히 존재한다. 각 기술이 필연적으로 전략상 중요한 역할을 할 것이다. 따라서 그 존재 자체를 지워버릴 수는 없다. 설령 미국과 동맹국들이 그런 전력의 잠재적 위험성에 겁을 먹고 개발을 중단한다고 한들 세상이 더 평화로워지지는 않는다. 도리어 가공할 전략적 무기를 개발하고 사용하는 주체들 사이 힘의 균형이 깨지고, 그리하여 민주주의 국가의 정치 지도자에게 부과된 책임, 국제사회의 세력 평형이라는 요소가 지금처럼 진지하게 고려되지 않을 것이다. 이 방면에서 미국은 국익을 위해서만 아니라 도덕적 의무 때문에라도 양보가 불가능하다. 오히려 미국이 선도적 노력을 기울여야 한다.

이 방면에서 발전과 경쟁이 지속되며 일어나는 변화로 인해 안보에 관한 기존의 인식이 재검토될 것이다. 그런 변화가 걷잡을 수 없는 수준에 도달하기 전에 AI와 관련된 전략적 독트린을 정하고, 그것을 다른 AI 강자들(국가와 비국가를 모두 포함)의 독트린과 비교해야 한다. 앞으로는 힘의 균형을 맞추기 위해 사이버 분쟁과 허위정보 대량 살포라는 무형의 행위를 고려하고, AI 기반 전쟁의 고유한 특징을 참작해야 할 것이다. 현실적으로 생각할 때 AI계의 라이벌들은 서로 경쟁하는 와중에도, 유례가 없을 만큼 파괴적이며 예측 불가능한 AI 전력을 개발하고 사용하는 행위에 적절한 한계선을 긋고자 협력해야 한다. 냉철하게 AI 무기를 통제하는 행위는 안보를 저해하지 않는다. 오히려 인류의 미래를 고려하며 안보를 확립하는 길이다.

핵무기와 억지

과거에는 신무기가 등장하면 당연히 군대에 도입하고, 전략가들이 그 무기를 정치적 수단으로 사용하도록 독트린을 수립했다. 하지만 핵무기가 등장한 후 그런 연결 고리가 끊겼다. 지금까지 핵무기가 실전에서 사용된 사례는 1945년에 미국이 태평양에서 제2차 세계대전을 속히 종식하기 위해 히로시마와 나가사키에 투하한 것이 처음이자 마지막이고, 그 즉시 역사의 전환점이 만들어졌다. 강대국들은 그 신종 무기를 개발하고 도입하려고 더욱더 공을 들이면서도, 전략적 차원과 도덕적 차원에서 그 무기의 사용이 불러올 결과를 공론화하고 심도 있게 논의하는 이례적인 행보를 보였다.

당대의 어떤 무기와도 비교가 안 되는 위력을 자랑하는 핵무기는 우리에게 근본적 문제를 제기했다. 이 무시무시한 살상 무기가 어떤 원칙이나 독트린에 의해서든 전략의 전통적 요소들과 연결될 수 있는가? 전면전과 상호파괴를 수반하지 않는 정치적 목적을 달성하기 위해 핵무기를 사용할 수 있는가? 핵무기를 정밀하게 계산된 위력과 범위 내에서, 혹은 민간에 과잉 피해를 끼치지 않는 수준으로, 혹은 전술적으로 사용할 수 있는가?

지금까지 그 답은 모호하거나 부정적이었다. 미국은 잠시 핵을 독점했던 시기(1945~1949)나 한동안 월등한 핵무기 발사 체계를 보유했던 시기에도, 제2차 세계대전 이후 실제 분쟁에서 핵무기 사용을 가능케 하는 전략적 독트린이나 도덕 원칙을 마련하지 못했다. 그 후로 핵 강대국들이 상호 동의하는 독트린의 제한선이 명확히 존재하지 않았기 때문에, 정책 결정자들은 핵무기의 '제한적' 사용 이후 무슨 일이 일어날지, 제한적 사용이 전면적 사용으로 격화되진 않을지 확신할 수 없었다. 지금껏 그처럼 합의된 제한선을 확립하려는 시도 자체가 없었다. 1955년 대만해협 위기■ 때 아이젠하워 대통령은 당시 비핵국이었던 중국에 도발 행위 중단을 촉구하며 "총탄을 사용하듯이" 전술핵무기를 사용하지 못할 이유가 없다고 위협했다.[3] 하지만 그 후 약 70년이 지난 지금까지 그런 발상을 실행에 옮긴 지도자는 아무도 없다.

그 대신 냉전시대 핵전략의 최우선 목표는 '억지'였다. 즉, 핵무기의 사용 가능성을 시사함으로써 상대국이 분쟁을 일으키지 못하도록, 혹은 분쟁 시 핵무기를 사용하지 못하도록 막는 것이 핵무기의 주용도였다. 말하자면 핵억지의 중심에는 부정적 목표에 기반을 둔 심리 전략이 있었다. 반격의 가능성을 내비쳐 상대국이 행동하지 '않게' 설득하는 것이었다. 이 전략이 성공하려면 국가의 물리적 전력만큼 무형의 요소가 중요했다. 바로 잠재적 도발국의 심리 상태와, 그것에 영향을 미칠 자국의 능력이었다. 억지라는 측면에서, 상대국에게 약하게 비치

■ 미국과 대만의 상호방위조약 체결 논의에 반발해 중국이 대만을 포격하면서 발발한 위기.

는 모습은 실제로 약한 것과 똑같은 결과를 낳을 수 있다. 반대로 아무리 위협이 허세라고 해도 상대국에게 진심으로 보이기만 한다면, 상대가 무시하는 진심 어린 위협보다 억지력이 강하다. 핵억지는 안보 전략으로서는 특이하게도(적어도 현재까지는) 일련의 검증 불가능한 계산에 기대는 측면이 있다. 그래서 억지력을 행사한 국가가 모종의 행위를 어떻게, 혹은 얼마나 방지했는지 증명할 수 없다.

이런 모순이 있음에도 핵무기는 세계질서의 기본 개념으로 편입됐다. 미국이 핵무기를 독점했을 때는 핵무기가 재래식 공격을 억지하고 자유세계 혹은 동맹국에 '핵우산'을 제공하는 목적으로 사용됐다. 소련이 서유럽으로 진격하지 못한 이유도 여차하면 미국이 핵무기를 쓸 수 있다는 일말의 가능성 때문이었다. 소련이 핵무기를 운용하게 된 후로는 두 초강대국의 핵무기 보유 목적이 상대방의 핵무기 사용을 억지하는 쪽으로 기울어졌다. '생존성'* 있는 핵전력, 즉 적국의 선제공격에 반격할 수 있는 핵무기의 존재가 핵전쟁을 억지하는 주요인이었다. 미소 양국의 분쟁에서 실제로 그런 효과가 입증됐다.

냉전시대의 두 패권국이 핵전력 증강에 천문학적 비용을 썼지만 오히려 그들의 핵무기는 통상적 전략을 수행하는 수단에서 점점 멀어졌다. 핵무기를 보유했어도 중국, 베트남, 아프가니스탄 같은 비핵국의 도전을 억지하지 못했고, 중유럽과 동

■   적의 공격 시 반격을 수행할 때까지 살아남는 능력.

유럽이 소련에 요구한 독립도 저지하지 못했다.

한국전 당시 전 세계에서 핵을 보유한 국가는 소련과 미국뿐이었고 미국은 핵무기의 보유량도, 발사 기술도 소련보다 확실한 우위에 있었다. 하지만 미국의 정책 결정자들은 소련과 연합한(당시에는 맹방으로 보였으나 이후 그렇지 않다는 사실이 드러난) 비핵국인 중국과 북한의 군대에 맞서 핵전쟁을 일으켰을 때 생길 불확실한 결과나 윤리적 지탄을 감수하기보다는 제1차 세계대전식 전투로 수십만 명의 사상자를 내는 쪽을 택함으로써 핵 사용을 자제했다. 이후로 어느 나라가 됐든 핵 보유국이 비핵국과 충돌할 때는 설사 패배하는 한이 있더라도 동일한 결론에 이르렀다.

당시 미국의 정책 결정자들에게 전략이 없진 않았다. 대량보복이라는 1950년대의 독트린하에서 미국은 핵 공격과 재래식 공격을 막론하고 자국에 가해지는 일체의 공격에 전면적 핵 공격으로 보복하겠다고 으름장을 놓았다. 하지만 사소한 분쟁마저도 지구를 멸망시킬 전쟁으로 바꿔놓을 수 있는 그 독트린은 심리적으로도 외교적으로도 지지받기 어려웠고 항상 효과를 발휘하지도 않았다. 그래서 일부 전략가가 전술핵을 사용하는 제한적 핵전쟁을 허용하는 독트린을 제안했다.[4] 그러나 그들의 제안은 전면적 핵전쟁의 발발 가능성과 여러 제약 조건을 우려해 폐기됐다. 정책 결정자들은 전략가들이 제안한 노선이 현실과 괴리되어, 분쟁이 전 세계적 핵전쟁으로 격화하는 것을 막지 못할 수 있다고 판단했다. 그래서 핵전략의 초점을 여전히 억지에 맞추고, 보복의 위협이 설령 인간이 이전에 경험해보지 못한 종말적 전쟁을 가정한다고 할지라도 상대국에게 진심으로 느껴지도록 만드는 데 방점을 찍었다. 미국은 세계 곳곳에 무기를 배치하고 삼원(육해공) 발사 체계를 구축해 적국의 선제기습공격 시 궤멸적 대응이 가능하게 했다.[5] 소련은 일단 가동하기만 하면 이후에는 인간의 개입 없이 핵 공격을 탐지하고 요격 명령을 전달하는 시스템을 고려했다고 한다. 특정한 명령을 내리는 역할을 기계에 위임하는 반자동 전쟁이라는 개념을 일찍이 구상한 것이다.[6]

정부와 학계의 전략 전문가들은 방어체계 없이 핵 공격에만 의존하는 방침이 불안감을 조장한다고 판단했다. 그래서 그들이 모색한 것은 이론상으로는 핵 교착 상황에서도 외교를 가능케 함으로써, 적어도 더 많은 정보를 수집하고 오해를 바로잡을 기회를 만들어냄으로써 정책 결정자들에게 선택의 폭을 넓혀주는 방어체계였다. 그러나 아이러니하게도 양 진영에서 방어체계를 구축하려는 시도는 그 체계를 뚫는 무기에 대한 수요를 더욱 증가시키기만 했다.

두 초강대국의 전력이 확대되자 상대 진영의 행동을 저지하거나 응징하기 위해 실제로 핵무기를 사용할 가능성은 점차 희박해졌고, 그에 따라 억지의 논리도 위태로워졌다. 이에 새롭게 등장한 독트린은 그 명칭 자체에 그런 현실을 인정하는 냉소적 태도와 위협의 의미가 동시에 담겼다. 상호확증파괴Mutual Assured Destruction, 이른바 매드MAD였다. 목표물의 수를 줄여서 파괴 효과를 배가하는 상호확증파괴는 엄청난 사상자의 발생을 가정했고, 따라서 핵무기의 용도는 적대국을 억지하는 신호 전달로 한정됐다. 그 신호란 핵심 시스템과 부대의 전투태세를 강화하고 핵무기 발사 태세를 갖춤으로써 적대국의 주의를 끄는 것이었다. 그리고 이런 신호는 적대국이 오해해서 전 세계적 재앙을 부르는 일이 없도록, 한꺼번에 보내지 않고 점진적으로 보냈다. 그간 인류는 안보를 위해 최강의 무기를 만들고 그에 동반되는 전략적 독트린을 수립했다. 그 결과는 그런 무기가 실제로 사용될 수 있다는 불안감의 확산이었다. 이 같은 딜레마를 해소하기 위해 나온 개념이 군비통제다.

군비통제

억지의 목적은 핵전쟁을 일으킬 수 있다는 위협으로 핵전쟁을 방지하는 것이지만, 군비통제의 목적은 무기(혹은 무기군)를 제한하거나 폐기함으로써 핵전쟁을 방지하는 것이다. 여기에는 비확산이라는 개념이 동반된다. 비확산은 엄밀한 조약, 기술적 보호 장치, 각종 규제를 토대로 핵무기와 그 생산에 관련된 지식과 기술이 기존 보유국 외의 국가로 확산되지 않게 막는 행위다. 이전의 무기들은 그 정도 규모로 군비통제와 비확산 조치가 시도된 적이 없다. 지금까지는 이러한 전략이 완전한 성공을 거두지 못했다. 그리고 탈냉전시대에 탄생한 사이버 무기와 AI 무기라는 강력한 무기군에는 아직 이 두 전략이 진지하게 고려되지 않는다. 그러나 핵, 사이버, AI 무기를 확보하려는 세력이 급속도로 증가하는 현실에서 군비통제의 시대는 여전히 우리에게 값진 교훈을 전한다.

핵무기를 내세운 벼랑끝전술을 펼치며 쿠바 미사일 위기(1962년 10월)에 무력 충돌 직전까지 갔던 미국과 소련은 외교로 핵 경쟁을 억제할 길을 모색했다. 양국의 전력이 계속 증가하고 중국, 영국, 프랑스의 전력까지 억지의 방정식에 끼어든 상황에서, 미국과 소련은 상호 교섭으로 더 실질적인 군비통제 방안을 논의하기 시작했다. 양국은 핵무기의 수량과 전력에 제한을 두면서 힘의 평형을 유지하는 방안을 조심스럽게 시험했다. 급기야 공격 수단을 제한하는 것은 물론이고, 평화를 위해서는 취약성이 필수라는 억지의 역설에 따라 방어 수단도 제한한다는 합의에 이르렀다. 그 결과로 1970년대에 전략무기제한조약과 탄도탄요격미사일조약이 타결됐고 이는 1991년 전략무기감축조약START으로 이어졌다. 세 조약 모두 공격용 전력에 한계를 설정해 두 초강대국이 서로를 파괴할 수 있는, 따라서 서로를 억지할 수 있는 힘은 유지하되 그 전략에서 기인한 군비 경쟁은 완화했다.

미국과 소련은 여전히 서로를 적대국으로 규정하고 전략적 우위를 점하려 경쟁하면서도, 군비통제 협상을 통해 세력 균형의 방정식에서 변수가 아닌 상수를 만들었다. 양국은 서로 전략 무기의 전력을 공개하고 기본적 제약 사항과 검증 방식에 합의함으로써, 상대방이 불시에 핵전력에서 우위를 점하고 선제공격을 감행할 수 있다는 불안감을 불식하려 했다.

이런 움직임은 양국이 서로 단속하는 것을 넘어 적극적으로 핵확산을 막는 수준으로 발전했다. 1960년대 중반 미국과 소련은 기존 핵보유국 외에는 핵무기의 획득이나 보유를 금지하고 대신 핵 기술을 재생에너지용으로 사용하게 지원하는 방안을 골자로 다자간 다각적 핵확산 금지 체제를 마련했다. 이는 강대국 간의 핵전쟁이 돌이킬 수 없는 결과를 야기하고 승자·패자·방관자 모두에게 심대한 타격을 입힌다는 공감대가 냉전 당사국 지도자들을 포함해 각국의 정치권과 여론에 형성된 결과였다.

핵무기는 정책 결정자들에게 서로 밀접히 연결된 두 가지 영구적 난제를 제기했다. 우월성을 어떻게 정의하고 열등성을 어떻게 제한할 것인가? 두 초강대국이 전 세계를 여러 번 파괴하고도 남을 무기를 보유했던 시대에 우월성이란 무슨 의미였을까? 생존성 있는 전력이 확보·배치된 후로는 추가로 무기를 획득하고 우위를 점하는 행위의 목적이 불투명해졌다. 또 한편으로 일부 국가는 적대국의 공격을 억지하기 위해서, 승리를 보장하진 못하더라도 적국에 심대한 타격을 줄 전력만 있으면 충분하다고 판단해 약소한 핵전력을 확보했다.

그렇다고 핵무기 불사용이 영구적 원칙이 되진 않았다. 핵무기 불사용은 계속해서 후세대 지도자들이 유례없이 빠른 속도로 발전하는 기술에 대응해, 최강 무기의 전력과 배치를 현명히 조율함으로써 꾸준히 달성해야 하는 상태다. 절대 쉽진 않을 것이다. 새롭게 핵전력을 확보하려는 국가들 간에 전략적 독트린도 다르고 고의적 민간인 살상을 대하는 태도도 달라서, 억지의 방정식이 점점 더 장황하고 모호해지고 있기 때문이다. 이처럼 여전히 해결되지 않는 전략적 모순의 한복판에 새로운 요소들마저 끼어들어 사태를 더 복잡하게 만든다.

그 첫 번째 요소는 사이버 분쟁이다. 사이버 기술은 각국의 취약성을 키우는 동시에 전략 대결의 무대를 확장하고 더 다양한 공격 방식을 탄생시켰다. 두 번째 요소인 AI는 재래식 무기, 핵무기, 사이버 무기와 관련된 전략을 바꾸는 힘이 있다. 요컨대 신기술의 등장으로 핵무기를 둘러싼 딜레마가 더욱 심각해졌다.

디지털시대의 분쟁

자고로 한 국가의 정치력은 군사력과 전략적 역량, 즉 직접적 타격으로든 간접적 위협으로든 다른 사회에 손해를 끼치는 능력과 밀접한 연관이 있다. 하지만 힘의 방정식에 근거한 평형상태는 항구적이지 않고 저절로 유지되지 않는다. 평형은 힘을 구성하는 요소들과 그것의 정당한 사용 범위에 관한 합의가 있을 때만 지속된다. 따라서 평형이 유지되려면 모든 국가, 특히 라이벌 국가 간에 합의된 방식으로 각국의 상대적 역

량과 의도가 평가되고, 공격 행위로 예상되는 결과가 평가돼야
한다. 그와 함께 실제로 힘의 균형이 형성되고 인지돼야 한다.
어떤 국가가 과도하게 힘을 키우면 다른 국가들이 힘을 합치
거나 새로운 현실을 수용함으로써 다시 균형을 잡으려 할 것
이다. 평형의 방정식이 모호해지거나 각국이 상대적 위력을 계
산할 때 서로 전혀 다른 셈법을 쓴다면, 계산 착오로 분쟁이 발
발할 가능성이 최고조에 이른다.

　우리 시대에는 그 셈법이 더욱 추상화됐다. 이 변화의 요
인 중 하나인 사이버 무기는 군대만 아니라 민간에서도 사용
되는 기술이기 때문에 무기로서 지위가 모호하다. 그리고 경우
에 따라서는 사용자가 그 무기의 존재나 실제 성능을 은폐함
으로써 영향력을 행사하거나 증진할 수 있다. 이전에는 충돌
이 발생하면 당사국이 그 사실을 쉽게 인지하고 적이 누구인
지 쉽게 알 수 있었다. 그래서 상대의 전력을 평가하고 자국의
전력을 실전에 배치하기까지 걸리는 시간을 계산할 수 있었다.
하지만 사이버공간에서는 꼭 그렇다는 보장이 없다.

　물리적 공간에 존재하는 재래식 무기와 핵무기는 배치 여
부를 파악하고 전력을 대략적으로나마 계산할 수 있다. 하지
만 사이버 무기의 위력은 불투명성에서 나온다. 그 존재나 성
능이 노출되면 전력이 약화된다. 사이버 무기는 이전에 공개되
지 않았던 소프트웨어 결함을 이용해 무단으로 네트워크나 시
스템에 침투한다. 통신 시스템 등에 분산서비스거부DDoS 공격
이 가해지면 정상으로 보이는 정보 요청이 쇄도하면서 시스템

이 과부하를 받아 제 역할을 못 한다. 이때 공격의 근원지가 은폐되어 있다면 공격자를 식별하기가 어렵거나 불가능하다(적어도 공격받는 당시에는). 사이버 기술을 이용한 산업 파괴 공작 중 가장 유명한 사례로 이란의 핵 시설에서 사용되던 생산제어 컴퓨터가 해킹된 스틱스넷Stuxnet 사태는 지금까지 어떤 국가도 자국의 공작이라고 공식적으로 인정하지 않는다.■

재래식 무기와 핵무기는 비교적 정밀하게 조준할 수 있고, 윤리적·법적 원칙에 따라 군인과 군사시설만 조준해야 한다. 그러나 사이버 무기는 컴퓨터와 통신 시스템에 광범위하게 영향을 미치고, 따라서 민간 시스템까지 타격하는 경우가 많다. 그리고 동일한 무기라도 다른 세력에 의해 전혀 다른 용도로 사용될 수 있다. 의도하거나 예상하지 못했던 방식으로 피해가 확산될 수 있다는 점에서 생화학무기와 유사하다. 실제로 사이버 무기는 대체로 전장의 특정한 목표물만 타격하는 것이 아니라 사회에 광범위하게 영향을 미친다.[7]

이런 사이버 무기의 특성 때문에 사이버 군비통제는 정의하거나 실행하기 어렵다. 핵무기의 위력은 핵 군비통제 협상단이 핵탄두의 존재와 성능을 공개하거나 설명해도 감쇄하지 않았다. 그러나 사이버 군비통제 협상단(아직 존재하지 않는다)은 사이버 무기의 전력을 논함으로써 그 무기가 무력화되거나(상

■ 스틱스넷은 2010년에 발견된 웜 바이러스로, 이란의 나탄즈 우라늄 농축 시설의 원심분리기에 오작동을 일으켜 기기 1000여 대를 파괴했다.

대국이 이제껏 몰랐던 취약성을 해결) 확산될 수 있다는(상대국이 그 무기의 코드나 침투 수단을 복제) 딜레마를 해결해야 할 것이다.

여기에 주요 용어와 개념의 모호성까지 더해지면 문제가 더 복잡해진다. 다양한 형태의 사이버 침투, 온라인 흑색선전, 정보전이 다양한 상황에서 다양한 관찰자에 의해 '사이버전', '사이버 공격'으로, 때로는 '전쟁 행위'로 불린다. 하지만 이런 용어가 완전히 정착되진 않았고 일관성 없이 쓰이기도 한다. 예를 들어 정보를 수집하기 위해 네트워크에 침투하는 것은 규모만 다를 뿐 종래의 첩보 행위와 유사하다고 볼 수 있다. 하지만 러시아 같은 국가가 SNS로 타국의 선거에 개입하는 행위는 이전 시대보다 더 큰 범위에 더 큰 피해를 끼치는 디지털판 흑색선전, 허위정보 유포, 내정간섭에 속한다. 이런 행위가 가능한 이유는 거기에 사용되는 디지털 기술과 네트워크 플랫폼의 확산성과 광범위성 때문이다. 그런가 하면 종래의 적대 행위처럼 물리적 타격을 입히는 사이버 공격도 있다. 사이버 공격은 성격·범위·특징이 명확하지 않아서 분쟁의 실제 발생 여부, 당사자, 수단, 격화 단계처럼 기본적인 요인조차 논쟁의 대상이 될 수 있다. 실제로 현재 강대국들은 그 성격이나 범위를 쉽게 정의할 수 없는 사이버 분쟁에 휘말리는 중이다.[8]

우리가 사는 디지털시대의 가장 큰 모순은 사회의 디지털 역량이 커지면 취약성도 커진다는 점이다. 컴퓨터·통신망·금융시장·대학·병원·항공·대중교통은 물론이고 민주주의 정치

체제도 정도의 차이만 있을 뿐 사이버 공작이나 공격에 취약한 시스템에 의존한다. 선진국들은 발전소와 전력망에 디지털 관리 시스템을 도입하고, 대형 서버와 클라우드 시스템으로 행정 소프트웨어를 이전하고, 디지털 장부에 데이터를 기록하면서 사이버 공격에 더욱 취약해진다. 공격자가 노릴 만한 요소가 많아져서 동시다발적 공격으로 심각한 피해를 볼 수 있기 때문이다. 반대로 저기술 국가, 테러단체, 개인 공격자는 디지털 공격 시 자신들은 상대적으로 잃을 게 훨씬 적다고 생각할 것이다.

사이버 전력 확보와 공작은 비교적 비용이 적게 들고 은폐하거나 부인하기도 쉽기 때문에, 일부 국가는 어용 조직을 이용해서 사이버 공격을 감행하기도 한다. 이런 조직은 제1차 세계대전이 발발하기 직전에 발칸반도에서 암약했던 무장단체들처럼 통제가 어려워서, 공식 인가 없이 도발을 감행할 위험이 있다. 이에 더해 정보 및 기술 탈취와 파괴 공작으로 사이버 전력이 상당히 손실되거나 국내 정세가 불안정해질 수 있다는 점까지 고려하면(설령 그런 행위가 종래의 무력 충돌과 같은 수준으로 격화되진 않는다고 할지라도), 정책 결정자는 사이버 공격의 가공할 속도와 예측불가성 및 공격 주체의 다양성을 참작해 자국이 치명타를 입기 전에 선제적 행동을 취하고 싶은 충동을 느낄 수 있다.[9]

사이버 공격은 그 속도와 모호성 때문에 공격자가 유리하고, 그래서 선제 조치로 공격을 방지하는 '적극 방어active defense'와 '전진 방어defending forward'라는 개념이 부상했다.[10] 강력한 사이버 억지력을 확보하려면 구체적으로 어떤 행위를 억지할지 정하고 그 성공도를 측정할 수 있어야 한다. 지금까지 크게 성공한 사이버 공격은 대부분 종래의 무력 충돌보다 낮은 수위에서 발생했다(그리고 대부분 즉각 인지되지 않았고 공식적으로 공격을 인정하는 국가가 없었다). 정부 조직과 비정부 조직을 막론하고 사이버 영역의 강자들은 지금까지 자신들의 전력이나 행위를 완전히 공개한 적이 없다. 타자의 행동을 억지하려고 할 때도 기껏해야 부분적으로 정보를 공개할 뿐이다. 그래서 새로운 기술이 속속 등장하는 와중에 전략과 독트린은 음지에서 모호하게 발전 중이다. 전략의 새로운 지평이 열리는 지금 우리는 그 지평을 체계적으로 탐색하며 민관이 긴밀히 협력하여 경쟁력 있는 안보 역량을 확보하는 한편, 너무 늦기 전에 강대국 간에 사이버 전력을 제한하는 방안을 논의하고 적절한 안전장치를 마련해야 한다.

AI와
급변하는 안보 지형

핵무기의 파괴력과 사이버 무기의 모호성에 더해, 이전 장들에서 논한 인공지능의 원리들을 기초로 하는 새로운 차원의 안보 역량이 속속 추가되고 있다. 각국은 군사적으로 다방면에서 전략적 행동을 지원함으로써, 안보 정책에 혁명적 변화를 불러올 AI를 개발하고 배치하는 움직임을 때때로 머뭇거릴지 언정 조용하고도 확실하게 이어가고 있다.[11]

군대의 시스템과 프로세스에 비인간적 논리가 도입되면 전략이 바뀔 것이다. 군대와 안보기관은 AI를 훈련하거나 AI와 협력함으로써 놀라운, 때로는 경악스러운 정보와 영향력을 확보한다. 그리고 이 협력 관계로 인해 전통적인 전략과 전술의 여러 측면이 와해되거나 강화된다. 만일 AI가 사이버 무기(공격용이든 방어용이든)의 제어권이나 군용기 같은 물리적 무기의 제어권을 상당 부분 위임받는다면, 인간이 쉽게 수행할 수 없는 기능을 신속하게 수행할 것이다. 이미 미공군의 알투뮤 같은 AI는 시험 비행에서 기체를 조종하고 레이더 시스템을 운용했다. 알투뮤는 인간의 명령 없이 '최종 결정'을 내리도록 설계됐지만 그 능력을 발휘할 수 있는 영역이 기체 조종과 레이더 시스템 운용으로 제한됐다.[12] 다른 국가와 개발진은 AI에 그보다 약한 제약만 걸 수도 있다.

AI는 전략을 변화시킬 뿐만 아니라 자율성과 비인간적 논리를 토대로 계산불가성을 만든다. 종래의 군사 전략과 전술에서는 통상적으로 적도 인간이므로 그 행동과 선택이 경험과 상식에 근거하여 인간의 인지 범위 내에서 이뤄지리라 가정했다. 그러나 군용기를 조종하거나 목표물을 탐색하는 AI는 자체의 논리를 따르는데, 그 논리는 적이 이해할 수 없고 전통적인 신호와 기만술이 통하지 않을 수 있으며 웬만해서는 인간의 생각보다 빠른 속도로 작용한다.

전쟁은 원래도 불확실성과 예측불가성이란 특징이 있지만 AI가 도입되면서 새로운 차원이 열릴 것이다. AI는 역동적이고 창발적이기 때문에, AI로 설계되거나 운용되는 무기는 만들거나 사용하는 쪽에서도 실제 위력을 다 모르거나 특정한 상황에서 어떻게 작동할지 모를 수 있다. 그런 기술을 사용하는 전략(공격용이든 방어용이든)을 과연 어떻게 수립할까? 다시 말해 주변 환경에서 인간이 아예 인지하지 못하거나 빠르게 인지하지 못하는 측면을 인지하는 기술, 더욱이 때로는 인간의 사고를 능가하는 속도와 범위로 학습하고 변화하는 기술을 운용하는 전략을 어떻게 수립할까? 만일 AI 기반 무기의 위력이 전투 중에 AI가 상황을 인식하고 도출하는 결론에 따라 달라진다면, 무기에 따라서는 그 전략적 효과를 실전에서만 확인할 수 있지 않을까? 만일 경쟁국이 은밀히 AI를 훈련한다면 실제 분쟁이 발생하지 않는 한 군비 경쟁에서 앞서는지 뒤지는지 과연 평가할 수 있을까?

종래의 분쟁에서는 적의 심리에 초점을 맞춰 전략적 행동을 구상했다. 그런데 알고리즘은 제게 주어진 명령과 목적만 알 뿐 전의도, 의심도 없다. AI는 그때그때 인식되는 상황에 맞춰 대응법을 바꿀 수 있기 때문에 두 AI 무기 시스템이 맞붙는다면 어느 쪽도 그 대결의 결과나 부수적 피해를 정확하게 예측하기 어렵다. 상대의 전력과 전투 시 입게 될 손실 역시 정확한 계산이 어려울 것이다. 그래서 AI 무기 개발 시 이런 한계를

AI의 시대에도 강력한 방위력이
안보의 전제 조건이라는 사실은
달라지지 않는다.

고려해 속도, 타격 범위, 내구성이 중시되고, 그에 따라 분쟁의 강도가 높아지고 피해 범위가 넓어지며 무엇보다 예측불가성이 커질 수 있다.

한편으로 AI의 시대에도 강력한 방위력이 안보의 전제 조건이라는 사실은 달라지지 않는다. 이미 군사 영역에서 AI가 널리 보급되는 판국에 어느 국가든 AI를 일방적으로 포기하기는 불가능하다. 하지만 각국은 전투에 AI를 투입함으로써 타격의 정확도를 높여 인명 피해를 최소화할 방안은 없을지, 그리고 그렇게 더 인도적으로 전쟁을 치르면 외교와 세계질서에 어떤 영향이 미칠지 생각해야 한다.

AI와 머신러닝은 기존 무기군의 전력을 확대할 것이고, 그에 따라 각국이 전략적·전술적 차원에서 선택할 수 있는 요소가 달라질 것이다. AI는 재래식 무기의 조준 정확도를 높일 뿐만 아니라 새로운 조준 방식을 가능케 한다. 예를 들면 (적어도 이론상으로는) 범위가 아니라 특정한 사람이나 사물을 조준할 수 있다.[13] 그리고 AI 사이버 무기는 굳이 인간이 소프트웨어 결함을 찾아내지 않아도, 방대한 정보를 분석해서 방어체계를 파괴할 방법을 스스로 학습할 수 있다. 물론 AI는 적에게 악용되기 전에 결함을 찾아서 해결하는 방어 기능도 수행한다.

하지만 목표물을 정하는 쪽은 공격자이기 때문에 AI는 기본적으로 공격자를 우위에, 때로는 월등한 우위에 서게 한다.

만일 두 국가 간에 분쟁이 발생했을 때 한 국가의 AI가 군용기를 조종하면서 독자적으로 목표물을 정하고 공격할 수 있다면, 상대국의 전략과 전술은 어떻게 달라지고 더 큰 무기(혹은 핵무기)를 사용하려는 의향은 어떻게 달라질 것인가?

AI는 허위정보 유포를 포함해 정보공간에서 벌어지는 공작에 새로운 지평을 연다. 생성형 AI는 진짜처럼 보이는 가짜 정보를 무수히 만들어낼 수 있다. 인위적으로 만들어진 인물·사진·영상·발언을 이용하는 행위를 포함해 AI로 허위정보를 유포함으로써 전개되는 심리전은 새로운 차원의 공격으로 사회를 불안정하게 만들고, 특히 자유로운 사회일수록 그런 공격에 취약하다. 이미 그런 기술을 시연하기 위해 유명 인사가 실제로 하지 않은 발언을 하는 것처럼 보이게 만든 사진과 영상이 널리 공유되는 중이다. 이론상으로 AI는 이 같은 합성 콘텐츠를 효과적으로 살포하고자 사람들의 편견과 기대를 이용할 수 있다. 만일 적대국이 상대국 지도자의 합성 이미지를 만들어 분란을 조장하거나 잘못된 명령이 시달되게 한다면, 과연 대중이(혹은 정부 관계자가) 그런 공작을 제때 간파할 수 있을까?

핵무기는 국제사회에서 인정받는 금지 조약이 있고 억지(혹은 분쟁 격화 단계)의 개념이 명확히 정의되었지만, AI와 관련해서는 그런 것이 존재하지 않는다. 현재 미국의 라이벌들은

AI의 지원을 받는 물리적 무기와 사이버 무기를 준비 중이고, 그 일부는 이미 사용 중이라고 알려졌다.[14] AI 강국들은 신속하게 논리를 전개하고 창발적 행동을 점점 더 발전시킬 수 있는, 그래서 공격, 방어, 정찰, 허위정보 유포, 적 AI 탐지 및 무력화에 발군의 기량을 보이는 기계와 시스템을 배치할 능력을 보유했다.

AI가 점점 더 발전하고 확산되는 가운데 검증 가능한 규제책이 존재하지 않으니, 강대국들은 계속해서 더 우월한 지위를 점하려고 노력할 것이다.[15] 그들은 AI에 새롭고 유익한 역량이 추가되면 AI가 당연히 확산되리라고 생각한다. 그런 역량은 대체로 군대와 민간 양면에서 사용되고 복제와 전송이 용이하기 때문에, 결과적으로 AI와 관련된 핵심적·혁신적 기술이 상당 부분 대중화될 것이다. AI를 완벽하게 통제하기는 어렵다. 기술의 발전 속도가 빨라서 따라가기 어렵거나, AI를 입수한 쪽에서 개입을 거부할 수 있기 때문이다. 같은 AI 기술이라도 사용 주체마다 전혀 다른 목적으로 도입될 수 있다. 한 사회에서 상거래의 혁신을 일으킨 기술이 다른 사회에서는 안보나 정보전을 목적으로 도입될 수 있다. 각국 정부는 전략적으로 중요한 최첨단 AI 기술을 저마다 정의하는 국익을 위해 도입할 것이다.

사이버 세계의 세력 균형과 AI 억지라는 개념을 정의하려는 시도는 이제 막 시작됐을 뿐이다. 이 두 개념이 정립되기 전에는 작전을 수립할 때 추상적인 면이 존재할 수밖에 없다. 즉,

분쟁 시 어떤 무기의 실제 효과를 모르면서도 적의 전의를 꺾기 위해 그 무기를 실제로 사용하거나 사용하겠다고 위협하는 경우가 생길 것이다.

가장 획기적이고 예측 불가능한 효과는 AI와 인간지능이 서로 만나는 지점에서 나타난다. 역사적으로 국가가 작전을 수립할 때는 상대국의 독트린, 전술, 전략적 심리를 불완전하게나마 파악했다. 그래서 대응 전략과 전술을 수립하고, 영공에 접근하는 전투기를 요격한다든가 영유권 분쟁 해역에 군함을 파견하는 등 상징적 무력시위를 벌일 수 있었다. 하지만 군이 AI로 작전을 수립하거나 목표물을 정하는 상황, 더 나아가 경계나 분쟁 시 AI의 적극적 지원을 받는 상황에서는 그런 익숙한 개념과 행동이 낯설어진다. 인간에게 익숙하지 않은 기법과 전술을 구사하는 지능과 커뮤니케이션하고 그 행동을 해석해야 하기 때문이다.

AI 기반 무기와 방어체계로 전략을 전환하면 인간과 근본적으로 다른 경험의 패러다임하에서 강력한 분석 능력을 발휘하는 지능에 상당 부분 의존하게 되고, 심하면 그런 지능에게 많은 권한을 위임하게 된다. 그러면 우리가 전혀 혹은 제대로 알지 못했던 위험 요소들이 따라올 것이다. 그래서 반드시 인간 조작자가 치명적 결과를 초래할 수 있는 AI의 행동을 감시하고 통제해야 한다. 인간이 개입한다고 AI의 실책이 모두 방지되진 않을지라도 최소한 AI가 윤리적으로 책임감 있게 운용될 것이다.

하지만 가장 어려운 문제는 철학적 문제일지 모른다. 전략의 여러 요소가 AI만 접근할 수 있는 개념과 분석의 영역에서 작용하면 인간은 그 원리를, 그 파급력을, 그 의미를 이해하지 못한다. 정책 결정자들이 적대국(역시 AI를 동원할 수 있는)의 전력과 의도를 파악해서 적시에 대응하고자 AI로 현실의 심오한 패턴을 규명해야만 한다고 판단한다면, 중대한 결정을 기계에 위임하는 행위가 당연시될 수 있다. 이때 무엇을 위임하고 어떤 위험과 결과를 감수할지를 두고 각 사회가 본능적으로 설정하는 한계선은 아마도 저마다 다를 것이다. 강대국들은 그런 변화로 위기가 닥치기 전에 그것이 전략·독트린·윤리에 미칠 영향을 논의해야 한다. 그래야 악영향이 생기더라도 바로잡을 수 있다. 그런 위험을 제한하기 위해 국제사회의 협력이 시급하다.

AI 관리

이상의 쟁점은 지능적 시스템들이 실전에서 맞대결을 펼치기 전에 진지하게 따져야 한다. 더는 지체할 시간이 없다. 사이버 전력과 AI 전력은 전략 대결의 장에서 더 넓은 범위에 영향을 미치기 때문이다. 사이버 및 AI 전력은 기존의 전장을 넘어 디지털 네트워크로 연결된 곳이라면 사실상 어디든 배치될 수 있다. 지금은 디지털 프로그램이 수많은 분야에서 물리적 시스템을 관리하고, 그런 시스템 중에서 도어록과 냉장고를 포함해 점점 더 많은 것이 네트워크로 연결된다. 그렇게 시스템의 규모와 복잡성이 훨씬 커졌고 그만큼 빈틈도 많이 생겼다.

AI 강국들은 합의하여 상호 규제안을 마련해야 한다. 컴퓨터 코드로 은밀히 시스템과 전력을 강화해도 발각이 어려운 상황에서, 강대국 정부들은 상대방이 언제든 전략적으로 민감한 AI 연구 성과를 몰래 도입해 기존에 공식적으로 인정했거나 비밀리에 약속했던 것보다 강력한 시스템과 전력을 만들리라고 의심할 수 있다. '기술적' 측면에서만 보자면 AI를 정찰, 목표물 지정, 자율적 살상에 사용하는 행위가 서로 크게 다르지 않기 때문에, 상호 합의된 규제와 검증 시스템을 만드는 일이 절실하지만 어렵다.

의심을 불식하기 위한 규제책을 마련하기는 AI의 역동성 때문에도 쉽지 않다. AI 기반 사이버 무기는 일단 세상에 나온 후 적응하고 학습하여 본래의 목적에서 벗어날 수 있다. AI가 주변 환경에 반응하면서 무기의 역량이 바뀔 수 있기 때문이다. 만일 무기의 활용 범위나 성격이 당초에 예상했거나 위협했던 것과 달라진다면, 억지와 격화의 셈법이 무용지물이 될지 모른다. 따라서 AI 무기를 설계할 때와 배치할 때 그것이 수행할 수 있는 행동의 범위를 잘 설정해서, 인간이 시스템을 관리하고 시스템이 본래 목적에서 이탈할 시 가동을 중단하거나 교정하게 해야 한다. 예상치 못한 결과로 참사가 발생하지 않도록 하려면 이런 규제가 반드시 상호 간에 합의돼야 한다.

AI와 사이버 전력은 제약이란 개념 자체를 정립하기 어렵고 확산을 저지하기도 어렵다. 강대국들이 개발하고 사용하는 전력이 테러단체 같은 불량한 세력에 넘어갈 수 있다. 그리고 핵무기를 보유하지 않고 재래식 전력도 제한한 약소국들은 첨단 AI 전력과 사이버 전력을 확보함으로써 강력한 영향력을 행사할 수 있다.

각국은 사이버공간에서 침입을 탐지하고 방지하는 방위 활동을 포함해 다수의 비상상 활동을 필연적으로 AI 알고리즘(민간이 운용하는 것 포함)에 위임할 것이다. 고도로 네트워크화되고 디지털화된 사회는 '공격면'이 굉장히 넓어서 인간의 힘만으로 방어하기에는 역부족이다. 삶에서 많은 부분이 온라인화되고 경제가 꾸준히 디지털로 전환되는 현실을 고려하면, 불량한 사이버 AI가 전방위적 공격을 가할 수도 있다. 따라서 국가와 기업은 물론이고 개인도 그런 비상 상황에 대비해 안전장치를 마련해야 한다.

가장 극단적인 방어법은 네트워크를 차단하고 시스템을 오프라인으로 전환하는 것이다. 차단은 국방의 최후 수단이 될 수 있다. 하지만 그런 극단적 조치가 불가능하다면 사이버 방어가 중요한데, 광활한 사이버공간에서는 수행 가능한 행동의 가짓수가 거의 무한대에 가깝기 때문에 오로지 AI만 할 수 있는 필수적 방어 행위가 존재한다. 따라서 사이버공간에서 최강의 방어 전력을 갖추는 일은 아마도 극소수의 강대국만 가능할 것이다.

AI 기반 방어 시스템보다 더 많은 고민을 일으키는 전력은 인간의 개입 없이 목표물을 지정하고 공격하는 자율살상무기 시스템이다.[16] 여기서 중요한 쟁점은 인간의 감독과 적시 개입이다.

자율 시스템은 인간이 수동으로 관리하는 '온 더 루프on the loop' 시스템과, 특별한 행동에만 인간의 승인이 요구되는 '인 더 루프in the loop' 시스템으로 나뉜다. 상호 합의되고 관측 및 검증이 가능한 규제책이 도입되지 않는다면 결국 후자의 시스템이 운용되어, 국경을 방어하거나 적을 상대로 특정한 결과를 달성하는 등 모든 전략 수행과 목적 달성에 동원되면서 인간의 개입을 최소화할 것이다. 그래서 무기로 사용할 때 인간의 적절한 감독을 의무화하는 것이 중요하다. 하지만 그런 제약도 어느 일방만, 즉 소수 국가만 채택해서는 큰 의미가 없다. 기술 강국들은 어렵더라도 상호 합의되고 강제적 검증이 가능한 규제책을 모색해야 한다.[17]

AI는 선제 조치나 조급한 대응이 분쟁으로 격화할 가능성을 키운다. 적대국이 자동화 전력을 개발 중이라고 의심하는 국가는 선제적 행동에 나설 수 있다. 만일 이 공격이 '성공'한다면 그 정당성을 확인할 방법이 없어질 것이다. 강대국들은 의도치 않은 분쟁을 방지하기 위해 검증 가능한 한계 내에서 경쟁해야 한다. 그러기 위해 협상 시 군비 경쟁을 완화하는 데만 초점을 맞추지 말고, 양측이 상대의 행보를 개략적으로나마 알 수 있게 해야 한다. 단, 상대방이 안보에서 가장 민감한 부분은 당연히 숨기리라고 예상해야(그리고 그에 맞춰 계획을 세워야) 한다. 전적인 신뢰란 존재하지 못한다. 그럼에도 합의가 불가능하진 않다는 사실을 냉전시대의 핵무기 협상 사례에서 알 수 있다.

우리가 이상의 쟁점을 제기하는 이유는 AI가 등장함으로써 전략을 수립하고 실행할 때 고민해야 하는 요소들이 무엇인지 정의하기 위해서다. 핵시대에 성립된 조약(그리고 그에 동반되는 커뮤니케이션·규제·검증의 방식)은 당연하게 탄생하지 않았다. 그것은 각국이 위기와 책임을 인지하고 상호 협력으로 이룩한 결과다.

민간과 군사 기술에 끼치는 영향

전통적으로 군사와 민간의 영역은 기술적 특수성, 중앙집중적 관리, 효과의 규모라는 세 가지 측면에서 구별됐다. 어떤 기술이 군대와 민간 중 한쪽에서만 사용될 때 특수성이 있다고 말한다. 중앙집중적 관리는 정부가 쉽게 관리할 수 있다는 뜻이고, 반대로 쉽게 확산되는 기술은 정부의 통제를 벗어난다. 효과의 규모는 기술의 잠재적 파괴력을 가리킨다.

역사를 보면 군대와 민간에서 모두 사용된 기술이 많다. 쉽게 확산되는 기술도 있었고, 잠재적 파괴력이 굉장한 기술도 있었다. 그러나 지금까지 군민 양용성, 확산성, 강력한 잠재적 파괴력을 모두 갖춘 기술은 없었다. 철도는 상품을 시장으로, 군인을 전장으로 수송하지만 잠재적 파괴력이 없다. 원자력 기술은 대체로 군민 양용이고 가공할 파괴력을 만들어내지만, 복잡한 인프라가 요구되기 때문에 정부가 비교적 확실히 통제할 수 있다. 엽총은 널리 보급됐고 군대와 민간에서 모두 사용할 수 있으나 성능의 한계 때문에 전략적 차원의 파괴력은 기대하기 힘들다.

AI가 이 패러다임을 깨트린다. AI는 분명히 군민 양용이며 쉽게 확산된다. 기본적으로 컴퓨터 코드에 불과하기 때문이다. 대부분의 알고리즘은(주목할 만한 예외가 있긴 하지만) 단일한 컴퓨터나 소규모 네트워크에서 구동할 수 있기 때문에 정부가 인프라로 기술을 통제하기 어렵다. 그리고 AI는 막강한 잠재적 파괴력을 만들어낸다. 이처럼 세 가지 속성을 겸비한 이례적 기술이면서 수많은 이해관계자가 존재하기 때문에, AI는 전략적 차원에서 전에 없이 복잡한 고민거리를 만든다.

AI 기반 무기는 디지털 취약점을 파고드는 인간의 능력을 극대화해서 유례없이 신속한 공격을 가능케 한다. 그래서 상대국에는 그 징후를 분석할 시간이 허락되지 않을 수 있다. 즉각 대응하지 않으면 고스란히 타격을 받을 위험이 존재한다.[18] 따라서 충분한 자원을 갖춘 국가라면 자국을 겨냥한 공격이 완전히 발생하기 전 거의 동시에 대응하도록, 공격을 감지하고 자동으로 반격하는 AI 기반 시스템을 구축할 수도 있다.[19] 그러면 반대 진영에서는 그런 시스템이 존재하고 그것이 예고도 없이 공격을 감행할 수 있다는 첩보를 입수한 후, 새로운 시스템을 구축하고 새로운 계획을 수립하는 데 박차를 가할 것이며, 그에 따라 적대국과 유사하거나 전혀 다른 알고리즘에 기반한 시스템이 개발될 수 있다. 이런 기술을 제한하기로 합의하지 않는다면 20세기 초에 목격했듯이 선제 대응하려는 충동이 현명하게 행동해야 한다는 생각을 압도할 수 있고, 특히 인간이 그 결정에 참여한다면 그런 경향이 더 심해질 것이다.

주식시장에서는 소위 퀀트 투자사들이 최고의 인간 트레이더보다 빠르게 시장 패턴을 포착하고 대응하는 AI 알고리즘의 위력을 인지했다. 그래서 주식 매매 활동 중 일부 권한을 알고리즘에 위임했다. 알고리즘 시스템은 인간과 비교도 되지 않을 만큼 큰 수익을 올릴 때가 많다. 하지만 간혹 심각한 오판으로 인간과 비교도 되지 않을 만큼 큰 실수를 저지르기도 한다.

금융계에서는 그래봤자 수익률이 곤두박질칠 뿐 인명 피해가 생기진 않는다. 그러나 전략의 영역에서는 '단기 급락flash crash'▪과 유사한 실수가 대참사를 야기할 수 있다. 디지털 공간에서 전략적 방어를 위해 전술적 공격이 필요한 경우 한쪽이 계산상이나 행동상 실수를 저지른다면 본의 아니게 분쟁이 격화할 수 있다.

이 새로운 전력을 기존에 정의된 전략과 국제 평형의 개념

▪   알고리즘 매매로 일순간 주가가 폭락하는 현상.

에 포함하기 어려운 이유는 기술적 우위를 점하는 데 필요한 전문성을 더는 정부가 독점하지 않기 때문이다. 이제는 정부의 사업을 수주한 조직만 아니라 개인 발명가, 기업가, 스타트업, 민간 연구소 등 다양한 주체가 전략적 영향력을 보유한 기술의 개발에 관여한다. 그중에는 정부가 규정한 국가의 목표와 동떨어진 목표를 세운 주체도 있을 것이다. 하지만 산업계, 학계, 정부가 서로 소통한다면 그 격차를 줄이고 AI의 전략적 영향력과 관련된 주요 원칙들을 동일한 개념적 틀 위에서 이해할 수 있다. 지금처럼 복잡한 전략적·기술적 문제에 봉착했으나 그 문제의 본질에 대해서도, 심지어는 그 문제를 논하기 위해 필요한 어휘에 관해서도 이토록 합의가 결여된 시대는 없었다.

핵시대에 풀리지 않았던 문제는 인류가 개발한 기술을 전략적으로 사용하는 독트린을 찾을 수 없다는 것이었다. 그와 달리 AI시대의 딜레마는 AI 기술을 다양한 주체가 습득하고 개발하고 운용할 수 있다는 점이다. 그래서 전략적 제한선을 합의하는 것은 물론이고 애초에 제한의 정의를 합의하기조차 어느 때보다 어렵다. 즉, 실효적 합의 이전에 개념적 합의조차 어려운 실정이다.

핵무기 통제는 반세기에 걸쳐 시도했음에도 여전히 부분적 성공만 거뒀을 뿐이다. 그래도 핵 균형은 상대적으로 계산하기 쉬웠다. 핵탄두의 개수를 셀 수 있고 그 위력이 수치로 나오기 때문이다. 그러나 AI 전력은 고정되지 않고 계속 변한다.

AI는 핵무기와 달리 추적이 어렵다. 훈련을 마친 AI는 쉽게 복제되고 비교적 작은 기계에서 구동되기 때문이다. 그리고 현재 기술력으로는 AI의 존재를 탐지하거나 부재를 검증하기가 어렵거나 불가능하다. AI시대에는 아마 억지가 더욱 어려운 문제가 될 것이다. AI 기반 공격이 다양한 경로로 전개되고 그에 대한 AI의 대응이 가공할 속도로 펼쳐지기 때문이다.

AI를 통제하기 위해 전략가들은 국제 관계에서 통용되는 책임감 있는 외교 행위에 AI를 어떻게 편입할지 고민해야 한다. 무기를 배치하기 전에 그 무기의 효과, 그로 인한 분쟁 격화 가능성, 분쟁 완화 방안을 알아야 한다. 책임감 있게 무기를 사용하는 전략과, 무기 사용을 적절히 제한하는 원칙을 마련해야 한다. 정책 결정자들은 전력 증강, 방어 기술 및 전략 확보를 군비통제의 대척점에 두지 않고 동일선상에서 봐야 한다. 독트린을 수립하고 충분한 판단하에 무기를 사용해야 한다.

그러면 제한은 어떤 식으로 이뤄져야 할까? 전례에 따라 '전력' 제한을 의무화하는 것이 분명한 출발점이다. 이 방법은 냉전시대에 적어도 상징적으로나마 성과를 거뒀다. 일부 전력(예: 핵탄두)은 제한되고 일부 전력(예: 중거리 미사일군)은 전면 금지됐다. 그러나 AI의 근본적 능력이나 수량을 제한하는 것은 AI가 민간에서 광범위하게 사용되고 계속 진화하기 때문에 사실상 불가능하다. 그래서 AI의 '학습' 능력과 '목표물 설정' 능력을 중심으로 새로운 제한 방식을 모색해야 한다.

미국은 이런 문제를 어느 정도 예상하고, 인간이 수행하는 전쟁 행위의 정밀성·효율성·살상력을 키우는 'AI 기반 무기 AI-enabled weapons'와 자율적으로 살상 행위를 결정하는 'AI 무기AI weapons'를 구분했다. 그리고 전자의 사용을 제한하겠다는 의지를 공표했다. 후자의 경우 미국은 자국을 포함해 어느 나라도 그런 무기를 보유하지 않는 세계를 목표로 한다.[20] 이런 구분은 현명한 조처다. 하지만 학습하고 진화하는 AI의 특성을 고려하면 특정한 능력에만 제한을 거는 방식으로는 충분치 않을 수 있다. 따라서 AI 기반 무기를 제한하는 것이 본질적으로 어떤 의미이며 어떻게 이뤄질지 규정하고 그 방식을 각국이 공동으로 수용해야 한다.

19~20세기에 많은 나라가 특정한 형태의 전쟁 행위, 예를 들면 화학무기 사용과 과도한 민간인 타격을 점진적으로 제한했다. 지금은 AI 무기로 수많은 행위가 새롭게 가능해지고 이전에 존재했던 행위의 위력이 증가하고 있으므로, 전 세계가 합의하에 인간의 존엄성과 도덕성에 부합하는 제한선을 조속히 마련해야 한다. 안보에서는 이미 존재하는 위험에 대응하는 것만큼 앞으로 나타날 위험을 예측하는 일도 중요하다.

요컨대 AI와 관련된 무기 기술이 제기하는 딜레마는 이렇다. 국가가 생존하고 상업적 경쟁력을 유지하려면 지속적 연구개발이 필수다. 하지만 AI 기술은 기본적으로 확산력이 강해서 현재로서는 각국이 개념적 차원에서조차 그것을 제한하는 합의에 이르기가 어려운 실정이다.

새로운 시대의
오래된 경쟁

기술 강국들은 핵무기가 등장했을 때처럼, 지금 전략의 대전환점이 임박했고 그 변화가 다방면에 예측하지 못한 영향을 미치리란 사실을 깨달아야 한다. AI 기술의 첨단을 달리는 국가들은 안보의 차원에서 AI를 관리하며 그 개발과 배치에 영향을 미치는 부문들 간의 시각차를 해소하는 국가기구를 만들어야 한다. 이 기구에는 두 가지 역할이 부여된다. 하나는 국가 경쟁력이 뒤처지지 않게 만드는 것이고, 다른 하나는 원치 않는 분쟁이나 위기를 방지하거나 적어도 제한하는 연구 활동을 지휘하는 것이다. 이를 토대로 우방 및 적대국과 어떤 식으로든 교섭해야 한다.

세계질서의 모순은 모든 국가가 당연하게도 국방력을 극대화하려고 노력한다는 점이다. 하지만 지속적 분쟁을 피하려면 각국이 평화를 유지할 책임을 받아들여야 하고, 그러자면 제한을 수용해야 한다. 국방과 안보의 책임자는 최악의 시나리오를 상정하여 그에 맞는 전력의 확보를 최우선순위로 둘 것이다. 이때 정치 지도자(어쩌면 앞의 책임자와 동일한)는 그 전력을 어떻게 사용할지, 사용 후에는 세상이 어떻게 달라질지 숙고해야 한다.

AI시대에 우리는 오래된 전략적 논리를 수정해야 한다. 대참사가 발생하기 전에, 자동화하려는 충동을 극복하거나 적어도 완화해야 한다. 인간 의사결정자보다 빠르게 작동하는 AI가 돌이킬 수 없는 행동으로 막대한 피해를 유발하지 못하게 막아야 한다. 국방을 자동화하더라도 핵심 요소는 인간의 관리하에 남겨둬야 한다. 사이버공간에서 벌어지는 공방은 원래 모호한 측면이 있는 데다 AI의 역동성·창발성·확산성까지 더해지면 평가와 분석이 어려워질 수밖에 없다. 과거에는 파괴적무기를 제한하고 참변을 막을 책임이 소수의 강대국이나 초강대국에만 있었다. 하지만 AI가 급증하면서 머잖아 훨씬 많은 주체가 비슷한 책임을 져야 할지 모른다.

이 시대의 지도자들은 재래식, 핵, 사이버, AI를 총망라하는 전력을 통제하기 위해 여섯 가지 의무를 다해야 한다.

첫째, 냉전시대의 선임자들이 그랬듯이 경쟁이나 적대 관계에 있는 국가의 지도부가 서로 어떤 형태의 전쟁을 원치 않는지 주기적으로 대화할 준비가 돼야 한다. 이를 위해 미국과 우방국들은 공동으로 추구하고 반드시 지켜야 할 이익과 가치관을 정립해야 하고, 여기에는 냉전시대와 그 이후에 성인이된 세대의 경험이 반영돼야 한다.

둘째, 핵전략을 둘러싸고 아직 해결되지 않은 난제들이 전략적·기술적·도덕적 차원에서 중요한 문제임을 인정하고 다시금 관심을 기울여야 한다. 수십 년간 전 세계는 초토화된 히로시마와 나가사키의 사례를 기억하며 핵전쟁을 무엇에도 비할 수 없이 무서운 사건으로 여겼다. 그러나 레이건 정권에서 국무장관을 지낸 조지 슐츠가 2018년 미국 의회에서 발언했듯이 "사람들이 그런 공포심을 잃은 것 같아 두려운" 것이 작금의 현실이다. 핵보유국 지도자들은 재앙을 막기 위해 서로 협력할 책임이 있음을 인정해야 한다.

셋째, 사이버·AI 강국은 자국의 독트린과 한계선을 확립하고(설령 그중 일부는 공개하지 않더라도) 경쟁국의 독트린과 일치하거나 유사한 부분을 찾아야 한다. 사용보다 억지가, 분쟁보다 평화가, 전면적 분쟁보다 제한적 분쟁이 우선시되게 하려면 사이버 전력과 AI 전력의 특성을 반영한 언어로 그런 우선순위를 명문화하고 합의해야 한다.

넷째, 핵보유국은 자국의 지휘통제체계와 조기경보시스템을 철저히 실사해야 한다. 이런 안전장치를 실사할 때는 사이버 위협에 맞서는 방어력과, 대량살상무기의 무단 혹은 우발적 사용을 방지하는 능력을 향상할 방법을 찾아야 한다. 그리고 핵 지휘통제체계나 조기경보자산을 노린 사이버 공격을 차단할 방안도 모색해야 한다.

다섯째, 각국, 특히 기술 강국들은 긴장이 고조되거나 극단적인 상황에서 의사결정 시간을 최대한 확보할 체계적 방안을 합의하에 만들어야 한다. 무엇보다 적대국 간에 불안정한 정세를 진정시키고 상호 안보를 보장할 장단기적 절차를 마련해야 한다. 위기 상황에서 첨단 무기를 사용할 때는 반드시 인간의 최종적 승인이 있어야 한다. 특히 적대국 간에 합의하여 어느 쪽이든 돌이킬 수 없는 결정을 내릴 때는 인간이 충분히 숙고할 수 있는 속도로, 그리고 생존할 수 있는 속도로 결정을

내리게 하는 의사결정체계를 구축해야 한다.[21]

여섯째, AI 강국들은 군사용 AI의 지속적 확산을 제한할 방법을 모색하거나, 외교와 무력 위협에 기초한 확산방지체제를 구축하는 방안을 고려해야 한다. 용납할 수 없는 파괴 행위에 사용하고자 AI 무기를 확보하려는 세력이 누구인가? 구체적으로 어떤 AI 무기가 그런 우려를 부르는가? 누가 제한선의 준수를 감시하고 강제할 것인가? 기존의 핵보유국들은 핵확산을 방지하기 위해 비슷한 노력을 기울여 불완전하나마 성공을 거뒀다. 만일 적대 행위가 만성화되었거나 윤리의식이 없는 정권이 혁신적이고 잠재적 파괴력을 가진 신기술로 전력을 강화한다면, 전략적 균형을 이루기가 어려워지며 그러면 분쟁을 방지하기도 어려워진다.

대부분의 AI 기술이 군민 양용인 만큼 우리는 항상 연구개발의 선봉에 서야 한다. 동시에 그 한계도 알아야 한다. 위기가 발생한 후에 그런 사안을 논의하려면 늦는다. 군사 분쟁에 AI가 동원되면 그 속도를 고려했을 때 아마 외교로 해법을 찾기도 전에 결과가 나올 것이다. 그래서 지금 강대국들이 사이버 무기와 AI 무기에 관한 논의를 본격적으로 시작해서, 최소한 공통된 어휘로 전략 개념들을 정의하고 대략적으로나마 서로의 제한선을 확인해야 한다. 최강의 파괴력을 가진 무기를 제한하는 상호 합의를 미뤘다가는 큰 비극이 벌어질 수 있다. 이미 스스로 진화하는 지능적 무기를 개발하는 경쟁을 시작한 인류가 그 경쟁에 한계를 설정하지 않는다면 훗날 역사가 용서하지 않을 것이다. 인공지능의 시대에도 국제사회에서 우위를 점하려는 각국의 경쟁이 지속되는 상황을 완전히 막을 수는 없겠지만, 그 근저에는 인류의 생존을 고려한 윤리적 판단이 버티고 있어야 한다.

6장

인간의 정체성

2030년 초쯤이면 우리는 뇌의 신피질을
비생물학적 지능과 결합할 수 있다.
지적 한계는 사라지고,
인간의 지능은 두뇌 바깥으로 나아가
클라우드에 도달할 것이다.

레이 커즈와일 | 미래학자

한때는 인간만 가능했던 작업을 점차 기계가 수행하는 시대에 인간으로서 우리는 무엇을 근거로 정체성을 규정해야 할까? 앞서 살펴봤듯이 AI는 우리가 아는 현실을 확장한다. 우리가 커뮤니케이션하고, 관계 맺고, 정보를 공유하는 방식을 바꾼다. 우리가 수립하고 실행하는 독트린과 전략을 변화시킨다. 인간이 독자적으로 현실을 탐색하고 조성하지 않고 AI를 인지와 사유의 보조자로 동원한다면, 자신에 관한 인식과 이 세계에서의 역할에 관한 인식이 어떻게 달라질까? 인간의 자율성·존엄성 같은 개념과 AI가 어떻게 양립할까?

과거에는 인간이 역사의 주인공이었다. 대부분의 사회가 비록 인간이 불완전할지언정 그 능력과 경험이야말로 이 세상에서 유한한 존재가 이를 수 있는 최고의 경지라고 믿었다. 그래서 인간 정신의 정점을 보여주는 이들을 칭송하고 동경했다. 그런 영웅들은 지도자, 탐험가, 발명가, 순교자 등으로 사회마다 시대마다 다양하게 존재했지만, 위대한 업적으로 인간이 만물의 영장임을 보여주는 표본이라는 공통점이 있었다. 현대에 와서는 주로 이성의 힘으로 현실을 앞장서 탐색하고 체계화한 이들, 예를 들면 우주비행사, 발명가, 기업가, 정치 지도자가 찬사를 받았다.

지금 우리는 이전에 인간의 정신만 수행하거나 시도했던 작업을 점점 인간의 피조물인 AI에 위임하는 시대에 접어들었다. AI가 그런 작업에서 인간지능이 도출하는 결과와 유사한, 혹은 그 이상의 결과를 내놓자 인간의 고유한 특성에 의문이 제기됐다. 게다가 AI는 학습으로 '성장'까지 한다(제게 주어진 목적함수에 의거해). 이 역동적 학습으로 AI는 그간 인간 개인과 집단의 전유물로 여겨졌던 복잡한 결과를 만들어낸다.

AI가 부상하면서 인간의 역할·열망·성취가 새롭게 정의될 것이다. 이 시대에는 인간의 어떤 특성이 칭송받을 것인가? 그 시대정신은 무엇이 될 것인가? AI는 인간이 전통적으로 현실을 인식하던 두 가지 방식, 즉 신앙과 이성 외에 또 다른 방식을 제시한다. 이 같은 변화는 세계에 관한, 그리고 그 안에서 인간의 위치에 관한 우리의 핵심적 가정을 시험하고 때로는 전환할 것이다. 이성은 과학을 혁명적으로 발전시키고 우리의 사회적 삶, 예술, 신앙을 바꿔놓았다. 이성의 면밀한 감시하에 봉건제도가 무너지고 이성적인 사람들이 통치에 직접 관여하는 민주주의가 발흥했다. 이처럼 우리의 자기인식을 떠받치는 원리가 이제 AI로 인해 다시금 시험대에 오를 것이다.

AI가 현실을 예측하고 유사하게 시뮬레이션해서 우리 삶에 중요한 요소를 파악하고, 이후 일어날 일을 예상하고, 무엇을 해야 할지 결정하는 시대에는 인간의 이성에 부여된 역할이 바뀔 수밖에 없다. 그와 함께 우리가 개인적으로, 또 사회적으로 인식하는 목적도 달라질 것이다. 어떤 영역에서는 AI가 인간의 이성을 증강할 것이다. 또 어떤 영역에서는 인간이 핵심적 작업과 별로 상관이 없다는 느낌을 줄 것이다. 차량이 어떤 설명할 수 없는(그리고 굳이 설명해주지 않는) 계산을 근거로 차선이나 경로를 선택할 때, AI 기반 심사로 대출이 승인되거나 거절될 때, 역시 AI 기반 심사로 취업 면접 여부가 결정될 때, 본격적으로 연구를 개시하기도 전에 AI 모델이 가장 유력한 답을 제시할 때 인간은 그 효율성에 감탄하면서도 성취감을 상실할 수 있다. AI는 주체성, 중심성, 복잡한 지능의 독점자로서 인간의 지위를 당연시하는 이들의 자기인식에 도전장을 던진다.

지금까지 이야기한 발전상은 여러 면에서 우리의 인식이 달라지는 현실을 보여준다. AI로 인해 우리가 세상과 상호작용하는 방식이 달라지고 그에 따라 자신에 관한, 그리고 세계에서의 역할에 관한 인식이 달라진다. AI는 예측하고(예: 환자의 질환이 초기 유방암일 가능성), 결정하고(예: 체스에서 다음에 둘 수), 정보를 강조하며 필터링하고(예: 영화나 투자 종목 추천), 인간과 유사한 텍스트(문장·문단·문서)를 만든다. 이런 능력이 계속 발전하면서 대부분의 사람이 창조적 혹은 전문적이라고 생각하는 경지에 빠르게 접근하고 있다. AI가 무언가를 예측하고 결정하고 생성한다고 해서 인간과 같은 경지에 도달했다는 증거가 되지는 않는다. 하지만 결과물만 놓고 보자면 이전에 인간이 독자적으로 만들었던 결과물에 필적하거나 그보다 우수한 것이 많다.

예를 들어 GPT-3 같은 생성형 모델이 만드는 텍스트를 생각해보자. 초등교육을 받은 사람이라면 대부분 합리적 추론으로 미완성 문장을 완성할 수 있다. 하지만 GPT-3처럼 문서와 코드를 작성하려면 수년간 고등교육을 받으며 기술을 습득해야 한다. 따라서 생성형 모델은 문장 완성 같은 작업이 긴 글을 쓰는 것과 별개이고 그보다 단순하다는 우리의 믿음에 이의를 제기한다. 생성형 모델이 발전함에 따라 AI는 인간이 발휘하는 능력의 고유성과 상대적 가치에 관한 인식을 바꾸고 있다. 그래서 우리는 어떤 결론에 이르게 될까?

AI는 인간의 현실 인식을 보완함으로써 우리의 실질적 파트너로 등극할 수 있다. 과학 연구, 창작, 소프트웨어 개발 같은 분야에서 인간과 다르게 현실을 인식하는 대화자가 존재한다면 큰 도움이 될 것이다. 하지만 그렇게 협업하기 위해서는 우리의 이성이 유일하게 현실을 지각하거나 탐색하는 수단이 아닌(어쩌면 가장 효과적인 수단도 아닌) 세상에 적응해야만 한다. 그렇다면 금속활자 인쇄기가 발명된 후 약 6세기 동안 인간의 경험에 일어난 어떤 변화보다도 큰 변화가 일어날 것이다.

이에 각 사회는 두 가지 길 중 하나를 선택해야 한다. 하나는 그때그때 단편적으로 대응하면서 적응하는 것이고, 다른 하나는 인간의 진취적 능력을 총동원해 AI의 역할을 정의하는 동시에 우리의 역할도 재정의하는 논의를 시작하는 것이다. 우리의 기본적인 선택은 전자다. 후자는 지도자와 철학자, 과학자와 인문학자 등 여러 집단의 적극적 대화가 요구되기 때문이다.

결국에는 개인과 사회가 삶의 어떤 측면을 인간지능의 몫으로 남기고 어떤 측면을 AI에게, 혹은 인간과 AI의 협업체계에 맡길지 결정해야 한다. 인간과 AI가 협업한다고 해서 그 관계가 동등해지진 않는다. AI는 어디까지나 인간이 만들고 관리하는 대상이다. 하지만 우리가 AI에 익숙해지고 의존도가 높아질수록 이를 통제하는 행위가 비용적·심리적으로 부담스러워지고 더 복잡한 기술이 요구될 수 있다. 그래도 우리는 AI가 인간의 경험을 어떻게 바꾸고 정체성에 어떤 의문을 제기하는지 이해하여, 그런 변화의 양상 중 어느 부분을 규제하거나 인간의 다른 활동으로 균형 잡아야 하는지 판단해야 한다. 인류의 미래를 계획하려면 AI시대에 걸맞은 인간의 역할을 정의해야 한다.

인간 경험의 변화

누군가는 AI 덕분에 역량이 강화될 것이다. 대부분의 사회에서 AI를 이해하는 사람은 소수일지언정 점점 증가하는 추세다. 이들은 AI를 만들고, 훈련하고, 운용하고, 규제하는 사람들로서 AI와 인간의 파트너 관계가 만족스럽고 간혹 놀랍기도 할 것이다. 그리고 기술 고문의 도움을 받는 정책 결정자와 기업 경영자도 비슷한 경험을 할 것이다. 이미 의학·생물학·화학·물리학에서 AI가 많은 혁신을 일으켰듯이 앞으로 다양한 분야에서 전문적 AI 기술 덕분에, 많은 사람이 기존에 인간의 이성이 선사하던 정도를 능가하는 경험을 하면서 성취감을 느낄 것이다.

꼭 전문가만 아니라 기술 지식이 부족하거나 단순히 소비자로서 AI 기반 프로세스에 참여하는 사람도, 예를 들면 바쁜 와중에 자율주행차에서 책을 읽거나 이메일을 확인하는 경우처럼 빈번히 그런 프로세스에 만족감을 느낄 것이다. 이렇게 소비자 상품에 AI가 탑재되면 훨씬 많은 사람이 AI의 편익을 누리게 된다.

하지만 AI는 개인 사용자의 편익과 무관하고 제어 범위를 벗어나는 네트워크와 시스템을 운용하기도 한다. 그럴 때는 AI 때문에 당혹감이나 좌절감을 느낄 수 있다. 예를 들면 AI가 다른 사람을 승진이나 전보 대상자로 추천하거나 상식에 반하는 태도를 권할 때 그럴 것이다.

관리자는 AI를 투입함으로써 많은 이점을 누릴 수 있다. AI의 결정은 대체로 인간의 결정만큼 혹은 그 이상으로 정확하고, 안전장치만 제대로 갖춰지면 편견의 영향도 덜 받는다. 같은 맥락에서 자원을 분배하고, 결과를 예측하고, 해법을 추천할 때도 AI가 인간보다 뛰어난 능력을 발휘할 수 있다.

그리고 현재 확산 일로에 있는 생성형 AI가 새로운 텍스트·이미지·영상·코드를 생성하는 능력을 발휘해, 지금껏 창작의 영역으로 여겨졌던 작업(예를 들면 문서 작성과 광고 제작)을 인간만큼 잘 수행할 가능성도 있다. 신제품을 판매하는 사업가, 새로운 정보를 이용하는 경영자, 더욱더 강력한 AI를 만드는 개발자라면 이 같은 기술의 발전으로 운신과 선택의 폭이 확장되는 느낌을 받을 것이다.

자원 배분의 효과가 극대화되고 의사결정의 정확도가 높아지는 것은 사회적 편익이고, 개인들은 그보다 자율성에, 그리고 현상을 일련의 행동과 원리로 설명하는 능력에 더 큰 의의를 둔다. 설명이 가능할 때 의미와 목적이 생기고, 대중이 도덕원리를 인정하고 실천할 때 정의가 구현된다. 하지만 알고리즘은 제 결론을 인간의 경험에 근거하여 대중에게 설명하지 않는다. 그런 알고리즘이 곳곳에서 작용하는 세상을, AI 전문가를 포함해 일부는 지능적으로 발전한 세상이라고 생각할지 모른다. 하지만 대다수는 AI가 하는 행동의 이유를 이해할 수 없어서 자율성이 감소하고 세상에 의미를 부여하기가 어려워졌다고 느낄 것이다.

AI가 노동의 본질을 바꾸면 많은 사람이 정체성, 성취감, 경제적 안정성에 타격을 입을지 모른다. 그런 변화로 실직할 위험이 커지는 쪽은 아마도 전문 훈련이 요구되는 블루칼라 및 중간관리 직종, 데이터를 검토·해석하거나 표준 양식으로 문서를 작성하는 업무의 비중이 높은 전문직종일 것이다.[1] 만일 그런 변화로 효율성만 높아지지 않고 새로운 노동자에 대한 수요가 발생한다 할지라도, 설령 그런 현상이 사회 전반에서 삶의 질을 향상하고 경제의 생산성을 키우는 과도기적 변화라는 사실이, 단기간이나마 일자리를 잃은 당사자에게는 위로가 될 리 없다. 어떤 사람은 마침내 잡무에서 벗어나 더 성취감이 큰 업무에 집중할 수 있다고 쾌재를 부르겠지만, 또 어떤 사람은 자신이 보유한 기술이 시대에 뒤처지거나 불필요해졌다고 낙담할 것이다.

이런 딜레마가 이 시대에 새로이 대두한 문제는 아니다. 기술 혁명으로 일자리가 없어지거나 변화하는 현상은 과거에도 존재했다. 과거에 방직기가 발명되어 노동자를 대체하자 신기술의 사용을 저지하고 기존의 방식을 고수하고자 했지만, 그런 시도가 실패하자 신기술을 파괴하려고 했던 러다이트운동이 일어났다. 농업이 산업화되자 농촌 인구가 도시로 대거 이주했다. 세계화로 생산·공급사슬이 달라지자 많은 사회가 변화와 소요를 겪은 후에야 전반적 발전을 이룩했다. AI의 장기적 영향을 차치하고 단기적 영향만 보자면 일부 산업·직군·구성원의 정체성에 혁명적 변화가 일어날 것이다. 각 사회는 실직자에게 새로운 수입원만 아니라 새로운 성취감의 원천도 제공할 수 있도록 대비해야 한다.

의사결정

현대사회에서 문제가 발생했을 때 표준적 대응은 해법을 모색하는 것이고, 그 방법 중 하나는 애초에 문제의 소지를 만든 사람을 밝히는 것이다. 이런 태도가 인간에게 부여한 책임과 주체성은 정체성에서 큰 부분을 차지한다. 그런데 이 공식에 새로운 주체가 끼어들어, 인간이 어떤 상황에서든 제일 중요한 사고자요 행동자라는 우리의 인식에 균열을 예고한다. 앞으로는 AI를 만들고 제어하는 사람이든 그냥 이용만 하는 사람이든 모두가 부지불식간에 AI와 상호작용하고, 자신이 요청하지도 않았는데 AI가 도출한 답이나 결과를 제공받을 것이다. 그리고 보이지 않는 AI가 신기하게도 세상을 우리의 기호에 맞는 곳으로 만들 것이다. 예를 들어 상점에 들어가면 마치 우리의 방문과 취향이 다 예측되었다고 느껴질 것이다. 또 한편으로는 세상이 부조리하다는 느낌을 받을 수 있다. 가령 취업 제안, 자동차대출 및 주택대출 심사, 경비회사나 치안기관의 결정처럼 삶에 큰 영향을 미치는 사안이 어떤 인간도 설명할 수 없는 방식으로 결정될 때 그렇다.

이렇게 이성적 설명과 불투명한 의사결정 간에, 개인과 대형 시스템 간에, 기술 지식 및 권한을 가진 사람과 그렇지 않은 사람 간에 갈등이 빚어지는 현상 역시 새롭지 않다. 정말 새로운 것은 인간에게 속하지 않고 웬만해서는 인간의 이성으로 설명할 수도 없는 또 다른 지능의 개입이다. 이 새로운 지능은 확산성과 확장성이 대단하다. AI에 관한 지식이나 권한이 없는 사람일수록 이를 거부하고 싶은 충동을 강하게 느낄 수 있다. 자율성 침탈 같은 역효과를 경험하거나 우려해 SNS 같은 AI 기반 네트워크 플랫폼을 기피하고 일상에서(적어도 AI가 의식되는 영역에서는) AI 사용을 최소화하는 사람도 있을 것이다.

더 나아가 '가상주의자'가 되지 않고 '물리주의자'로 남기를 고집하는 집단도 나올 수 있다. 그들은 아미시나 메노나이트▪처럼 AI를 완전히 거부하고 오로지 신앙과 이성으로만 세워진 세계에서 완강히 버틸 것이다. 하지만 AI가 확산되면 이를 거부하는 활동이 점점 더 외로운 싸움이 된다. 아니, 거부라는 개념 자체가 성립하지 않는다. 사회가 꾸준히 디지털화되고 AI가 꾸준히 정부와 상품에 편입되면 그 영향권을 벗어나기가 사실상 불가능해지기 때문이다.

과학 연구

과학 지식은 수많은 시행착오를 거치고 이론과 실험의 큰 간극을 메우며 발전한다. 머신러닝이 진화하면서, 예전처럼 이론 지식으로 모델을 만들지 않고 AI가 실험 결과를 토대로 나름의 결론을 도출해 모델을 만드는 새로운 패러다임이 등장했

▪ 자동차 등 현대 문명의 많은 부분을 거부하는 기독교 종파.

다. 여기에는 이론 모델이나 종래의 컴퓨터 모델을 만들 때와 다른 전문성이 요구된다. 문제를 깊이 이해하는 것은 물론, 어떤 데이터를 사용하고 그 데이터를 어떤 형식으로 표현해야 AI 모델이 문제를 잘 해결하도록 훈련할 수 있는지 판단하는 능력이 필요하다. 할리신의 예를 들자면 모델에 어떤 화합물들의 어떤 속성을 입력하느냐가 중요했고 그 선택에 행운이 따라서 좋은 결과가 나왔다.

머신러닝이 과학 지식의 발전에 끼치는 영향이 커지면서 인간에 관한, 그리고 이 세계에서 인간의 역할에 관한 우리의 인식에 또 다른 균열이 생겼다. 그동안 과학은 인간의 전문성·직관·통찰력으로 쌓아올린 금자탑이었다. 오로지 인간이 이론을 수립하고 실험을 수행하며 탐구를 이끌었다. 그러나 AI가 등장하면서 과학 탐구로 새로운 현상을 발견하고 지식을 확장하는 과정에 인간과는 다른 세계 해석이 개입하기 시작했다. 머신러닝으로 뜻밖의 결과가 점점 더 많이 도출되고, 그런 결과에서 새로운 이론 모델과 실험이 촉발한다. 체스 전문가들이 알파제로가 사용한 독창적 전략을 받아들여 체스를 더 폭넓게 이해하는 탐구 과제로 삼았듯이 과학자들도 여러 분야에서 비슷한 행보를 보이기 시작했다. 생물학·화학·물리학계에서 AI가 새로운 것을 발견하면 인간이 그걸 이해하고 설명할 방안을 모색하는 협업 관계가 대두하고 있다.

생화학계에서 AI를 이용해 광범위한 발견을 도모하는 인상적 사례인 알파폴드AlphaFold는 강화학습으로 새롭고 우수한 단백질 모델을 만든다. 단백질은 크고 복잡한 분자로서 생물의 조직과 장기를 구성하고 그 생리작용에 관여하는 중요한 물질이다. 단백질은 아미노산이라는 더 작은 물질 수백(혹은 수천) 개가 긴 사슬처럼 이어진 형태다. 단백질을 구성하는 아미노산의 유형은 총 20가지이고, 일반적으로 단백질을 표현할 때는 각 유형에 해당하는 알파벳을 수백(혹은 수천) 개 나열한 서열을 이용한다.

아미노산 서열은 단백질 연구에 요긴하게 쓰이지만, 아미노산 사슬로 형성되는 단백질의 3차원 구조를 표현하지 못한다는 치명적 단점이 있다. 단백질은 복잡한 형태로 구성되는데 마치 자물쇠에 꽂히는 열쇠처럼 그 형태가 3차원 공간에 부합할 때 질병의 진행이나 치료 같은 생화학 작용이 일어난다. 단백질의 구조가 X선 결정법처럼 번거로운 실험으로 확인되는 경우가 간혹 있다. 하지만 그런 시도를 했다가 단백질이 왜곡되거나 파괴돼서 구조를 확인할 수 없을 때가 더 많다. 그래서 아미노산 서열로 3차원 구조를 확인하는 기술이 필요하다. 1970년대부터 과학자들은 이 문제를 '단백질 접힘protein folding'이라 불러왔다.

2016년까지만 해도 단백질 접힘의 정확도가 크게 향상되지 않았으나 알파폴드의 등장으로 크게 진전했다. 그 이름에서 짐작할 수 있듯이 알파폴드는 알파제로에게 체스를 가르칠 때 썼던 방식을 차용했다. 알파제로처럼 강화학습으로 단백질 모델을 만들기 때문에 인간의 전문 지식, 즉 기존에 알려진 단백질 구조에 의존하지 않는다. 알파폴드 덕분에 기존에 40퍼센트 수준에 머물던 단백질 접힘의 정확도가 두 배 이상 상승한 약 85퍼센트에 이르러, 전 세계 생화학계에서 인간과 동식물을 해치는 병균의 처치법과 관련해 이전에 찾지 못했던 답이나 새로운 질문을 탐구할 수 있게 됐다.[2] 알파폴드처럼 AI가 없었으면 실현 불가능했을 첨단기술이 각종 분야에서 측정과 예측의 한계를 돌파하는 중이다. 그 결과로 질병 치료와 환경보호 등 중대한 과제를 해결하기 위한 과학 탐구의 방식이 변하고 있다.

교육과 평생학습

AI와 함께 성장하는 세대는 서로는 물론이고 자기 자신과도 앞선 세대와 다른 성격의 관계를 맺을 것이다. 지금 '디지털 네이티브'와 이전 세대의 간극이 존재하듯이 'AI 네이티브'와 이전 세대의 간극이 벌어질 전망이다. 미래 세대는 어릴 때부터 알렉사와 구글 홈보다 진화화여 베이비시터, 과외 교사, 상담사, 친구 등 다양한 역할을 수행하는 AI 도우미와 함께 자랄지 모른다. 이런 AI 도우미는 세상에 존재하는 거의 모든 언어와 학문을 가르치고 각 학생의 학습 능력과 방식에 맞춰 학업 성취도를 극대화하는 맞춤형 교육을 제공할 것이다. 그리고 아이가 심심할 때는 친구로, 부모가 외출 중일 때는 보호자로 그

곁을 지킬 것이다. AI 기반의 맞춤형 교육이 도입되면 인간의 평균적 능력이 향상될 가능성과 손상될 위험성이 공존한다.

인간과 AI의 경계에는 구멍이 숭숭 뚫려 있다. 일찍부터 디지털 도우미를 이용하는 아이들은 디지털 도우미가 없는 삶을 상상하기 어려울 것이다. 그리고 디지털 도우미는 주인과 함께 성장하며 주인의 취향과 편견을 내면화할 것이다. 개인에게 맞추어 편의나 성취감을 극대화하도록 설계된 디지털 도우미가 어떤 정보나 경험을 꼭 필요하다고 추천할 때, 인간 사용자는 왜 그것이 다른 것보다 좋은지 설명하지 못할 수 있다.

그렇게 세월이 흐르면 사람들이 인간보다 디지털 도우미를 더 좋아하게 될지 모른다. 타인은 자신의 취향을 척척 알아차리지 못하고 '의견 차'가 크기 때문이다(인간은 남의 성격과 욕구를 내면화하지 않으므로). 그렇다면 우리는 인간관계에 덜 의존하게 될지도 모른다. 그럴 때 유년기의 중요한 경험은 어떻게 형성될 것인가? 인간의 감정을 (모방할 수는 있겠으나) 느끼지 못하는 기계가 항상 동반자로서 공존한다면 아이의 세계관과 사회화 과정이 어떻게 달라지는가? 상상력에는 어떤 영향을 미치는가? 놀이의 성격은 어떻게 바뀌는가? 친구를 사귀고 집단에 동화되는 과정은 어떻게 변화할 것인가?

디지털 정보를 이용하면서 이미 젊은 세대의 교육과 문화 경험이 달라졌다는 견해도 존재한다. 이제 세계는 또다시 원대한 실험에 돌입했다. 이전에 인간 교사가 맡았던 다양한 역할을 수행하는 기계, 하지만 인간의 감수성·통찰력·감정은 없는 기계가 아이들과 공존하는 시대로 나아가기 시작했다. 훗날 아마도 이 실험의 참가자들은 자신의 경험이 이전에 예상하거나 수용하지 못했던 방향으로 변화하는지 스스로 물을 것이다.

부모들은 자녀가 일찍부터 그런 기계에 노출되면 어떤 영향을 받을지 확실치 않으므로 반발할지도 모른다. 한 세대 전 부모들이 텔레비전 시청 시간을 제한했고 요즘 부모들이 디지털 기기 사용 시간을 제한하듯, 미래 부모들은 AI 사용 시간을 제한할지 모른다. 하지만 자녀를 출세시키려는 부모, AI를 인간 부모나 교사로 대체할 의향이나 능력이 없는 부모, AI 친구를 원하는 자녀의 욕구를 채워주고 싶은 부모는 AI 파트너를 허용할 것이다. 그러면 아이들은 감수성이 풍부한 시기에 AI와 대화하며 세상을 배우고 세계관을 형성할 것이다.

우리 시대의 모순은 디지털화로 인간이 이용하는 정보가 계속 늘어나지만 진중한 사색에 필요한 공간은 점점 줄어든다는 사실이다. 끊임없이 범람하는 콘텐츠 때문에 사유의 비용이 증가함에 따라 사유의 빈도는 감소한다. 자극을 원하는 인간의 욕구에 맞춰 알고리즘이 우리에게 추천하는 콘텐츠나 경험은 대체로 극적이고, 충격적이고, 감정적이다. 이런 환경에서 진지하게 생각할 공간을 찾기란 쉬운 일이 아니다. 그뿐만 아니라 현재 지배적인 커뮤니케이션 방식도 진득한 사유에 그리 도움이 안 된다.

새로운 정보 중개자

4장에서 말했듯이 AI는 우리의 정보 영역에 점점 더 큰 영향을 미친다. 그간 인간은 경험에 필요한 정보를 공급하는 중개자를 만들었다. 바로 복잡한 정보에서 꼭 필요한 내용만 추려 유통하는 조직과 기관이다.[3] 각 사회는 육체노동과 더불어 정신노동도 분업화해, 시민에게 일반 정보를 제공하는 언론과 전문 교육을 제공하는 대학을 만들었다. 언론과 대학이 정보를 취합·선별·유통하고 그 의미를 정의했다.

이제는 금융·법무 등 고강도 지적 노동이 요구되는 모든 분야에서 AI가 학습 과정에 편입되고 있다. 하지만 인간이 매번 AI가 제공하는 정보의 대표성을 검증하거나, 틱톡과 유튜브 같은 애플리케이션이 특정한 영상을 추천하는 이유를 설명할 수는 없다. 반면에 인간 편집자와 앵커는 특정한 정보를 제공하기로 결정한 이유를 설명할 수 있다(비록 부실하더라도). 인간이 그런 설명을 원하는 한, AI의 시대는 AI의 원리와 프로세스를 이해하지 못하는 대다수에게 실망을 안길 것이다.

AI는 인간의 지식에 이율배반적 영향을 미친다. AI 중개자는 인간 정신이 홀로 처리할 때보다 훨씬 많은 데이터를 처리한다. 하지만 방대한 데이터를 처리하는 능력 때문에 조작과 오류의 여지가 커진다. AI는 기존의 선전 매체보다 인간의 강렬한 감정을 더 잘 이용할 수 있다. 개개인의 취향과 본능에 맞춘 정보를 제공함으로써 개발자나 사용자가 원하는 반응을 끌어낸다. 그래서 AI 중개자가 투입되면 아무리 인간이 제어한다고 해도 개개인 안에 존재하는 편향성이 증폭될 수 있다. SNS 플랫폼과 검색엔진은 치열한 경쟁에서 이기기 위해 사용자가 가장 관심을 보일 만한 정보를 제공한다. 사용자가 보고 싶어 한다고 판단되는 정보가 우선시되면서 사용자의 현실 인식이 왜곡된다. 19~20세기에 기술 발달로 정보의 생산 및 유통 속도가 향상됐다면, 지금은 AI가 개입함으로써 유통되는 정보 자체가 달라진다.

어떤 사람은 현실을 왜곡하지 않는, 적어도 대놓고 왜곡하진 않는 정보 필터를 원할 것이다. 또 어떤 사람은 필터들이 내놓는 결과를 비교하며 균형을 잡으려 할 것이다. 그리고 종래의 인간 중개자를 선호해 AI의 필터링을 전면 거부하는 사람도 있을 것이다. 하지만 대다수의 사람은 AI의 중개를 당연하게 받아들이거나 네트워크 플랫폼을 이용하는 대가로 수용할 것이고, 그에 따라 이전처럼 개인이 직접 자료를 조사하고 분석하는 탐구 방식을 고수하는 사람은 세상이 돌아가는 속도를 따라잡기 어려워질지 모른다. 그들이 세상사에 미치는 영향력이 점점 약해질 것이다.

AI가 개개인의 오랜 신념을 확증하는 '뉴스'만 선별해서 보여주거나 오래전에 사망한 배우가 '출연'하는 영화를 만드는 등 정보와 오락 콘텐츠가 개인화되고 실감나게 합성된다면, 한 사회의 구성원들이 과연 그 사회의 역사와 현재를 공통되게 인식할 수 있을까? 사회에 공통된 문화가 존재할 수 있을까?

AI가 한 세기 동안 만들어진 음악이나 방송을 분석해 '히트작'을 만들면 창작의 산물이라 해야 할까, 단순한 짜깁기의 결과물이라 해야 할까? 작가·배우·화가처럼 인간의 고유한 능력을 발휘해 현실과 인생의 경험을 작품으로 승화하는 사람이라고 지금껏 여겨졌던 창작자들을 보는 자타의 시선이 그대로 유지될까?

인간의 새로운 미래

이성과 신앙은 AI의 시대에도 존재하겠지만 그 성질과 작용 범위는 기계가 사용하는 새롭고 강력한 논리의 영향을 크게 받을 것이다. 인간이 여전히 생명체 중에서는 최고의 지능을 보유한 존재로 여겨지더라도, 인간의 이성이 현실을 이해하기 위해 유일하게 사용되는 지능으로 존재하지는 않을 것이다. 이제 이 세상에서 우리의 위상을 파악하려면 이성을 중시하던 시각에서 벗어나 인간의 존엄성과 자율성을 중심에 둬야 할지도 모른다.

계몽주의는 인간의 이성을 정의하고 이전 시대와 비교해 이해하려고 했던 사상이다. 토머스 홉스, 존 로크, 장 자크 루소를 위시한 계몽주의 정치철학자들은 자연 상태에 관한 이론을 토대로 인간성과 사회구조를 설명하는 견해를 정립했다. 그래서 지도자들은 어떻게 하면 지식을 취합하고 객관적으로 보급해서 계몽된 정부를 만들고 인류를 번영시킬지 물었다. 그처럼 인간의 본질을 이해하기 위한 전방위적 노력이 없다면 AI시대에 일어나는 혼란을 가라앉히기 어려울 것이다.

신중론자들은 AI의 범용성을 거부하며 AI를 사용하는 시점·장소·방식을 제한해야 한다고 주장할지 모른다. 그리고 여전히 인간이 최종 결정권을 쥐고 AI는 어디까지나 보조로만 사용하려는 사회나 개인도 있을 것이다. 하지만 치열한 경쟁 때문에 섣불리 AI를 제한하기 어려운 현실을, 5장에서 논한 안보의 딜레마가 확실히 보여준다. 윤리나 법으로 AI의 사용을 철저히 제한하지 않는 이상, 경쟁사가 AI로 새로운 상품이나 서비스를 출시하는데 어떤 기업이 선뜻 AI 사용을 포기하겠는가? 관료·설계자·투자자가 AI로 쉽게 결과나 결론을 예측할 수 있다면 무슨 근거로 AI를 거부하겠는가? 사용을 제한하는 조치가 아무리 표면상으로 바람직해 보일지라도 너도나도 AI를 도입하도록 부추기는 경쟁 환경을 고려하면, 국가적 혹은 국제적 차원에서 명문화하지 않는 이상 실질적 성과를 기대하긴 어렵다.

AI가 물질세계와 디지털 세계를 탐색하고 관리하는 주체가 될 수 있다. 많은 분야에서 사람들이 인간 정신의 한계를 초월하는 AI의 결정을 선뜻 따를지도 모른다. 그러면 많은 사람이 자신에게 맞춰 필터링된 세계에 갇힐 수 있다. 이 시나리오가 실현되면 도처에서 은연중에 작용하는 AI의 위력 앞에 과연 자유 사회는 물론이고 자유의지가 존재할 수 있는지 의문이 제기될 것이다.

앞으로는 다방면에서 AI와 인간이 동등한 파트너로서 세계를 탐색할 것이다. 그러면 인간이 AI와, 또 현실과 새롭게 형성한 관계를 반영해 인간의 정체성이 변한다. 각 사회에서 인간이 주도하는 분야와 그렇지 않은 분야가 나뉘고, 그와 함께 AI를 이해하고 AI와 생산적으로 상호작용하기 위해 필요한 사회구조와 관습이 형성된다. 한편으로는 AI가 특유의 지능으로 최대한 인간의 편익을 향상하도록 지능적·심리적 인프라도 조성해야 한다. AI는 사회정치적으로 많은 부분에서, 아니 거의 모든 부분에서 그런 변화를 촉구할 것이다.

AI가 대대적으로 투입될 때마다 균형 유지가 중요하다. 각 사회와 지도자는 사람들 각자에게 당신이 AI를 상대하고 있으며 그것이 이러이러한 능력을 발휘한다고 언제 통보할지 정해야 한다. 그 결과로 AI시대를 사는 인간의 정체성이 새롭게 정립된다.

어떤 사회와 기관은 이런 변화에 서서히 적응할 것이다. 반대로 어떤 사회와 기관은 현실과 스스로를 인식하는 방식에서 근본적 가정과 충돌한다고 느낄 것이다. AI는 정보의 이용과 교육을 촉진하는 동시에 개개인의 현실 인식이 증폭되고 왜곡될 가능성을 키우므로 그런 충돌의 규모가 더욱 커진다. 그리고 더 많은 정보와 도구를 보유하고 더욱 관점이 확고해진 개인들이 정부에 더 많은 것을 요구할지도 모른다.

그래서 여러 원칙이 등장한다. 우선 인간의 자율성을 보존하려면 정부의 중대한 활동은 AI 기반 시스템이 아닌 인간의 결정과 관리하에 둬야 한다. 인간을 '정치적 동물'이라 칭한 아리스토텔레스의 시대 이래로 이성과 함께 인간의 주요한 특징으로 꼽힌 것이 복잡한 사회를 형성하고 협력하는 능력이다. 그리하여 각 사회에는 분쟁을 평화적으로 해결하는 기본 원칙들이 존재한다. 그 원칙들에 의거해 정당한 수단으로 질서를 유지해야 한다. 정당성을 무시하고 질서를 잡으려 한다면 폭력에 불과하다.

　정부의 핵심적인 활동을 인간이 결정하고 감독할 때만 바로 그 정당성을 확보할 수 있다. 예를 들어 법을 집행할 때 법원이 상식과 도덕에 입각해 판결의 이유를 제시하고, 당사자들이 공정성을 따져본 후 만일 사회의 도덕 원칙에 부합하지 않는다고 판단하면 이의를 제기할 수 있어야 판결의 정당성이 확보된다. 따라서 AI시대에도 중대한 판단을 하는 주체는 올바른 자격을 갖추고 이유를 제시할 수 있으며 익명이 아닌 인간이어야 한다.

　같은 맥락에서 민주주의에도 인간성이 유지돼야 한다. 그러자면 일단 민주적 논의와 선거가 훼손되지 않아야 한다. 민주적 논의를 하기 위해서는 개개인에게 발언의 기회가 주어져야 하고, 인간의 발언이 AI에 의해 왜곡되지 않아야 한다. 인간에게는 언론의 자유가 보장돼야 하지만 AI에게도 그런 자유가 허락되면 안 된다. 4장에서 말했듯이 AI는 실제 영상이나 오디오와 분간이 잘 안 가는 딥페이크처럼 부정확한 정보를 고품

AI시대에도 중대한 판단을 하는 주체는
올바른 자격을 갖추고 이유를 제시할 수 있으며
익명이 아닌 인간이어야 한다.

질로 대량 생성할 수 있다. 아무리 인간이 원해서 자동으로 말
하는 AI가 탄생했다고 해도, AI가 만드는 말은 진짜 인간이 하
는 말과 쉽게 구별돼야 한다. 잘못된 정보와 허위정보(악의적
으로 날조된 정보)의 유통을 방지하기 위해, 쉽진 않아도 AI의
개입을 반드시 규제해야 한다.

　민주주의는 언론의 자유를 토대로 시민이 정보를 공유하
고, 절차에 참여하고, 소설과 시와 예술로 자기를 표현할 수 있
어야 성립한다.[4] AI가 만드는 거짓된 발언은 아무리 인간의 말
과 유사하다고 해도 인간의 발언을 가리거나 왜곡할 뿐이다.
따라서 잘못된 정보를 생성하는 AI의 확산을 방지해야 시민이
자유로운 발언과 논의로 민주적 절차에 원활히 참여할 수 있
다. AI가 실제로는 만난 적 없는 공인 두 사람이 만나서 대화하
는 콘텐츠를 만들었다면 잘못된 정보, 오락 콘텐츠, 정치적 탐
구 중 무엇으로 분류해야 하는가? 혹시 그 답이 맥락에 따라,
혹은 참여자에 따라 달라져야 하는가? 개인에게는 동의 없이
현실의 시뮬레이션에 포함되지 않을 권리가 있는가? 만일 동
의했다면 시뮬레이션 속의 발언이나 모습에 조금이라도 진실
성이 더해지는가?

　각 사회는 제일 먼저 다양한 영역에서 AI의 사용이 허용

되고 허용되지 않는 범위를 정해야 한다. AGI처럼 강력한 AI는 악용을 방지하기 위해 철저히 규제해야 한다. AGI는 어마어마한 개발 비용이 들기 때문에 아마도 개발할 수 있는 주체가 소수에 불과하고, 그래서 자연스럽게 사용이 제한될 것이다. 어떤 규제는 자유로운 사업 활동과 민주적 절차에 관한 사회의 통념에 위반될지도 모른다. 그런가 하면 AI를 이용한 생물학 무기 생산을 금지하는 것 같은 규제는 당연히 확립돼야 하지만 국제적 공조가 필요하다.

이 글을 쓰는 현재 EU는 사생활 보호와 언론의 자유 등을 중시하는 유럽의 가치관과 유럽 기반 AI 기업의 육성이라는 경제적 필요 사이에서 균형을 잡기 위해 AI 규제안의 기초를 마련했다.[5] 이 규제안은 국가가 감시용 AI를 포함해 AI 연구개발에 전폭적으로 투자하는 중국의 노선과, 민간이 연구개발을 주도하는 미국의 노선 사이로 난 길을 추구한다. EU의 노선은 기업과 정부가 데이터와 AI를 사용하는 방식을 통제하면서도 유럽 기반 AI 기업을 키우는 것이다. EU의 규제안에는 AI의 다양한 용법에 내재하는 위험성을 평가하고, 안면인식처럼 위험성이 높다고 판단되는 기술을 사용하지 못하도록 정부에서 제한하거나 금지하는 방안이 포함됐다(물론 안면인식이 위험하기만 한 기술은 아니고 실종자 수색과 인신매매 방지 등에 유용하게 쓰일 수 있다). 이제 시작 단계라 앞으로 많은 논의를 거쳐 규제안이 개정되겠지만, 시민의 생활양식을 발전시키고 더 나은 미래를 열어주리라 기대되는 AI를 적절히 제한하고자 하는 EU

의 시도는 현 단계에서도 눈여겨볼 만하다.

결국에는 이런 노력이 제도화로 이어질 것이다. 미국은 이미 여러 학술 조직과 자문기구에서 인공지능의 부상이 기존의 절차와 구조에 미칠 영향을 연구하기 시작했다. 예를 들면 MIT에서 노동의 미래를 예측하는 프로젝트를 진행 중이고,[6] 정부에 인공지능국가안보위원회NSCAI가 설치됐다.[7] 분석을 완전히 포기하는 사회는 뒤처질 수밖에 없다. 적극 탐구하여 선제적으로 제도를 개편하거나, 다음 장에서 설명하겠지만 완전히 새로운 제도를 확립함으로써 대량 실직 사태를 방지하고 인간과 AI의 협업에서 거둘 수 있는 물질적·지적 혜택을 극대화하는 사회가 앞서갈 것이다. AI가 계속 발전하는 세상에서는 그에 걸맞은 제도가 반드시 확립돼야 한다.

현실과 인간에 관한 인식

AI가 탐색하는 현실, 혹은 AI의 도움으로 탐색하는 현실은 이전에 인간이 상상했던 것과 다를 수 있다. 그 속에는 인간이 포착하지 못했거나 개념화할 수 없는 패턴이 존재할지 모른다. AI가 도달한 현실의 기저는 인간의 언어만으로 설명되지 않을 수 있다. 우리의 동료 중 한 명은 알파제로를 언급하며 "이런 사례에서 볼 수 있듯이 인간의 의식에 허락되지 않은 앎의 방식이 존재한다"고 썼다.[8]

현재 우리가 보유한 지식의 한계를 넘어서려면 AI에게 우리가 진입할 수 없는 영역의 탐사를 명해야 할지도 모른다. 이때 AI가 갖고 돌아오는 패턴이나 예측을 우리가 완전히 이해하지 못할 수 있다. 그렇다면 평범한 인간의 경험을 초월하는 내밀한 현실이 존재한다고 봤던 영지주의자들의 주장을 재조명해야 할지도 모른다. 우리는 인간의 정신 구조와 전통적 사고 패턴에서 조금 더 벗어나 순수한 지식에 한 걸음 더 가까이 다가설 것이다. 그러면 현실의 유일한 인지자라고 여겼던 우리의 역할을 재정의하고, 우리가 탐색한다고 생각했던 현실도 재정의해야 한다. 설령 AI가 보여주는 현실이 당혹스럽진 않더라도 우리가 서로 간에, 그리고 현실과 상호작용하는 방식은 달라질 수 있다.

AI가 두루 보급되면 인간이 어느 때보다도 효과적으로 주변 환경을 인지하고 체계화할 수 있게 된다고 생각하는 사람도 나올 것이다. 반대로 또 어떤 사람은 우리의 능력이 과거에 생각했던 수준만큼 뛰어나지 않다고 말할 것이다. 이런 식으로 우리 자신과 속한 현실을 재정의하면, 우리의 기본적인 가정이 바뀌고 그와 함께 사회적·경제적·정치적인 합의도 달라진다. 중세에는 인간이 '이마고 데이*imago Dei*'(신의 형상)를 닮은 존재로 정의되고, 봉건제 농경 질서가 유지되고, 왕권이 존중되고, 우뚝 솟은 교회의 첨탑이 숭앙됐다. 이성의 시대에는 '코기토 에르고 숨'이라는 기치하에 새로운 지평이 활발히 탐색되면서 개인에게도 사회에도 숙명에 관한 인식에 인간의 주체성이라는 개념이 파고들었다. AI시대에는 아직 기본적인 이념도, 도덕론도, 추구해야 할 것과 제한해야 할 것도 정립되지 않았다.

AI 혁명은 대부분의 예상보다 빠르게 발생할 것이다. 그에 따르는 변화를 설명하고, 해석하고, 체계화하는 개념들을 확립하지 않는다면 우리는 길을 잃고 만다. 도덕적·철학적·심리적·실용적 차원에서, 즉 모든 차원에서 우리는 새 시대의 벼랑에 서 있다. 이성·신앙·전통·기술이라는 유서 깊은 자원을 활용해 여전히 세계에 인간성이 유지되도록, 현실과 우리의 관계를 재정립해야 한다.

7장

미래

우리는 지금 과학혁명의 중심에 있다.
공동체에 인공적 존재를 맞아들이면서
인류의 진보는 대단한 가속을 얻고
전 분야에서 엄청난 가치가 창출될 것이다.

존 카맥 | 메타 전 기술자문

AI시대가 제기하는 역사적·철학적 과제는 15세기 유럽에서 인쇄술의 발달이 불러온 변화에 견줄 수 있다. 중세 유럽은 지식을 중시했지만 책이 귀했다. 누군가가 문학 작품을 쓰거나 사실, 전설, 종교적 가르침을 엮은 백과사전류를 편찬했을 때 극소수의 독자만 그 저작을 입수할 수 있었다. 대부분의 사람에게 독서를 통한 간접 경험이란 불가능했고 지식은 대부분 구두로 전달됐다.

1450년 독일 마인츠의 금세공인 요하네스 구텐베르크가 빚을 내서 실험적 인쇄기를 만들었다. 비록 성과가 기대에 못 미쳐 사업이 휘청거리고 빚쟁이들에게 고소당했으나, 1455년 마침내 유럽 최초의 인쇄물인 구텐베르크 성경이 탄생했다. 이후 구텐베르크의 인쇄기가 불러온 혁명은 서양인의 생활 구석구석에 영향을 미치고 전 세계로 확산됐다. 1500년에는 유럽에서 900만 권의 책이 유통됐다고 추정되며 책값도 예전과 비교가 안 될 만큼 저렴했다. 성경이 (라틴어가 아닌) 일상의 언어로 널리 보급되고 역사·문학·어법·논리에 관한 고전고대의 저

작이 불티나게 팔렸다.[1]

인쇄기가 탄생하기 전 중세 유럽인은 주로 공동체의 전통에 참여해 지식을 습득했다. 수확과 계절 활동에 참여해 민간의 지혜를 얻고, 예배당의 성례에 참여해 신에 관하여 배우고, 길드에 입회해 기술을 익히며 전문가 네트워크에 합류했다. 새로운 정보나 사상(외국 소식, 혁신적 농경 기술이나 기계 기술, 새로운 신학적 해석)이 나오면 공동체에서 구두로 전해지거나 필사한 원고로 전달됐다.

하지만 인쇄물이 널리 보급되면서 개인과 지식의 관계가 변했다. 새로운 정보와 사상이 더 다양한 경로로 빠르게 확산됐다. 개인이 유익한 정보를 스스로 찾아서 학습할 수 있었다. 직접 원문을 보면서 그간 진리로 통했던 것이 진짜인지 확인했다. 소신 있는 사람들이 적당한 재원을 마련하거나 후원자를 확보해서 아이디어와 견해를 책으로 출간했다. 수학과 과학의 성취가 유럽 전역에 순식간에 퍼졌다. 소책자 교환이 정치적·종교적으로 논의하는 한 방법으로 인정됐다. 새로운 사상이 전파되며 기성 질서가 와해되거나 쇄신되어 종교가 변하고(종교개혁), 정치혁명이 일어나고(주권에 관한 인식 변화), 새로운 과학 지식이 습득됐다(현실을 설명하는 개념 재정립).

이제 우리 앞에 새 시대가 임박했다. 또다시 기술이 지식, 발견, 커뮤니케이션, 개인의 사유를 바꿀 것이다. 인공지능은 인간이 아니다. AI는 희망하지 않고, 기도하지 않고, 느끼지 않는다. 의식도 없고 성찰 능력도 없다. AI는 인간의 피조물로서

인간의 지능을 흉내내는 기계가 더 좋은 결과를
더 빨리 도출하는 필수 요소로 간주된다면,
역으로 인간의 이성만 사용하는 건
구시대적 행태로 취급될 것이다.

인간이 만든 기계에 인간이 설계한 프로세스를 실행할 뿐이다.
하지만 때로는 지금껏 인간의 이성으로만 도출할 수 있었던
것과 유사한 결과를 어마어마한 규모와 속도로 도출한다. 그
결과가 충격적일 때도 있다. 그래서 AI는 우리가 생각지 못했
을 만큼 극적인 현실의 측면을 드러낸다. AI를 파트너 삼아 능
력을 향상하거나 아이디어를 실현하고자 하는 개인과 사회는
과학적·의학적·군사적·정치적·사회적으로 이전과 비교도 되
지 않는 위업을 달성할지 모른다. 하지만 인간의 지능을 흉내
내는 기계가 더 좋은 결과를 더 빨리 도출하는 필수 요소로 간
주된다면, 역으로 인간의 이성만 사용하는 건 구시대적 행태로
취급될 것이다. 새 시대가 정립된 후에는 이성을 사용하는 행
위의 의미가 달라질 수 있다.

　15세기 유럽에서 발생한 인쇄 혁명으로 새로운 사상과 담
론이 탄생해 기존의 생활양식이 파괴되기도 하고 증진되기도
했다. AI 혁명도 비슷한 결과를 부른다. 새로운 정보가 탄생하
고 과학과 경제가 눈부시게 발전하며 세상이 변할 것이다. 하
지만 그런 변화가 담론에 미칠 영향은 단언하기 어렵다. AI는
인간이 무수한 디지털 정보를 탐색하게 도우면서 전에 없던

지식과 이해의 지평을 열 것이다. 혹은 방대한 데이터 속에서 AI가 발견한 패턴을 토대로 형성된 금언이 지역 및 글로벌 네트워크 플랫폼에서 정론으로 받아들여질 수도 있다. 그러면 현시대의 중요한 특성으로 꼽히는 인간의 회의적 탐구 능력이 위축될 것이다. 더욱이 여러 사회와 네트워크 플랫폼이 각각 현실을 정반대로 해석하며 갈라질 수 있다.

AI는 인간을 발전시키느냐 망가뜨리느냐(잘못 사용될 경우)를 떠나서 그 존재만으로 우리의 근본적 가정을 뒤흔들고 때로는 초월한다. 지금까지는 우리 인간이 홀로 현실을 탐구하며 세계에서 우리의 위치를 정하고 우리와 세계의 관계를 정의했다. 그 토대 위에서 철학이 발전하고, 정부가 수립되고, 군사 전략이 입안되고, 도덕률이 형성됐다. 그런데 이제는 AI 때문에, 현실이 그간 인간이 홀로 이해했던 모습과 다르며 어쩌면 더 복잡할 수도 있다고 밝혀졌다. AI가 성취하는 업적이 내로라하는 인간 사상가가 전성기에 성취하는 것만큼 파격적이어서, 새로운 아이디어를 제안하거나 기존 관념에 이견을 제시하며 우리의 해석을 요구할 수 있다. 그리고 AI가 일상적이고 평범한 행위에 보이지 않게 관여해서 은연중에 형성하는 경험이 우리에게 딱 알맞게 느껴지는 일이 비일비재할 것이다.

우리는 AI가 정해진 한계 내에서 성취하는 결과가 인력으로 성취하는 결과에 필적하거나 그보다 뛰어날 수 있음을 인정해야 한다. 이때 AI는 어디까지나 인간의 창조물이어서 우리의 의식과 같은 수준으로 현실을 경험할 수는 없다는 말이

위안이 될지도 모르겠다. 하지만 AI가 가공할 논리력을 발휘

위안이 될지도 모르겠다. 하지만 AI가 가공할 논리력을 발휘하고, 기술적 혁신을 이루고, 통찰력 있는 전략을 수립하고, 복잡다단한 시스템을 정밀하게 관리하는 등 놀라운 능력을 보일 때, 우리는 우리와 다른 지능적 존재가 또 다른 차원에서 현실을 경험한다는 사실을 받아들일 수밖에 없다.

AI가 우리 앞에 새로운 지평을 열고 있다. 이전에는 인간 정신의 한계 때문에 우리가 데이터를 취합하고 분석하는 능력, 뉴스와 대화를 필터링하고 처리하는 능력, 디지털 세상에서 커뮤니케이션하는 능력이 제약됐다. AI는 그런 방면에서 우리를 지원한다. 정보를 찾고, 종래의 알고리즘이 아예 발견하지 못했던, 혹은 원활하고 효율적으로 발견하지 못했던 추세를 찾아낸다. 그래서 물리적 현실을 넓히는 동시에 현재 급성장 중인 디지털 세상을 확장하고 조직한다.

하지만 AI에 득만 있진 않다. AI는 지금 우리가 아는 의미의 이성을 약화하는 움직임을 촉진한다. SNS는 사유의 공간을 축소하고, 온라인 검색은 개념을 습득하려는 의지를 감소한다. 이전의 알고리즘도 인간에게 '중독성' 있는 콘텐츠를 잘 전달했지만 AI는 그 방면으로 훨씬 유능하다. 그래서 사람들이 심층적 독서와 분석을 덜 하고, 그런 행위에 전통적으로 따르던 보상도 줄어든다. 디지털 세상을 거부할 때 치러야 할 대가가 커지면서 그 세상이 인간의 사고에 미치는 영향력, 곧 인간의 주의를 끌거나 분산하고 무언가를 믿게 만드는 힘이 강해진다. 그 결과로 정보를 검토·검증·해석할 때 인간이 수행하는 역할

이 축소되는 대신 AI의 역할이 확대된다.

낭만주의자들은 인간의 감정이 중요한 정보의 원천이라고 주장했다. 그들은 주관적 경험이 진실의 한 형태라고 봤다. 포스트 모더니스트들은 낭만주의에서 더 나아가 주관적 경험이라는 필터로 객관적 현실을 식별할 수 있지 않겠냐고 질문했다. AI는 거기서 훨씬 더 나아가 역설적 결과를 낳을 것이다. 심층적 패턴을 포착해서 새로운 객관적 사실을, 예를 들면 질병의 존재, 산업재해나 환경재해의 조짐, 안보의 위험 신호를 규명할 것이다. 하지만 미디어·정치·담론·엔터테인먼트의 영역에서는 AI가 우리의 기호에 맞게 정보를 재가공함에 따라 편견이 확증·심화되면서, 우리가 객관적 진실을 이해하고 합의하기 어려워진다. 그래서 AI시대에 인간의 이성은 확장되면서도 위축될 것이다.

.....

AI가 구석구석에 들어와 일상을 확장하고 변형한다면 인간은 상충하는 충동을 느낄 것이다. 비전문가는 이해할 수 없는 기술 앞에서 AI의 판결을 신의 판결과 동급으로 받아들이고 싶을지 모른다. 그런 충동은 비록 오해에서 비롯됐다고 하나 어느 정도 이해된다. 자신이 해석하거나 통제할 수 없는 지능이 생소하면서도 유익한 결론을 도출하는 세상에서, 그 결정을 따르는 것이 과연 어리석은 짓일까? 이런 논리에 의해 다시 주술적 세계관이 만들어진다. 이번엔 AI가 신의 대리인이 되어 계시를 내리고 일부 인간이 그 지시를 맹목적으로 따르는 구도다. 특히 AGI가 신과 같은 지능으로 세계를 이해하고 그 구조와 안에 내포된 가능성을 직감하는 초인적 존재로 여겨질 수 있다.

하지만 AI를 맹종하면 인간의 이성이 발휘하는 힘과 그 힘이 미치는 범위가 감소해 반발을 부를 공산이 크다. 지금 SNS를 차단하고 자녀가 스크린을 보는 시간을 제한하며 유전자 조작 식품을 거부하는 사람들이 존재하듯, 앞으로 이성의 영역을 보전하기 위해 'AI 세상'을 거부하거나 AI 시스템에 노출되는 시간을 제한하는 사람들이 나타날 것이다. 자유주의 국가라면 그런 선택이 적어도 개인에게나 가정에서는 가능할 것이다. 하지만 대가가 따른다. AI 사용을 거부한다면 영화나 경로 추천 같은 편리한 기능을 배척하는 데서 그치지 않고 의료·금융 등 각종 분야에서 데이터, 네트워크 플랫폼, 첨단기술이 얽혀 만드는 방대한 발전상을 포기해야 하기 때문이다.

문명의 차원에서는 AI를 포기할 수 없다. 지도자들은 AI의 활용을 감독할 막중한 책임이 있으므로 그 파급효과에 성실히 대응해야 할 것이다.

AI시대의 특성을 잘 반영하고 시대의 지침이 될 윤리체계를 확립하는 일이 무엇보다 중요하다. 이는 어느 한 분야에 맡길 수 없는 과업이다. AI를 개발하는 컴퓨터과학자와 기업가, AI를 배치하길 원하는 군사 전략가, AI를 조성하려는 정치 지도자, AI의 더 깊은 의의를 탐구하는 철학자와 신학자는 각자의 위치에서 큰 그림의 작은 조각만 볼 수 있을 뿐이다. 이들이 모두 논의에 참여해서 선입견에 휘둘리지 않고 의견을 교환해야 한다.

AI를 배치할 때마다 인류는 세 가지 길 중 하나를 선택할 수 있다. AI를 제한하거나, AI와 협력하거나, AI를 따르는 길이다. 그 선택에 따라 특정한 작업이나 영역에서 AI를 활용하는 방식이 달라질 것이다. 선택에 앞서 우리는 실용적 차원만 아니라 철학적 차원을 고려해야 한다. 예를 들어 항공기나 자동차에 긴급 사태가 발생했을 때 AI 부조종사가 인간의 판단을 따라야 하는가? 아니면 그 반대인가? AI의 용처마다 셋 중 한 노선을 선택해야 한다. 그렇게 정해진 노선이, 이후 AI의 역량이 증진되고 인간이 AI의 결과물을 테스트하는 방법이 향상하면서 달라지기도 할 것이다. 필요하다면 인간이 AI를 따라야 한다. 만일 AI가 유방조영상에서 인간보다 빠르고 정확하게 유방암을 발견한다면 AI를 사용하는 것이 곧 사람을 살리는 길이다. 또 어떤 경우에는 AI와 협력하는 게 최선이다. 가령 현재 항공기의 자동운항 시스템과 유사하게 작동하는 자율주행차가 나온다면 인간과 AI의 협력이 바람직하다. 하지만 경우에 따라서는, 예를 들어 군사 방면에서는 명확하게 기술되고 인지된 원칙에 따라 엄격히 AI를 제한해야 한다.

AI는 우리가 지식을 대하고 얻는 방식을 바꾸고 습득 가능한 지식의 유형을 확장한다. 현시대에는 인간의 정신이 데이터를 취합·분석해서 습득하는 지식과, 관찰 및 깨달음으로 습득하는 지식을 중시한다. 테스트로 검증 가능한 단칭명제[■]를 진리의 이상적 형태로 여긴다. 하지만 AI시대에는 지식이라는 개념이 인간과 기계의 협력에서 나오는 결과물로 재정의된다. 우리가 (인간이) 만들고 실행하는 (컴퓨터) 알고리즘이 더 많은 데이터를 인간의 정신과 다른 논리로 더 빠르고 체계적으로 분석할 것이다. 때로는 거기서 우리가 기계와 협력하기 전에는 인지하지 못했던 세계의 속성이 드러날 것이다.

AI는 이미 인간의 지각을 넘어섰다. 그 비결은 시간의 압축 내지는 '시간 여행'이라고 표현할 수 있다. AI는 고도의 알고리즘과 강력한 컴퓨터 성능에 힘입어 인간의 정신으로는 수십, 수백 년이 걸릴 프로세스로 데이터를 분석하고 학습한다. 하지만 시간과 컴퓨터 성능만으로 AI를 다 설명할 수는 없다.

범용인공지능

인간과 AI는 서로 다른 관점에서 동일한 현실에 접근하는 상호보완적 관계일까? 아니면 부분적으로 겹칠 뿐 애당초 서로 다른 현실을 인지할까? 즉, 인간이 이성으로 탐색할 수 있는 현실과 AI가 알고리즘으로 탐색할 수 있는 현실이 각기 따로 존재할까? 만일 그렇다면 AI가 인지하는 것을 우리가 인지

■　'아리스토텔레스는 철학자다'처럼 특정한 개체 하나를 설명하는 명제.

하지 못하는 이유는 단순히 우리 정신이 그것에 도달할 시간이 부족해서가 아니라, 애초에 그것이 우리의 정신으로 이해할 수 없는 영역에 존재하기 때문이라고 봐야 한다. 그러면 세계를 완전히 이해하기 위한 인류의 탐구 행위가 달라질 수밖에 없다. 이미 우리는 AI에게 탐색을 일임하여 습득 가능한 지식이 존재한다고 인정하느냐 마느냐 하는 갈림길에 서 있다. AI와 우리가 인지하는 것이 동일한 현실의 다른 부분이든 별개의 현실이든 간에, 앞으로는 AI가 점점 더 다양하고 심층적인 목적을 추구하며 우리와 함께 세상을 경험하고 알아가는 '존재'라는 인식이 강해질 것이다. 즉, AI가 우리의 도구요 반려동물이요 정신의 보조자라는 위상을 획득할 것이다.

이런 고민은 연구자들이 범용인공지능AGI에 접근할수록 더 깊어진다. 3장에서도 말했지만 AGI는 특정한 작업을 학습하고 수행하는 데 그치지 않고 다방면에서 인간이 하는 것과 비슷한 작업을 학습하고 수행하는 AI다. AGI를 개발하려면 막강한 컴퓨터 성능이 필요하기 때문에 아마도 재원이 풍부한 소수의 조직만 뛰어들 수 있을 것이다. 하지만 아무리 AGI가 다용도로 만들어진다고 해도, 그 역량을 고려하면 현재의 AI처럼 사용처가 제한돼야 한다. 그러려면 승인받은 조직만 AGI를 운용해야 한다. 여기서 이런 의문이 든다. 누가 AGI를 제어할 것인가? 승인의 주체는 누구인가? 소수의 '천재적' 기계를 소수의 조직이 운용하는 세상에서 민주주의가 성립 가능한가? 그런 조건에서 AI와 인간의 협력은 어떤 식으로 전개될까?

AGI의 등장은 지적·과학적·전략적 쾌거가 될 것이다. 하지만 꼭 AGI가 등장하지 않더라도 AI는 어차피 인간의 삶에 혁명적 변화를 초래한다.

AI는 그 역동성과 창발성, 즉 예상치 못한 행동과 해법을 도출하는 능력 때문에 이전의 기술과 차별화된다. 규제하고 통제하지 않으면 우리의 예상에서 벗어나고, 따라서 우리의 의도에서 벗어날 수 있다. 그런데 AI를 제한하느냐, AI와 협력하느냐, AI를 따르느냐 하는 결정을 인간이 홀로 내리진 않을 것이다. 어떤 경우에는 AI가 AI를 감독하고 또 어떤 경우에는 보조적 도구가 AI를 감독할 것이다. 어쩌면 인류는 '바닥치기 경쟁'■에 빠질지도 모른다. AI를 토대로 프로세스가 자동화되고, 방대한 데이터가 탐색되고, 물리적 세계와 사회적 세계가 조직되고 재편되는 상황에서는 누구든 먼저 움직이는 쪽이 유리하다. 그래서 그 위험성을 충분히 평가하지 않거나 아예 무시하고 섣불리 AGI를 배치할 수 있다.

따라서 AI 윤리가 반드시 확립돼야 한다. 제한, 협력, 추종을 선택할 때마다 무조건 극적인 일이 발생하진 않겠지만, 그런 결정이 누적돼서 생기는 결과는 대단히 극적일 것이다. 따라서 독단적 결정은 용납될 수 없다. 인류가 미래를 만들어나가려면 결정의 순간마다 방향을 제시해줄 공통된 원칙이 필요하다. 아무리 다자간 협력을 끌어내기가 어렵고 때로는 불가능

■ 기업이나 국가 간 경쟁이 치열해져 규제·복지·안전 등이 점점 등한시되는 현상.

하다고 해도, 공통된 윤리가 없이 행동한다면 불안정성만 커질 뿐이다.

AI를 설계하고 훈련하며 그와 협력하는 사람들은 지금까지 인간이 이루지 못했던 거대하고 복잡한 목적들을 달성할 것이다. 예를 들면 새로운 과학적 도약, 새로운 경제적 효율성, 새로운 형태의 안보, 새로운 차원의 사회적 감시와 통제를 창출한다. 반대로 AI가 발전하고 활용되는 과정에서 그들처럼 주체성을 발휘할 수 없는 이들은 자신이 설계하거나 선택하지 않았고 이해할 수도 없는 것에 의해, 곧 지금껏 많은 사회에서 인간이나 기관에게 허용되지 않았던 정도로 불투명한 것에 의해 감시당하고, 분석당하고, 조종당하는 느낌을 받을 수 있다. AI의 설계자와 배치자는 이런 우려를 해소해야 한다. 특히 비전문가에게 AI가 무슨 일을 하고 무엇을 어떻게 '아는지' 설명해야 한다.

.....

AI의 역동성과 창발성은 적어도 두 가지 측면에서 모호성을 낳는다. 첫째, AI가 우리의 예상대로 작동하더라도 그 결과는 우리가 예상치 못한 것일 수 있다. 그런 결과는 개발자들이 미처 예측하지 못한 상황으로 인류를 몰아넣는다. 1914년에 정치인들이 구시대의 군사동원 논리와 신기술이 합쳐지면 유럽이 전화에 휩싸이리라고 예상하지 못했듯이, 섣불리 AI를 배치하면 비극이 벌어질 수 있다. 이는 자율주행차가 생명을

AI시대에는 인류가 무엇을 만들고 있으며
그것이 우리에게 어떤 의미인지 설명해줄
데카르트와 칸트의 후예가 필요하다.

위협하는 것처럼 지엽적인 사태일 수도, 대대적 무력 충돌처럼 엄중한 사태일 수도 있다. 둘째, AI가 전혀 예상하지 못한 충격적 행동을 할 수 있다. 알파제로는 '체스에서 승리하라'는 지시를 받고 수천 년 체스 역사에서 인간이 전혀 생각하지 못한 전법을 만들어냈다. 인간이 아무리 신중하게 목적을 지정한다고 해도 AI에게 많은 자유가 부여되기 때문에, AI가 목적을 달성하기 위해 선택하는 경로가 우리를 놀라게 하거나 불안하게 할 수 있다.

따라서 AI의 목적을 설정하고 사용을 승인할 때 신중을 기해야 하고, 특히 AI의 결정이 인명 손실로 이어질 수 있는 분야에서는 더욱 신중해야 한다. AI를 완전히 자율적 존재로 취급해서는 곤란하다. 인간의 관리·감시·통제 없이 AI가 돌이킬 수 없는 행동을 하도록 허락돼서는 안 된다. AI는 인간이 만들었으니 인간이 감독해야 한다. 하지만 우리 시대에 AI를 둘러싼 문제점 중 하나는 이를 만들 능력과 자원을 가진 사람들이 모두 철학적 측면에서 AI의 파급효과를 숙고하진 않는다는 사실이다. 많은 개발자가 AI로 어떤 기능을 구현하고 어떤 문제를 해결할지만 생각한다. 혹시 그것이 역사의 줄기를 바꾸는 혁명을 초래하거나 다양한 집단에 영향을 미칠 가능성은 없는

지 따져보진 않는다. AI시대에는 인류가 무엇을 만들고 있으며 그것이 우리에게 어떤 의미인지 설명해줄 데카르트와 칸트의 후예가 필요하다.

정부, 대학, 민간 혁신가가 이성적 토론과 협상으로, 현재 인간과 조직의 행동을 제한하듯이 AI의 행동을 제한하는 규정을 마련해야 한다. AI는 오늘날 규제를 받는 상품·서비스·기술·조직과 비슷하지만, 규제의 개념적·법적 토대가 완전하지 않다는 결정적인 차이점이 있다. 예를 들어 AI의 진화성과 창발성이 규제를 어렵게 만든다. 그 기능과 작동 원리가 분야별로 달라지고 점차 발전하기 때문이다. 더군다나 진화의 방향이 항상 예측되지도 않는다. 인간은 기본적으로 윤리의 규제를 받는다. AI에게도 윤리가 필요하다. 그 윤리에는 AI의 본질만 아니라 AI가 제기하는 숙제까지 반영돼야 한다.

기존의 원칙은 대체로 효과가 없을 것이다. 신앙의 시대에는 법원이 결투재판■으로 유무죄를 가렸고 승패는 신의 섭리라고 여겨졌다. 이성의 시대에는 이성의 계율로 과실이 판단되어 유무죄가 선고되고 인과성과 고의성 같은 개념에 의거해 형벌이 언도됐다. 그러나 AI는 인간의 이성으로 작동하지 않고, 인간에게 있는 동기, 의도, 성찰 능력이 없다. 따라서 AI가 끼어들면 기존에 인간에게 적용되던 정의의 원리가 복잡해진다. 자율적 시스템이 독자적 인식과 결정을 토대로 행동할 때

■ 송사 당사자들이 일대일 결투를 벌여 패자에게 유죄가 선고되는 재판.

그 개발자에게 책임을 물을 수 있는가? 아니면 행동의 주체가 AI니까 개발자는 과실에 책임이 없다고 해야 하는가? 만일 범행 징후를 포착하거나 유무죄 판결을 돕는 목적으로 AI를 동원한다면, 인간이 AI의 결론을 채택하기 전에 AI로부터 왜 그런 결론에 이르렀는지 '설명'을 들을 수 있어야 하는가?

AI의 발전 과정 중 어느 시점에 어떤 맥락에서 AI가 국제적으로 합의된 규제의 대상이 돼야 하는가도 중요한 쟁점이다. 너무 일찍 규제를 시도하면 발전이 지체되거나 실제 성능을 은폐하려는 움직임이 생긴다. 하지만 규제가 너무 늦어지면 파국을 부를 수 있고 특히 군사 분야에서 그럴 위험성이 크다. 이런 고민을 더 키우는 요인은 AI가 기본적으로 이해하기 어렵고, 불투명하며, 쉽게 확산되는 기술이라서 효과적 규제안을 마련하기가 어렵다는 사실이다. 물론 공식적인 협상 주체는 각국 정부가 될 것이다. 하지만 기술자, 윤리학자, AI를 개발하고 운용하는 기업, 그 밖에도 다양한 분야의 사람들이 의견을 나누는 공론장이 조성돼야 한다.

AI는 사회에 큰 딜레마를 안긴다. 현재 우리의 사회적·정치적 삶은 AI 기반 네트워크 플랫폼에 크게 의존한다. 특히 민주주의 사회에서는 그런 정보공간에서 활발한 토론으로 여론이 조성되고 행위에 정당성이 부여된다. 그 기반이 되는 기술의 역할을 누가 혹은 어떤 기관이 정의해야 하는가? 누가 그것을 규제해야 하는가? AI를 사용하는 개개인은 어떤 역할을 수행해야 하는가? AI를 만드는 기업의 역할은 무엇인가? AI를 사용하는 국가의 정부는 무엇을 해야 하는가? 이에 답하려면 우리는 AI를 감독해야 한다. 다시 말해 AI의 프로세스와 결론을 검정하고 수정할 수 있어야 한다. 그러자면 AI의 인식 방식과 의사결정 방식을 반영한 AI 개발 및 운용 원칙을 상세히 수립해야 한다. 도덕성과 자유의지는 물론이고 인과성조차도 자율적 AI의 세계에 정확히 부합하는 개념이 아니다. 교통·금융·의료 등 거의 모든 방면에서 위와 같은 질문이 제기되고 있다.

AI가 SNS에 미치는 영향을 생각해보자. 최근 일련의 혁신으로 SNS 플랫폼이 사회생활의 필수 요소로 급부상했다. 트위터와 페이스북이 특정한 콘텐츠나 인물을 부각하고, 제한하고, 차단하는 행위가 그 영향력의 방증이며, 4장에서 설명한 대로 그 기저에는 AI가 존재한다. 이처럼 AI를 이용해 일방적으로, 그리고 대체로 불투명하게 콘텐츠와 아이디어가 부각되거나 차단되는 현상은 민주주의 국가에서 특히 심각한 문제로 대두할 것이다. 사회적·정치적 삶에서 AI에 좌우되는 영역, 즉 AI의 선택을 그저 탐색만 할 수 있는 영역이 점점 늘어나는 세상에서 과연 우리가 주체성을 유지할 수 있을까?

AI를 이용해 방대한 정보를 탐색할 때는 자연스럽게 왜곡이란 문제가 발생한다. AI는 인간이 본능적으로 원하는 세상만 보여준다. 그 세상에서는 우리의 인지적 편향이 AI에 의해 메아리치며 증폭된다. 그 울림이, 그 편향된 선택의 결과들이 정보를 선별하는 AI의 능력과 맞물려 잘못된 정보가 확산된다. SNS 기업이 뉴스피드를 이용해 일부러 극단적이고 폭력적인 방향으로 정치적 양극화를 조장하진 않는다. 하지만 SNS에서 이성적 토론이 활발히 일어나지 않는 것은 자명한 사실이다.

AI, 자유로운 정보, 독립적 사고

그렇다면 우리는 AI와 어떤 관계를 맺어야 하는가? 정보 공간을 관리하는 역할을 AI에게 일임해야 하는가, AI의 개입을 제한해야 하는가, 아니면 AI와 인간이 공동 관리자가 돼야 하는가? 어떤 정보의 유통, 특히 악의적 허위정보의 유통이 피해·분열·선동을 야기한다는 데는 이론의 여지가 없다. 그래서 어떤 식으로든 제약이 필요하다. 하지만 지금처럼 신속하게 유해 정보가 선별되고 저지되는 방식이 과연 올바른지도 따져야 한다. 자유로운 사회에서 '유해'와 '허위'를 기업이 홀로 정의해서는 안 된다. 만일 그 일을 정부 산하의 위원회나 기관이 맡는다면 기득권층의 입김이 작용하지 않도록 공개적 기준과 검증 가능한 절차를 따라야 한다. 만일 그 일을 AI 알고리즘이 맡는다면 그것의 목적함수·학습·결정·행동이 명확하게 정의되고 외부 감사의 대상이 돼야 하며 최소한 부분적으로나마 인간이 공감할 수 있어야 한다.

물론 위의 질문에 대한 답은 사회마다 다르다. 예를 들어 어떤 사회는 자기표현을 중시하는 문화를 근거로 언론의 자유를 강조하며 AI가 콘텐츠를 검열하는 행위를 제한할 것이다. 이처럼 각 사회가 무엇이 중요한지 결정하고, 그에 따라 다국적 네트워크 플랫폼들과 복잡한 관계를 형성할 것이다. AI는 투과성이 있다. 즉, 인간에게서 배운다. 심지어 설계·제작되는 단계에서도 학습한다. 따라서 각 사회의 노선이 서로 다르다면 AI와 맺는 관계, AI에 관한 인식, AI가 인간 스승에게서 배우고 모방하는 패턴도 사회마다 달라질 것이다. 아무리 그렇다고 해도, 사실과 진실을 탐구하는 과정에서 사회 구성원들이 그 실체를 알 수도 검증할 수도 없는 필터로 여과된 삶을 경험하게 놔둬서는 안 된다. 모순되고 복잡한 현실을 그대로 경험하는 것은 설령 효율이 떨어지거나 과실이 발생하더라도 인간의 삶에서 중요한 요소다.

AI와 국제질서

세계적 차원에서 답이 필요한 질문도 많다. AI 네트워크 플랫폼을 규제하되, 그런 플랫폼이 안보에 끼치는 영향을 염려하는 국가들 간에 갈등이 생기지 않으려면 어떻게 해야 하는가? AI 네트워크 플랫폼이 국가의 주권에 관한 전통적 인식을 와해할 것인가? 그에 따라 소련 붕괴 이후 처음으로 세계가 양극화될 것인가? 약소국들이 반발할 것인가? 그런 결과를 방지하기 위한 노력이 성공할 것인가, 혹은 성공할 가능성이 조금이라도 있는가?

　AI의 역량이 꾸준히 증진되며 인간과 AI의 협력 관계에서 인간의 역할을 정의하기가 점점 더 중요하면서도 어려워질 것이다. 우리는 굵직굵직한 사안에서 인간이 AI의 결정을 더 많이 따르는 세상을 생각해볼 수 있다. AI 배치가 어떤 변화를 일으킬지도 모르는데 적대국이 성공적으로 AI를 배치한 상황에서, 지도자는 과연 자국에 AI를 배치하지 않기로 결단할 수 있는가? 그리고 어느 정도 희생이 따른다고 할지라도 권장되는 행동을 AI가 인간보다 잘 수행할 때, 정책 결정자가 합리적 이유를 들어 AI를 거부할 수 있는가? 그 희생이 승리에 필수인지 아닌지 어떻게 아는가? 만일 필수라면 정책 결정자는 진심으로 AI를 거부할 수 있는가? 다시 말해 AI를 양성하는 것 말고는 길이 없을지도 모른다. 그렇다고 해도 AI는 반드시 인간의 미래와 양립하게 만들어져야 한다.

　불완전함은 인간의 경험에 끈질기게 존재하는 속성이고 특히 지도자에게서 잘 나타난다. 정책 결정자들은 지엽적 시각에 자주 갇힌다. 잘못된 가정에 근거하거나 순전히 감정적으로 행동하기도 한다. 이념에 경도될 때도 있다. 인간과 AI가 협력하는 전략을 수립할 때는 반드시 이런 현실을 고려해야 한다. 비록 AI가 일부 영역에서 초인적 역량을 과시하더라도 이를 운용하는 인간이 불완전하다는 점을 간과해서는 안 된다.

　안보 영역에서는 AI 기반 시스템의 대응력이 워낙 뛰어나기 때문에, 그런 시스템이 정식으로 가동되기도 전에 적대국이 공격을 시도할 수 있다. 그러면 핵무기 사용에 필적할 만큼 불안정한 정세가 조성될 공산이 크다. 그나마 핵무기는 수십 년간 각국 정부·과학자·전략가·윤리학자가 토론과 협상을 벌이며 발전해온 국제적인 군비통제 체계하에 있다. AI와 사이버 무기는 아직 그런 체계가 확립되지 않았다. 애초에 각국이 그런 무기의 존재를 선선히 인정하지 않는다. 각국 정부는 물론이고 가능하면 기술 기업들도 함께 협의하여, 무기화된 AI와 인간이 공존하기 위한 국제협력 체계가 마련돼야 한다.

AI가 국가의 전력에서 큰 비중을 차지하면 우리 시대에 국제사회의 평형을 유지하는 셈법이 달라질 것이다. 핵무기는 비싸고 규모나 구조 때문에 은폐하기 어렵다. 반면 AI는 시중에서 쉽게 구하는 컴퓨터에서 구동된다. 물론 머신러닝 모델을 훈련하려면 고도의 전문 기술과 컴퓨터 성능이 요구되므로 AI는 주로 대기업이나 국가가 개발한다. 하지만 일단 개발된 후에는 소형 컴퓨터에서도 구동되기 때문에, AI가 폭넓게 활용되면서 본래 의도와 다르게 쓰이기도 할 것이다. 그럼 인터넷의 뒷골목을 뒤질 줄 안다면 누구나 언젠가는 노트북으로 AI 기반 무기를 사용할 수 있을 것인가? 정부가 어용 조직이나 여타 세력에게 AI로 적대국을 위협하라고 사주할 것인가? 테러 단체가 AI 공격을 감행할 것인가? 그 공격을 다른 국가나 조직의 소행으로 전가할 수 있는가?

과거에는 외교 활동이 체계적이고 예측 가능한 영역에서 수행됐지만, 앞으로는 훨씬 다양한 정보와 수행 방식을 고려해

야 한다. 이전에 지리와 언어로 그어진 선명한 구분선이 점점

흐려질 것이기 때문이다. AI 번역기 덕분에 커뮤니케이션이
더 원활해지겠지만, 언어를 학습할 때 자연스럽게 생기는 문화
적 친숙성이 보장되지 않기 때문에 의도치 않은 갈등이 발생
할 수 있다. AI 기반 네트워크 플랫폼에서 국경을 초월한 커뮤
니케이션이 더욱 활발해지겠지만, 한편으로는 해킹과 허위정
보로 여론이 왜곡되는 문제 역시 지속될 것이다. 이처럼 복잡
성이 커지면 현실성 있고 결과가 예측 가능한 합의안을 마련
하기가 더더욱 어려워질 수밖에 없다.

AI와 사이버 무기의 결합은 이 딜레마를 더욱 심화한다.
인류는 재래식 무기(종래의 전략과 양립 가능한 무기)와 핵무기
(예외적 무기)를 명확히 구별함으로써 핵무기가 유발하는 모순
을 회피했다. 핵무기는 광범위를 타격하는 반면 재래식 무기는
타격 범위가 국소적이다. 하지만 국소적 타격과 대량살상이 모
두 가능한 사이버 무기는 이런 경계를 없애버린다. 여기에 AI
까지 동원되면 사이버 무기는 더 예측이 불가능해지고 아마
파괴력도 더 커질 것이다. 게다가 사이버 무기는 네트워크로
이동하기 때문에 책임 소재를 규명하기 어렵다. 핵무기와 달리
USB 드라이브로 휴대할 수 있어서 탐지가 어렵고 쉽게 확산
된다. 형태에 따라서는 일단 배치되고 나면 통제가 잘 되지 않
을 수 있고, 특히 AI의 역동성과 창발성을 고려하면 그런 위험
성이 더욱 커진다.

이런 현실은 세계질서가 원칙에 기반한다는 전제를 위협

한다. 그리고 AI 군비통제라는 개념의 확립을 촉구한다. AI시대에는 이전의 규범으로 억지력을 행사할 수 없다. 핵시대 초입에 하버드, MIT, 캘리포니아공대의 내로라하는(또한 정부에서 일한 경험이 있는) 교수들이 열띤 논의로 수립한 원칙들이 이후 핵 군비통제 체계를(그리고 미국을 비롯해 여러 국가에서 그 체계의 유지를 책임지는 기관을) 만드는 이론적 기틀이 됐다. 이때 학자들의 의견이 중요하긴 했지만, 재래식 전쟁에 관한 미국방부의 인식에는 영향을 미치지 않았다. 즉, 학자들의 논의로 국방부의 인식이 수정된 것이 아니라 다만 새로운 차원이 더해졌을 뿐이다. 하지만 AI는 군대에서 핵무기보다 다양한 방식으로 운용 가능하고, 공격과 수비의 구별이 적어도 현재로서는 어렵다.

그처럼 복잡하고 기본적으로 예측이 불가능한 세계에 AI로 인하여 오해와 실수의 원천이 또 하나 늘어나고 있으니, 첨단 전력을 보유한 강대국들은 조속히 상시적 대화에 들어가야 한다. 대화의 초점은 재앙의 방지와 생존이라는 근본적 문제에 맞춰져야 한다.

AI를 비롯한 신기술(예를 들면 양자컴퓨터)로 인간이 정신의 한계 너머에 있는 현실을 인식하는 경지에 점점 더 가까워진다. 하지만 종국에는 그런 기술들에서도 한계가 드러날 수 있다. 지금 우리의 문제는 아직 그 기술들의 철학적 시사점을 다 알지 못한다는 점이다. 우리가 신기술을 토대로 진보하는 중이지만, 아직까지 그 진보는 저절로 나타나는 변화일 뿐 우리가 의식적으로 이루고 있진 않다. 인간의 의식에 마지막으로 대변혁이 있었던 계몽주의시대에 그토록 큰 변화가 일어났던 이유는 신기술(인쇄술)이 등장하면서 새로운 철학적 사유가 발생하고 그 결과물이 신기술에 의해 보급됐기 때문이다. 우리 시대에도 신기술이 등장했지만 아직 길잡이가 될 철학은 성립되지 않았다.

AI는 굉장한 편익을 불러올 중차대한 기술이다. 인간이 AI를 개발하고 있지만, 과연 AI를 사용해서 앞으로 우리의 삶이 더 나아질 것인가, 나빠질 것인가? AI는 더 강력한 치료제, 더 효율적이고 공평한 의료 서비스, 더 지속 가능한 환경보호 정책 같은 발전을 약속한다. 하지만 또 한편으로는 정보를 소비하고 진실을 규명하는 과정에 개입해 왜곡과 훼방을 저지르면서, 사람에 따라서는 독립적으로 생각하고 판단하는 능력을 퇴보시킬 위험성도 있다.

이미 AI 개발을 국책사업으로 지정한 국가가 여럿 존재한다. 하지만 미국은 아직 체계적으로 AI의 활용 범위를 탐색하지도, 그 파급효과를 연구하지도, AI를 안정적으로 도입하는 절차를 마련하기 시작하지도 않았다. 지금이라도 이를 국정의 최우선 과제로 삼아야 한다. 그러자면 다방면의 노련한 전문가들이 적극적으로 협력해야 한다. 정부, 경제계, 학계의 최고위층에서 신망받는 소수의 인사들로 구성된 지도부가 절실하다.

이 그룹 내지 위원회는 최소 두 가지 역할을 수행해야 한다.

1. AI 분야에서 국가의 지적·전략적 경쟁력을 유지한다.
2. 국가적·국제적 차원에서 AI가 문화에 끼치는 영향을 연구
   하고 대중에게 그 영향력을 알린다.

여기에 더해 기존의 국가기관, 위원회, 협회 등 각급 조직과 공조할 채비를 갖춰야 한다.

현재 모든 인간 문명, 곧 인류 전체를 아우르는 원대한 사업이 진행 중이다. 이 사업을 시작한 이들은 규모가 이렇게까지 커질 줄 몰랐다. 그들은 다만 문제를 해결하려고 했을 뿐, 인간을 둘러싼 삶의 조건을 성찰하거나 재편성할 의도는 없었다. 모름지기 기술·전략·철학은 함께 보조를 맞춰야지 어느 하나가 앞질러 가서는 곤란하다. 우리는 기존의 사회에서 무엇을 보존해야 하는가? 또 기존 사회에서 무엇을 희생해 더 좋은 것을 얻어야 하는가? 사회규범과 세계 균형에 관한 관념에 AI의 창발성을 어떻게 편입할 것인가? 그 밖에도 어떤 질문들을 탐구해야, 우리가 경험하지도 못했고 직관적으로 알아내지도 못하는 상황에 대처할 수 있는가?

그리고 이 모든 것을 아우르는 '메타적' 질문이 존재한다. 자신과 다른 식으로 세계를 해석하고 이해하는 AI의 '도움'을 받는 인간들이 과연 이 시대에 필요한 철학을 수립할 수 있는가? 혹시 우리를 기다리는 숙명은 인간이 완전히 이해하지 못하는 기계와 협력해 세계를 바꿔나가는 미래가 아닌가?

칸트는 『순수이성비판』의 서문을 이렇게 시작한다.

인간의 이성은 인식의 한 종류로서 기이한 운명에 처했으니,
제 본성으로 인해서 제게 문제로 주어졌기에 결코 무시할 수
없는 질문들, 허나 모든 방면에서 제 능력을 초월하기에 결코
답할 수 없는 질문들에 시달려야 하는 운명이다.[2]

칸트 이후 수 세기 동안 인류는 그런 질문들, 이를테면 정
신·이성·현실의 실체를 묻는 질문들을 깊이 탐구했다. 그리고
큰 진전을 이뤘다. 또 칸트가 기정사실화한 제약을, 즉 결코 답
할 수 없는 질문과 결코 완전히 이해할 수 없는 현상을 숱하게
경험했다.

이제 인간의 이성이 홀로 수행할 수 없는 방식으로 정보를
학습하고 처리하는 AI가 등장한 덕분에 지금껏 인간이 답하지
못했던 질문에 관한 탐구가 진척될 것이다. 하지만 성공은 새
로운 질문을 부르고, 우리는 이 책에서 그중 일부를 선명히 제
시하고자 노력했다. 지금은 인간의 지능이 인공지능과 연합해
국가적·대륙적·세계적 차원의 일을 도모하는 시대다. 이 변화
를 이해하고 그 길잡이가 될 윤리체계를 마련하려면 과학자와
전략가, 정치인과 철학자, 성직자와 CEO 등 각계의 노력과 중
지가 모여야 한다. 국가적 차원에서는 물론이고 세계적 차원에
서도 그 같은 노력이 요구된다. 이제 우리가 인공지능과 어떻
게 협력해서 현실을 탐구할지 규정할 때다.

감사의 말

AI시대에 관한 논의를 촉진하고자 집필한 이 책은 그런 논의가 늘 그렇듯 분야와 세대를 불문하고 많은 동료와 친구의 도움을 받았다.

메러디스 포터는 성실과 열의로, 또 무형의 생각을 포착하는 남다른 능력으로 자료를 조사하고 초안을 작성·편집하며 우리의 사유를 체계화하고 활자화하는 데 크게 공헌했다.

중도에 합류한 스카일러 쇼턴은 탁월한 분석력과 필력으로 이 책의 주장·사례·흐름을 발전시켰다.

벤 다우스는 막판에 합류했지만 그가 역사 지식을 토대로 조사한 자료가 없었다면 이 책을 마무리할 수 없었다.

편집자이자 발행인인 브루스 니컬스는 이 책의 원고가 수차례 교정되는 동안 인내심을 잃지 않고 현명한 조언을 아끼지 않았으며 탁월한 편집 능력을 유감없이 발휘했다.

아이다 로스차일드는 예리한 분석력으로 이 책의 모든 챕터를 교정했다.

무스타파 슐레이만, 잭 클라크, 크레이그 먼디, 마이트라 라구는 혁신가, 연구자, 개발자, 교육자로서 경험을 살려 전체 원고에 귀중한 피드백을 줬다.

인공지능국가안보위원회의 로버트 워크와 일 바이라크타리는 국익의 수호자로서 사명감을 갖고 이 책에서 안보를 다룬 5장의 원고에 귀한 의견을 제공했다.

데미스 허사비스, 다리오 아모데이, 제임스 J. 콜린스, 레지나 바질레이는 자신들의 연구 성과와 그 의의를 우리에게 설명해줬다.

에릭 랜더, 샘 올트먼, 리드 호프먼, 조너선 로젠버그, 서맨사 파워, 재러드 코언, 제임스 매니카, 파리드 자카리아, 제이슨 벤트, 미셸 리터의 피드백이 있었기에 원고의 정확도가 높아졌고, 그 결과로 부디 독자에게 더 의미 있는 책이 됐길 바란다.

이 책의 미진한 부분은 모두 우리 세 저자의 책임이다.

미주

들어가며

1 "AI Startups Raised USD73.4bn in Total Funding in 2020", *Private Equity Wire*, 2020년 11월 19일, https://www.privateequitywire. co.uk/2020/11/19/292458/ai-startups-raised-usd734bn-total-funding-2020.

1장 현주소

1 Mike Klein, "Google's AlphaZero Destroys Stockfish in 100-Game Match", Chess.com, 2017년 12월 6일, https://www.chess.com/news/view/google-s-alphazero-destroys-stockfish-in-100-game-match; https://perma.cc/8WGK-HKYZ; Pete, "AlphaZero Crushes Stockfish in New 1,000-Game Match", Chess.com, 2019년 4월 17일, https://www.chess.com/news/view/updated-alphazero-crushes-stockfish-in-new-1-000-game-match.

2 Garry Kasparov. Foreword. *Game Changer: AlphaZero's Groundbreaking Chess Strategies and the Promise of AI* by Matthew Sadler and Natasha Regan, New in Chess, 2019, 10.

3 "Step 1: Discovery and Development", US Food and Drug Administration, 2018년 1월 4일, https://www.fda.gov/patients/drug-development-process/step-1-discovery-and-development.

4 Jo Marchant, "Powerful Antibiotics Discovered Using AI", *Nature*, 2020년

2월 20일, https://www.nature.com/articles/d41586-020-00018-3.

5 Raphaël Millière (@raphamilliere), "I asked GPT-3 to write a response to the philosophical essays written about it⋯", 2020년 7월 31일, 오전 5:24, https://twitter.com/raphamilliere/status/1289129723310886912/photo/1; Justin Weinberg, "Update: Some Replies by GPT-3", *Daily Nous*, 2020년 7월 30일, https://dailynous.com/2020/07/30/philosophers-gpt-3/#gpt3replies.

6 Richard Evans and Jim Gao, "DeepMind AI Reduces Google Data Centre Cooling Bill by 40%", DeepMind blog, 2016년 7월 20일, https://deepmind.com/blog/article/deepmind-ai-reduces-google-data-centre-cooling-bill-40.

7 Will Roper, "AI Just Controlled a Military Plane for the First Time Ever", *Popular Mechanics*, 2020년 12월 16일, https://www.popularmechanics.com/military/aviation/a34978872/artificial-intelligence-controls-u2-spy-plane-air-force-exclusive.

2장 그간의 궤적: 기술과 사유의 역사

1 Edward Gibbon, *The Decline and Fall of the Roman Empire* (New York: Everyman's Library, 1993), 1:35 (한국어판: 에드워드 기번 저, 『로마제국 쇠망사』, 번역본 다수 존재).

2 서양에서만 이런 사상이 충격을 불렀다. 다른 문명권에서는 이미 수천 년 전부터 비슷한 관점에서 국익을 연구했다. 중국의 『손자병법』은 기원전 5세기에 편찬됐고 인도의 『아르타샤스트라』도 비슷한 시기에 저술됐다고 추정된다.

3 20세기 초 독일 철학자 오스발트 슈펭글러는 서양의 현실 경험에서 이런 측면을, 시야 확장과 무한한 지식 탐구가 충동적인 것이 특징인 '파우스트적' 문화라고 명명했다. 그가 남긴 역작의 제목이 『서구의 몰락』인 데서 보이듯이, 슈펭글러는 이런 문화적 충동에는 늘 그렇듯 한계가 있고 역사의 순환이 그 한계를 만들었다고 봤다.

4 Ernst Cassirer, *The Philosophy of the Enlightenment*, trans. Fritz C. A. Koelln and James P. Pettegrove (Princeton, NJ: Princeton University Press, 1951), 14 (한국어판: E. 카시러 저, 박완규 역, 『계몽주의 철학』, 민음사, 1995).

5 동양은 다른 경로로 더 일찍이 비슷한 자각에 이르렀다. 불교, 힌두교, 도교는 공히 인간의 현실 경험이 주관적이고 상대적이므로 눈에 보이는 현상이 현실의 전부가 아니라고 말한다.

6 Baruch Spinoza, *Ethics*, trans. R. H. M. Elwes, book V, prop. XXXI–XXXIII, https://www.gutenberg.org/files/3800/3800-h/3800-h.htm#chap05 (한국어판: 베네딕투스 데 스피노자 저, 『에티카』, 번역본 다수 존재).

7 이후 파란만장한 역사의 흐름으로 쾨니히스베르크는 러시아의 칼리닌그라드가 됐다.

8 Immanuel Kant, *Critique of Pure Reason*, trans. Paul Guyer and Allen W. Wood, Cambridge Edition of the Works of Immanuel Kant (Cambridge, UK: Cambridge University Press, 1998), 101 (한국어판: 이마누엘 칸트 저, 『순수이성비판』, 번역본 다수 존재).

9 Paul Guyer and Allen W. Wood, introduction to Kant, *Critique of Pure Reason*, 12 참고.

10 칸트는 인간의 이론이성보다 높은 차원에 조심스럽게 신을 배치해 그것을 "믿음"의 영역으로 남겼다.

11 Charles Hill, *Grand Strategies: Literature, Statecraft, and World Order* (New Haven, CT: Yale University Press, 2011), 177–185 참고.

12 Immanuel Kant, "Perpetual Peace: A Philosophical Sketch", in *Political Writings*, ed. Hans Reiss, trans. H. B. Nisbet, 2nd, enlarged ed., Cambridge Texts in the History of Political Thought (Cambridge, UK: Cambridge University Press, 1991), 114–115 (한국어판: 이마누엘 칸트 저, 『영구 평화론』, 번역본 다수 존재).

13 Michael Guillen, *Five Equations That Changed the World: The Power and the Poetry of Mathematics* (New York: Hyperion, 1995), 231–254 (한국어판: 마이클 길렌 저, 서윤호·허민 역, 『세상을 바꾼 다섯개의 방정식』, 경문사, 1997).

14 Werner Heisenberg, "Ueber den anschaulichen Inhalt der quantentheoretischen Kinematik and Mechanik", *Zeitschrift für Physik*, as quoted in the *Stanford Encyclopedia of Philosophy*, "The Uncertainty Principle", https://plato.stanford.edu/entries/qt-uncertainty/.

15 Ludwig Wittgenstein, *Philosophical Investigations*, trans. G. E. M. Anscombe (Oxford, UK: Basil Blackwell, 1958), 32–34 (한국어판: 루트비히 비트겐슈타인

저, 『철학 탐구』 혹은 『철학적 탐구』, 번역본 다수 존재).

16 Eric Schmidt and Jared Cohen, *The New Digital Age: Reshaping the Future of People, Nations, and Business* (New York: Alfred A. Knopf, 2013) (한국어판: 에릭 슈미트·제러드 코언 저, 이진원 역, 『새로운 디지털 시대』, 알키, 2014) 참고.

3장 튜링의 시대에서 현재로, 그 너머로

1 Alan Turing, "Computing Machinery and Intelligence", *Mind* 59, no. 236 (1950년 10월), 433–460, reprinted in B. Jack Copeland, ed., *The Essential Turing: Seminal Writings in Computing, Logic, Philosophy, Artificial Intelligence, and Artificial Life Plus the Secrets of Enigma* (Oxford, UK: Oxford University Press, 2004), 441–464.

2 구체적으로 말하자면 차후에 둘 수 있거나 둘 수 없게 되는 수들에 관한 몬테 카를로 트리 탐색을 통해서.

3 James Vincent, "Google 'Fixed' Its Racist Algorithm by Removing Gorillas from Its Image-Labeling Tech", *The Verge*, 2018년 1월 12일, https://www.theverge.com/2018/1/12/16882408/google-racist-gorillas-photo-recognition-algorithm-ai.

4 James Vincent, "Google's AI Thinks This Turtle Looks Like a Gun, Which Is a Problem", *The Verge*, 2017년 11월 2일, https://www.theverge.com/2017/11/2/16597276/google-ai-image-attacks-adversarial-turtle-rifle-3d-printed.

5 그리고 유럽과 캐나다가 부상 중이다.

4장 글로벌 네트워크 플랫폼

1 하지만 역사에서 교훈이 되는 유사한 사례가 전혀 없진 않다. 중앙권력과 네트워크의 관계에 관해서는 Niall Ferguson, *The Square and the Tower: Networks and Power, from the Freemasons to Facebook* (New York: Penguin Press, 2018) (한국어판: 니얼 퍼거슨 저, 홍기빈 역, 『광장과 타워』, 21세기북스, 2019)을 참고하기 바란다.

2 디지털 영역에서 '플랫폼'은 여러 뜻으로 해석되지만, 우리가 말하는 '네트워크 플랫폼'은 양의 네트워크 효과를 일으키는 온라인 서비스를 가리킨다.

3 https://investor.fb.com/investor-news/press-release-details/2021/Face-

book-Reports-Fourth-Quarter-and-Full-Year-2020-Results/default.
aspx.

4   콘텐츠 삭제에 관한 통계는 분기별로 발표된다. https://transparency.face-
book.com/community-standards-enforcement 참고.

5   Cade Metz, "AI Is Transforming Google Search. The Rest of the Web Is
Next", *Wired*, 2016년 2월 4일 참고. 이후로도 검색용 AI는 꾸준히 발전 중이
다. 오타 자동수정 기능과 구체적 문구·구절·영상·수치에 관한 검색 기능이
개선되고 추가되는 등 최근의 변화상 중 일부가 구글 블로그 *The Keyword*에
소개된다(Prabhakar Raghavan, "How AI Is Powering a More Helpful Google",
2020년 10월 15일, https://blog.google/products/search/search-on/ 참고).

6   양의 네트워크 효과는 규모의 경제와 비교할 수 있다. 규모의 경제는 일반적
으로 규모가 큰 업체일수록 원가 경쟁력이 생겨 가격을 낮게 책정함으로써 각
고객이나 이용자에게 이득이 되는 현상을 가리킨다. 하지만 양의 네트워크 효
과는 상품이나 서비스의 원가가 아니라 영향력을 말하므로 통상적으로 규모
의 경제보다 더 강력하다고 인식된다.

7   Kris McGuffie and Alex Newhouse, "The Radicalization Risks Posed by
GPT-3 and Advanced Neural Language Models", Middlebury Institute
of International Studies at Monterey, Center on Terrorism, Extremism,
and Counterterrorism, 2020년 9월 9일, https://www.middlebury.edu/
institute/sites/www.middlebury.edu.institute/files/2020-09/gpt3-article.
pdf?fbclid=IwAR0r0LroOYpt5wgr8EOpsIvGL2sEAi5H0PimcGlQcrp-
KFaG_HDDs3lBgqpU 참고.

5장 안보와 세계질서

1   Carl von Clausewitz, *On War*, ed. and trans. Michael Howard and Peter
Paret (Princeton, NJ: Princeton University Press, 1989), 75 (한국어판: 카를 폰
클라우제비츠 저, 『전쟁론』, 번역본 다수 존재).

2   이는 군사 영역에만 국한된 구도가 아니다. Kai-Fu Lee, *AI Superpowers: Chi-
na, Silicon Valley, and the New World Order* (Boston and New York: Houghton
Mifflin Harcourt, 2018) (한국어판: 리카이푸 저, 박세정·조성숙 역, 『AI 슈퍼파워』,
이콘, 2019); Michael Kanaan, *T-Minus AI: Humanity's Countdown to Artificial
Intelligence and the New Pursuit of Global Power* (Dallas: BenBella Books, 2020)

3   John P. Glennon, ed., *Foreign Relations of the United States*, vol. 19, *National Security Policy*, 1955–1957 (Washington, DC: US Government Printing Office, 1990), 61.

4   Henry A. Kissinger, *Nuclear Weapons and Foreign Policy* (New York: Harper & Brothers, 1957) (한국어판: 헨리 A. 키신저 저, 이춘근 역, 『핵무기와 외교정책』, 청아출판사, 1980) 참고.

5   예를 들면 Department of Defense, "America's Nuclear Triad", https://www.defense.gov/Experience/Americas-Nuclear-Triad/ 참고.

6   예를 들면 Defense Intelligence Agency, "Russia Military Power: Building a Military to Support Great Power Aspirations" (비기밀), 2017, 26–27, https://www.dia.mil/Portals/110/Images/News/Military_Powers_Publications/Russia_Military_Power_Report_2017.pdf; Anthony M. Barrett, "False Alarms, True Dangers? Current and Future Risks of Inadvertent U.S.-Russian Nuclear War", 2016, https://www.rand.org/content/dam/rand/pubs/perspectives/PE100/PE191/RAND_PE191.pdf; David E. Hoffman, *The Dead Hand: The Untold Story of the Cold War Arms Race and Its Dangerous Legacy* (New York: Doubleday, 2009) (한국어판: 데이비드 E. 호프먼 저, 유강은 역, 『데드핸드』, 미지북스, 2015) 참고.

7   일례로 2017년 러시아가 우크라이나 금융기관과 정부기관에 유포한 악성 소프트웨어 낫페트야NotPetya는 타국의 발전소, 병원, 택배 및 물류 업체, 에너지 기업으로 확산됐고 그중에는 러시아 내 기관과 기업도 포함되었다. 미의회 사이버스페이스 솔라리움위원회Cyberspace Solarium Commission 공동위원장 앵거스 킹 상원의원과 마이크 갤러거 하원의원은 2020년 3월에 발간된 보고서에서 "악성 소프트웨어는 혈류를 타고 확산되는 전염병처럼 글로벌 공급사슬을 통해 확산된다"고 밝혔다. *Report of the United States Cyberspace Solarium Commission*, https://drive.google.com/file/d/1ryMCIL_dZ30QyjFqFkkf10MxIX-JGT4yv/view 중 8페이지 참고.

8   Andy Greenberg, *Sandworm: A New Era of Cyberwar and the Hunt for the Kremlin's Most Dangerous Hackers* (New York: Doubleday, 2019) (한국어판: 앤디 그린버그 저, Evilqcom 역, 『샌드웜』, 에이콘, 2021); Fred Kaplan, *Dark Territory: The Secret History of Cyber War* (New York: Simon & Schuster, 2016) (한국어판:

프레드 캐플런 저, 김상문 역, 『사이버전의 은밀한 역사』, 플래닛미디어, 2021) 참고.

9 Richard Clarke and Robert K. Knake, *The Fifth Domain: Defending Our Country, Our Companies, and Ourselves in the Age of Cyber Threats* (New York: Penguin Press, 2019) 참고.

10 예를 들면 *Summary: Department of Defense Cyber Strategy 2018*, https://media. defense.gov/2018/Sep/18/2002041658/-1/-1/1/CYBER_STRATEGY_ SUMMARY_FINAL.PDF 참고.

11 실제 사례는 Eric Schmidt, Robert Work, et al., *Final Report: National Se-curity Commission on Artificial Intelligence*, 2021년 3월, https://www.nscai. gov/2021-final-report; Christian Brose, *The Kill Chain: Defending America in the Future of High-Tech Warfare* (New York: Hachette Books, 2020) (한국어판: 크리스천 브로스 저, 최영진 역, 『킬 체인』, 박영사, 2022); Paul Scharre, *Army of None: Autonomous Weapons and the Future of War* (New York: W. W. Norton, 2018) (한국어판: 폴 샤레 저, 박선령 역, 『새로운 전쟁』, 커넥팅, 2021) 참고.

12 Will Roper, "AI Just Controlled a Military Plane for the First Time Ever", *Popular Mechanics*, 2020년 12월 16일, https://www.popularme-chanics.com/military/aviation/a34978872/artificial-intelligence-con-trols-u2-spy-plane-air-force-exclusive.

13 예를 들면 "Automatic Target Recognition of Personnel and Vehicles from an Unmanned Aerial System Using Learning Algorithms", SBIR/ STTR (Small Business Innovation Research and Small Business Technology Transfer programs), 2017년 11월 29일 ("목적: 1급 혹은 2급 무인항공시스템에 통합 및 배치 가능한 시스템 개발 (중략) 자동 탐지, 인식, 분류, 식별 (중략) 인간 및 지상구조물 등 관심 목표물 조준"), https://www.sbir.gov/sbirsearch/ detail/1413823; Gordon Cooke, "Magic Bullets: The Future of Artificial Intelligence in Weapons Systems", *Army AL&T*, 2019년 6월, https://www. army.mil/article/223026/magic_bullets_the_future_of_artificial_intelli-gence_in_weapons_systems 참고.

14 Scharre, *Army of None*, 102–119.

15 예를 들면 United States White House Office, "National Strategy for Crit-ical and Emerging Technologies", 2020년 10월, https://www.hsdl.org/c/ abstract/?docid=845571; Central Committee of the Communist Party of

China, *14th Five-Year Plan for Economic and Social Development and 2035 Vision Goals*, 2021년 3월; Xi Jinping, "Strive to Become the World's Major Scientific Center and Innovation Highland", 중국과학원 및 중국공정원 원사대회 연설, 2018년 5월 28일, in *Qiushi*, 2021년 3월; European Commission, *White Paper on Artificial Intelligence: A European Approach to Excellence and Trust*, 2020년 3월 참고.

16 예를 들면 Department of Defense Directive 3000.09, "Autonomy in Weapon Systems", 2017년 5월 8일 개정, https://www.esd.whs.mil/portals/54/documents/dd/issuances/dodd/300009p.pdf 참고.

17 예를 들면 Schmidt, Work, et al., *Final Report*, 10, 91-101; Department of Defense, "DOD Adopts Ethical Principles for Artificial Intelligence", 2020년 2월 24일, https://www.defense.gov/Newsroom/Releases/Release/Article/2091996/ dod-adopts-ethical-principles-for-artificial-intelligence; Defense Innovation Board, "AI Principles: Recommendations on the Ethical Use of Artificial Intelligence by the Department of Defense", https://admin.govexec.com/media/dib_ai_principles_-_supporting_document_-_embargoed_copy_(oct_2019).pdf 참고.

18 예를 들면 Schmidt, Work, et al., *Final Report*, 9, 278-282 참고.

19 Scharre, *Army of None*, 226-228.

20 예를 들면 Congressional Research Service, "Defense Primer: U.S. Policy on Lethal Autonomous Weapon Systems", 2020년 12월 1일 개정, https://crsreports.congress.gov/product/pdf/IF/IF11150; Department of Defense Directive 3000.09, § 4(a); Schmidt, Work, et al., *Final Report*, 92-93 참고.

21 이 개념을 최초로 설명한 글은 William J. Perry, Henry A. Kissinger, and Sam Nunn, "Building on George Shultz's Vision of a World Without Nukes", *Wall Street Journal*, 2021년 5월 23일, https://www.wsj.com/articles/building-on-george-shultzs-vision-of-a-world-without-nukes-11616537900이다.

6장 인간의 정체성

1 David Autor, David Mindell, and Elisabeth Reynolds, "The Work of the Future: Building Better Jobs in an Age of Intelligent Machines", MIT

Task Force on the Work of the Future, 2020년 11월 17일, https://workof-thefuture.mit.edu/research-post/the-work-of-the-future-building-better-jobs-in-an-age-of-intelligent-machines.

2   "AlphaFold: A Solution to a 50-Year-Old Grand Challenge in Biology", DeepMind blog, 2020년 11월 30일, https://deepmind.com/blog/article/alphafold-a-solution-to-a-50-year-old-grand-challenge-in-biology.

3   Walter Lippmann, *Public Opinion* (New York: Harcourt, Brace and Company, 1922), 11 (한국어판: 월터 리프먼 저, 『여론』, 번역본 다수 존재) 참고.

4   Robert Post, "Participatory Democracy and Free Speech", *Virginia Law Review* 97, no. 3 (2011년 5월): 477-478.

5   European Commission, "A European Approach to Artificial Intelligence", https://digital-strategy.ec.europa.eu/en/policies/european-approach-artificial-intelligence.

6   Autor, Mindell, and Reynolds, "The Work of the Future".

7   Eric Schmidt, Robert Work, et al., *Final Report: National Security Commission on Artificial Intelligence*, 2021년 3월, https://www.nscai.gov/2021-final-report.

8   Frank Wilczek, *Fundamentals: Ten Keys to Reality* (New York: Penguin Press, 2021), 205 (한국어판: 프랭크 윌첵 저, 김희봉 역, 『이토록 풍부하고 단순한 세계』, 김영사, 2022).

7장 미래

1   J. M. Roberts, *History of the World* (New York: Oxford University Press, 1993), 431-432 (한국어판: J.M. 로버츠·O.A. 베스타 저, 노경덕 등 역, 『세계사』, 까치, 2015).

2   Immanuel Kant, *Critique of Pure Reason*, trans. Paul Guyer and Allen W. Wood, Cambridge Edition of the Works of Immanuel Kant (Cambridge, UK: Cambridge University Press, 1998), 99.

찾아보기

지은이

헨리 A. 키신저 Henry A. Kissinger는 1923년 독일 퓌르트 출생으로 1938년 나치의 유대인 박해를 피해 가족과 함께 미국으로 망명했다. 하버드대학교에서 정치학 박사 학위를 취득하고 동 대학 정치학 교수로 재직했다. 닉슨 행정부와 포드 행정부에서 국가안보담당 대통령보좌관(1969년 1월~1975년 11월), 제56대 국무장관(1973년 9월~1977년 1월)을 지낸 그는, 이념이나 도덕보다 권력 및 물질적 요소에 의거하는 레알폴리티크Realpolitik(현실정치)의 신봉자로서 미국의 외교 정책에 지대한 영향력을 행사했다. 데탕트 정책을 주도하여 미국과 소련 사이의 긴장 완화를 이끌어냈고, 중국의 개방과 함께 중미 관계의 물꼬를 텄으며, 1973년에는 베트남전 해결을 위한 노력을 인정받아 노벨평화상을 수상했다. 현재 국제 컨설팅 기업 키신저어소시에이츠Kissinger Associates의 회장이다.

에릭 슈밋 Eric Schmidt은 프린스턴대학교에서 전기공학 학사, 캘리포니아대학교 버클리 캠퍼스에서 컴퓨터과학 석박사 학위를 받았다. 2001년 아직 실리콘밸리 스타트업에 불과했던 구글에 합류해서 세계 굴지의 기술 기업으로 성장시켰으며, 2011년까지 최고경영자를 지내고 이후 회장과 기술고문을 역임했다. 그의 통솔하에 구글은 혁신을 중시하는 문화를 토대로 급속히 인프라를 확장하고 제품을 다각화했다. 구글에서 나와 2017년에는 공익에 기여하는 우수한 인재를 선도적으로 지원하는 자선기관 슈밋퓨처스Schmidt Futures를 공동설립했다. 코로나 사태 이후 더 밝은 미래를 건설할 방안을 모색하는 팟캐스트 〈에릭 슈밋의 재창조를 위한 대담Reimagine with Eric Schmidt〉을 진행하고 있다.

대니얼 허튼로커 Daniel Huttenlocher는 코넬대학교에서 뉴욕 소재 디지털 기술 대학원 코넬테크의 설립을 주도하고 초대 학장과 교무처장을 지낸 후 현재 MIT 슈워츠먼컴퓨팅대학 초대 학장으로 있다. 그간 연구 성과와 교수 능력을 인정받아 ACM 연구자상, CASE 올해의 교수상 등을 수상했다. 코넬대 컴퓨터공학 교수, 제록스 팰로앨토연구소PARC 연구원 및 관리자, 핀테크 스타트업 CTO를 역임하며 학계와 산업 현장에서 많은 경험을 쌓았고 맥아더재단, 코닝, 아마존 등 여러 조직의 이사회에 참여했다. 미시간대학교에서 학사 학위를, MIT에서 석박사 학위를 취득했다.

옮긴이
김고명 ¨

성균관대 영문학과를 졸업하고 동 대학 번역대학원에서 공부했다. 현재 바른번역 소속으로 활동하며, 원문의 뜻과 멋을 살리면서도 한국어다운 문장을 구사하는 번역을 추구한다. 『좋아하는 일을 끝까지 해보고 싶습니다』를 직접 썼고 『최소한의 IT 언어』, 『게임이 세상을 바꾸는 방법』, 『후크 포인트』, 『사람은 무엇으로 성장하는가』 등 40여 종의 책을 번역했다.

AI 이후의 세계

챗GPT는 시작일 뿐이다, 세계질서 대전환에 대비하라

펴낸날 초판 1쇄 2023년 5월 22일

　　　　초판 9쇄 2024년 12월 6일

지은이 헨리 A. 키신저, 에릭 슈밋, 대니얼 허튼로커

옮긴이 김고명

펴낸이 이주애, 홍영완

편집장 최혜리

편집3팀 강민우, 장종철, 이소연

편집 양혜영, 박효주, 김하영, 문주영, 홍은비, 김혜원, 이정미

디자인 윤소정, 박아형, 김주연, 기조숙, 윤신혜

마케팅 정혜인, 김태윤, 연병선, 최혜빈

해외기획 정미현

경영지원 박소현

펴낸곳 (주)윌북 **출판등록** 제 2006-000017호

주소 10881 경기도 파주시 광인사길 217

전화 031-955-3777 팩스 031-955-3778

홈페이지 willbookspub.com

블로그 blog.naver.com/willbooks 포스트 post.naver.com/willbooks

트위터 @onwillbooks 인스타그램 @willbooks_pub

ISBN 979-11-5581-606-6 (03320)

- 책값은 뒤표지에 있습니다.
- 잘못 만들어진 책은 구입하신 서점에서 바꿔드립니다.